"中国式"日本研究的实像与虚像
——重建中国日本研究相关学术传统的初步考察

刘岳兵 著

中国社会科学出版社

图书在版编目(CIP)数据

"中国式"日本研究的实像与虚像：重建中国日本研究相关学术传统的初步考察/刘岳兵著. —北京：中国社会科学出版社，2015.5
ISBN 978 - 7 - 5161 - 5822 - 7

Ⅰ.①中… Ⅱ.①刘… Ⅲ.①日本—研究 Ⅳ.①K313.07

中国版本图书馆 CIP 数据核字(2015)第 063926 号

出 版 人	赵剑英
责任编辑	罗　莉
责任校对	李　林
责任印制	戴　宽

出　　版	中国社会科学出版社
社　　址	北京鼓楼西大街甲 158 号
邮　　编	100720
网　　址	http://www.csspw.cn
发 行 部	010 - 84083685
门 市 部	010 - 84029450
经　　销	新华书店及其他书店
印　　刷	北京市大兴区新魏印刷厂
装　　订	廊坊市广阳区广增装订厂
版　　次	2015 年 5 月第 1 版
印　　次	2015 年 5 月第 1 次印刷
开　　本	710×1000　1/16
印　　张	16.5
插　　页	2
字　　数	279 千字
定　　价	55.00 元

凡购买中国社会科学出版社图书，如有质量问题请与本社联系调换
电话:010 - 84083683
版权所有　侵权必究

目 录

自序 ……………………………………………………………………（1）

第一编 "中国式"日本研究的实像与虚像

关于日本近现代思想史 ……………………………………………（3）
从学术·思想史的视角看近代中日关系史的若干问题 …………（7）
"中国式"日本研究的实像与虚像
　　——对中国学界反思自身日本研究得失的一些观察 ………（19）
日本史研究中的几个问题感言 ……………………………………（39）

第二编 中国日本思想史研究的方法论问题

中国日本思想史研究的方法论问题
　　——一种学术史的回顾与展望 ………………………………（57）

第三编 中日文化交流史研究的回顾与展望

中日文化交流史研究的回顾与展望
　　——一种粗线条的学术史漫谈 ………………………………（117）

第四编 中国日本思想史研究典型个案分析

中国日本思想史研究30年 …………………………………………（157）

新世纪的神道研究及其他
　　——《日本的宗教与历史思想——以神道为中心》编者的话 … （162）
同情及其界限
　　——重读王家骅的《儒家思想与日本文化》………………（169）
未名庐学记：卞崇道及其日本哲学思想研究管窥………………（174）
"日本马克思主义"：民国时期中国学界回望……………………（186）

补编　作为"他者认识"的中国的日本研究如何可能

作为"他者认识"的中国的日本研究如何可能
　　——回顾中国日本研究的相关方法论问题有感 …………（197）

附　录

刘岳兵教授的近代日本儒学研究
　　——评《中日近现代思想与儒学》《日本近代儒学研究》
　　及《明治儒学与近代日本》……………… 吾妻重二（215）
中国日本学研究推出通史性日本思想史著作 …………… 徐凡（220）
中国日本思想史研究领域的第一本通史性著作
　　——刘岳兵《日本近现代思想史》讨论会
　　　综述 …………………………… 日本哲学思想读书会（223）
"理论之后"的日本思想史研究
　　——刘岳兵博士《日本近现代思想史》述评 ………吴光辉（229）
往者不可谏，来者犹可追
　　——读刘岳兵著《近代以来日本的中国观·第三卷（1840－1895）》
　　　有感 ………………………………………… 白春岩（236）

人名索引 …………………………………………………………（243）
后记 ………………………………………………………………（255）

自　序

　　出这本书，简单地说，想要表达的意思可以用四个字来概括，那就是"回归原典"。这本来是历史研究的基本常识，但是在世界史研究领域，要很好地实践它却不是一个简单的问题。尽管这些年在不同的场合，多次这样呼吁过，但人微言轻，应者寥寥。趁着自己热情未减，再做这样一次努力，其目的，亦不外乎"嘤其鸣矣，求其友声"。这呼声如能遇着知音，一同为之奋进，自然是好；或者只落得个为自己壮胆，也无可奈何。

　　"回归原典"，或者说"从原典出发"，是一种指导思想，也是一种研究方法；说得更根本一点，甚至还是一种人生态度。不老老实实地研读原典，断章取义，就是投机取巧。

　　忽然想起20年前诗人洛夫在为我的诗集《飞回古典》写的序文中所强调的"古典精神"，感觉自己浪荡了这么多年，原来从未离开过这个母题；原来自己不惜将最旺盛的研究生命的一部分交给这些文字，就如同20年前将最美好的青春消磨在经营那无人问津的"飞回古典"的梦想上一样。这样想过，反倒释然。遗憾的唯有不能将那些重复的文字变成诗一样的反复咏叹，且容我将其作为不同场合的见证保留下来，请读者谅解。

　　副标题中的"重建中国日本研究的学术传统"的想法是2013年7月初应吴光辉教授之邀在厦门大学讲学时明确起来的。即便以"相关"加以限定也仍觉有些大言，自知惭愧；但自信此非虚言，更非妄言，亦可坦然。将近年这方面的工作，戴上这样一个"高帽子"，是否合适，请读者批评。如果还算离题不远，则希望在这"初步的考察"之后，即便不是我，也能够有人来做更"深入的研究"。

2013年8月26日于鱼鸢堂
2015年1月12日定稿

第一编

"中国式"日本研究的实像与虚像

> 无论是要"创中国的日本史学派"也好,还是希望中国"成为研究日本史的强国"也好,我相信,日本史研究和中国的世界史研究中的其他国别史研究一样,如李剑鸣所言,"史料依然是制约世界史研究的'瓶颈'"。不在"原典日本"的解读与翻译上下功夫、不在建设系统的中国日本史史料上下功夫,不论是个人还是集体或国家,我们的日本史研究都难以深化。

关于日本近现代思想史[*]

写历史，总难免挂一漏万。写近现代史，可以用的史料更多，尤其如此。一本历史著作写出来了，我不知道别的作者的心情如何，在我自己，无非是增加一次面对公众反省自己无知的机会。有时候，挂一漏万只不过是一个借口，而更多的时候，实际上是只知其一，不知其二。于是，一些乖巧的"历史学家"便制造或利用各种"理论"作为遮羞布来冠冕堂皇地掩饰自己的无知。在历史研究中，由于理论先行所引起的许多论争、发表的许多论著，极而言之，不论"好事者"的主观意愿如何，其出发点就决定了他的"研究"不是探求历史的真相，而只是掩盖历史的真相；他的"成果"也称不上"历史著作"，只不过是对"我执"或"妄念"的一个注脚。史学理论的生命力来源于其解释史实范围的广度和阐发历史进程之所以然的深度。一旦离开与史料的真正的肉搏和对史实的辩证，任何史学理论的生气都将丧失殆尽，也很难再发挥任何积极作用。没有万能的、放之四海而皆准的史学理论。这样僵化的理论即便被抬出，或许可以一时蒙蔽读者的耳目，但是历史终究会揭穿其面目。在历史研究中，理论先行的做法是探究欲衰退与投机欲增强的表现。

这样说，并非一概否定"理论"的重要意义，只不过是在史实与理论的权衡之间，表明一种最原初的态度而已。这种态度是无关紧要还是至关重要，不是在这里可以三言两语讨论得清楚的。好在"历史"也是"宽容"的，即便是那样的"理论"，即便被揭穿面目，也可以构成"历史"的一分子而成为一种新的史实，既然如此，就可以说它在一定意义上也参与了"创造"历史的过程。因为"历史"本身毕竟也不可能就是

---

[*] 载《读书》2009年10月号。发表时有删节。后作为"前言"收入拙著《日本近现代思想史》（世界知识出版社2010年版）。

像任何一部"历史著作"所描述的那样"真实"。

　　有些人埋怨中国的日本史研究，特别是思想史研究缺乏史学理论与方法的自觉，与国际历史学界流行过的诸如美国的"观念史"、英国的"剑桥思想史"学派以及一些新兴的研究"范式"都联系不上，基本上还是一种传统的历史叙述方式。这或许不无道理，也在一定程度上反映了这一领域的研究现状。而我更加关注的是，对中国日本学这门学科建设的最起码的"专业化要求"还有待加强。所谓日本学研究的"专业化要求"，主要是指"专业化的态度"和"专业化的训练"。所谓专业化的态度，就是首先要有把日本学"纯粹地作为学术"来研究的态度，而不是在出发点上就将日本学作为寻找启示或总结经验的手段。所谓专业化的训练，就是要独立地掌握能够客观地研究和分析日本这一研究对象的各种基本技能——当然包括日语的学习——与方法，而不是在出发点上就将日本学只是当作与别的研究对象相比附的存在。应这种专业化要求所需，我依然认为，为了提高中国日本学研究的整体水平，以便我们能够更加客观而全面地认识日本，系统的、可靠的、必要的知识或常识的介绍以及基本文献的翻译，比竞相出版大部头的所谓"研究"论著，更是我们今天日本学建设的当务之急①。如果基本的历史叙述工作做得尚不扎实，便炫之以各种外来流行的理论或研究"范式"，那一定会出现百鬼夜行、鸡犬不宁的局面。

　　我为自己不熟悉各种流行的史学理论或研究"范式"而汗颜，但同时，我也为自己没有先入为主地照搬任何理论、套用任何范式而欣慰。

　　在日本近现代史中，"明治维新"、"大正维新"、"昭和维新"以至于"平成维新"的呼声不绝于耳，其社会、政治一直处于不断变化之中。这种复杂的社会变革表现在思想领域，主要是围绕着如何处理好传统与现代、日本与世界（当然也包括日本与亚洲）、个人与社会的关系问题而展开的。日本固有的传统思想与信仰以及被日本化了的儒学、佛教，与大量涌入的近现代西方各种思想之间的冲突与融合；日本这个国家由东亚一隅的岛国通过所谓"脱亚入欧"而膨胀为"大日本帝国"，再到力图在国际社会中寻求一"普通国家"的历程中所表现出来的"国体"意识与国家战略；以及在上述历史状况下，作为"日本人"（"臣民"或"国民"）

---

① 参见拙著《中日近现代思想与儒学》"序言"，三联书店2007年版。

或作为生命的个体（"自然"或"精神"意义上的）应该如何生存、如何处理好个人与社会的关系，这三个方面的问题可以成为梳理日本近现代思想史的主要线索。

《日本近现代思想史》作为一本"历史著作"，在多大程度上反映了日本近现代思想发展的"历史"的"真实"，当然也是一个问题。这里的"思想"主要是从作为"理论形态结晶"的狭义思想史的意义上着眼的，但是，比如在论述昭和时代的"超国家主义者"的人生观、国家观、宗教观时，也涉及一些没有理论化的情绪性方面的内容，这也是当时社会风气的一种表现。从主观上说，我是力图通过对第一手资料的梳理和解读，去展现思想史所蕴涵的丰富性和各种可能性。比如，对于明治维新这场社会变革，本书一方面提到"不同的解释的共存，不仅可以加深对解释对象本身所可能蕴涵的丰富意义的理解，而且也展现出解释者所处时代的创造力与包容力"。另一方面，指出"如果因此而忽视这场社会变革的戏剧性、探索性和妥协性，而仅仅以一个简单的历史必然性来概括的话，那么也无异于以一种既定的历史现实去掩盖这种现实背后的丰富多彩的历史可能性。这样的思想史也就容易陷入对既定的意识形态的粉饰与追逐"。

其中也有许多问题只是提到而未能很好地展开。比如日本的传统思想与流入的各种近现代西方思想的冲突与交融问题。虽然近年来一直关注传统思想中的儒学在近代日本的发展形态及其与近现代思想的关系问题，但是在这本书中没有更多地论及。如果说在这方面主观上有有意回避的意向，但是对佛学在近代日本的发展形态及其与近现代思想的关系问题没有深入论及，完全是出于自己的功力不逮。但是我觉得研究日本近现代思想史，这样一种视角是很有必要的。

还有日本近现代思想史中的"中国经验"的问题。这里的"中国经验"至少有两个方面的内容。一方面可以理解为对中国现代化过程的反思并从中总结出的经验教训意义上的"中国经验"（实际上是一种"中国认识"或"中国观"），将这种"经验"作为一种"方法"来与日本进行比较，并阐发其意义，这已经为竹内好等思想家所关注，这种阐发本身也构成了日本现代思想史的一个重要组成部分。另一方面也可以指近现代史上日本人是如何将他们在中国的"实际体验"转化为其自身以至于整个近现代日本思想史上的精神资源的；或者日本人是如何将他们在当时所寻找到，或挖掘出的中国思想"经验"加以利用，并使之转化为当时日本的思想资源的。从后者来看，至少可以从以下几点来探讨。

第一，日本近现代思想史上传统思想派别中的中国经验。比如在明治时代以来出现的以复兴和倡导"孔子教"为代表的儒学思想家的中国经验就很值得研究。服部宇之吉在京师大学堂的经验，很多人研究他对中国近代教育的积极贡献，这固然重要。但是这一经历对他倡导"孔子教"的影响，却没有得到足够的重视。比如梁漱溟的"乡村建设理论"是如何被日本的农本主义者利用的；比如日本的右翼分子是如何利用汉奸的言论为其"王道"思想做宣传的，等等，都属于这类问题。

第二，日本近现代思想史中的军国主义、法西斯思想和民主主义者的中国经验。内田良平、北一辉、井上日召、朝日平吾等大大小小的人物都有着各自独特的中国经验；大正民主主义的理论代表吉野作造不仅拥有非同寻常的中国经验，而且留下了有关中国方面的论著。这些经验对他们的思想形成有什么样的影响，是一个值得深入研究的课题。

第三，日本近现代思想史中社会主义、共产主义思想中的中国经验。野坂参三的延安经验、中西功战后"民主统一战线"与中国共产党的相关政策的关系、毛泽东以及"毛泽东思想"的影响很早就已经成为日本战后思想史研究的课题，这由日本某些中国"文化大革命"的"礼赞者"据说甚至喊出"将毛泽东思想的普遍真理与日本的革命实践相结合"的口号可见一斑。

全面而深入地研究日本近现代思想史中的中国经验或中国因素，不仅可以增加一个观察日本近现代思想史的新视角，丰富思想史的内容，而且通过中日近现代思想文化交流史中的这种"交融性"来深化其交流的"双向性"，可以突破近现代中日文化交流史研究中的一些固有模式，同时也可以增加一个观察中国近现代思想史的参照系。

总之，日本近现代思想史中值得研究的问题还有很多。所谓挂一漏万，对我来说，不是难免，而是必然。如果这本"历史著作"能够从一个侧面为读者理解近现代日本的历史发展，在一定程度上为读者深入思考日本近代化过程中所出现的传统与现代、日本与世界以及个人与社会的关系等思想问题提供一些可资参考的线索或素材，那么这种挂一漏万的工作也可以算是没有白费了吧。

从学术·思想史的视角看近代中日关系史的若干问题[*]

在从学术·思想史的视角探讨近代中日关系史的几个问题之前，我想首先思考一下所谓的关系史的要素。两国或者多国间的关系史，这一研究领域极其宽泛。在政治、经济、社会、文化等诸多方面，一国与一国之间如果具备某种联系，也就是说如果存在什么关系的话，其所有的现象都可以成为研究的对象。但是，无论是何种复杂的关系，如果具体地分析，其要素无外乎就是包括：相互间的认知、交流以及影响这三种。相互间的认知，在某种意义上是建立关系的前提，对于关系史而言是非常重要的。当然，相互间的认知并不是固定不变的，它会随着交流的广度和深度或所受影响的不同而发生变化。同时，基于新的相互认知以不同的形式进行交流，又可能产生意想不到的影响。而这正是研究关系史的魅力所在。毋庸赘言，随着现代化的发展，相互认知的路径在不断多样化。日本的中国研究者和中国的日本研究者在两国间的相互认知上直接发挥作用，其对于中日关系史而言责任重大。

于此，我想从2006年1月由岩波书店出版的《近代日中关系史年表（1799—1949）》说起。

---

[*] 本文是在两个讲稿的基础上修改而成的。其中，一篇是应早稻田大学岛善高教授之邀，于2007年7月18日在早稻田大学社会科学部所作的演讲《从学术·思想史的视角看近代中日关系史》；另一篇是2007年10月19日在庆应义塾福泽研究中心所作的《近代中日关系史中的若干问题》的演讲。在此，谨向早稻田大学岛善高教授、庆应大学岩谷十郎教授、西泽直子教授，以及大妻女子大学井田进也教授，还有帮忙修改了本文部分日语表达的南开大学外国专家井上亘博士表示感谢。相关内容，请参阅拙著《中日近现代思想与儒学》（三联书店2007年版）的序言部分以及收录其中的论文《梁漱溟的著作在日本的影响》、拙稿《叶德辉的两个日本弟子》（《读书》2007年5月号）。

一 《近代日中关系史年表(1799—1949)》遗漏之处

对于近代中日关系史的整体情况，该年表的"前言"做了如此说明："虽然近代的日中关系以对立为主流，但同时，也存在着以一种由横亘两千年的交流所产生的共通文化为背景的相互依存的关系。"而关于编辑方针，则做了如下描述："日中关系史年表不多。而且，都以政治、外交关系为主。但是，如果将除政治关系外的经济、社会、文化等诸多关系，甚至将在敌对国家框架下无法完全把握的人际关系也包含在内的两国各领域的历史事实置于日中关系史中加以定位的话，也许能够发现新的历史面貌或意义。同时，也能够反映出上述的那种对立与相互依存的关系。基于这些考虑，我们制作了本年表。"[①] 附录的《典据文献一览》还列举了中日两国的著作文献合计近千种。可以说，这是迄今该领域研究成果的集大成之作。但是，如果从学术·思想史的角度看，尤其是"社会·文化"一栏，虽然极具开拓性，但还是有很多重要的历史事实被忽略了。

下面，本文拟从这些被忽略的重要历史事实中举出几例进行探讨。毫无疑问，在有限的时间内重新认识"近代日中关系史的整体情况"是不太现实的，但是笔者相信，通过下面的这些事实至少可以明确近代中日关系史的某些侧面。近些年来，中日两国的关系处于"令人担忧的状态"，为了有助于"加深相互理解，在承认分歧的同时，构筑一种从对立到协调的并存关系"[②]，与其急于将不完整的"历史事实"在"日中关系史中"进行"定位"，还不如首先更多地全面发掘出历史事实，并直面这些事实进行相互探讨。本文所做的尝试便是试图通过这种发掘与探讨以便有助于产生"确切的认知"。

《近代日中关系史年表（1799—1949）》附有精美的腰封，其上夸张地写着"展现了长达 150 年的日中交流史的全貌"（请注意交流史只是关系史的一部分）。商家为了营销进行这种宣传自是无可奈何之事，但是以历史

[①] 近代中日关系史年表编辑委员会：《近代日中关系史年表（1799—1949）》"前言"，岩波书店，2006 年，第 3 页。

[②] 同上。

为研究对象的著作，与其这般自夸，倒不如采取一种谦虚的态度为好。

二 《殷鉴论》与《邻草》——从思想史的角度探寻近代中日关系史的原点

《近代日中关系史年表（1799—1949）》"前言"谈道："日本将中国的状况作为它山之石来应对西欧的近代，也参与了对华的帝国主义侵略"，大致而言这句话是没有问题的。对此，本文拟列举二例来具体探讨作为近代中日关系史的原点的、可称为"它山之石"的意识。

例一：古贺侗庵的《殷鉴论》（1813 年）

1882 年 10 月，古贺侗庵（1788—1847 年）的《殷鉴论》[①] 出版。古贺家为幕末典型的儒学世家，侗庵之父乃是宽政三博士之一的古贺精里（1750—1817 年），其长子茶溪（1816—1884 年。名增，称谨一郎）继承了家学。侗庵的《殷鉴论》收录于《侗庵初集》卷九，推定为文化 10 年（1813 年）所作[②]。

《殷鉴论》"序"（侗庵）：

> 唐人之书传于我者，不止五车三万轴。书中所载，嘉言懿行、善政美事不为少。舍其短而取其强、嘉其善而察其恶，不拘成迹、不牵陈言，此真善学者也。况圣人礼从宜、使从俗，生于斯邦、行斯政，必应因俗设教、损益古训，以成一代之盛治，岂汲汲乎效彼哉。予有见于此，作殷鉴论十篇，以谂（《说文解字》：谂，深谏也。——引者注）学者。予性肮脏，言每过于激，此论近于裂眥骂詈，盖性习之失，不能自掩，览者谅焉可也。方今文教清明，自称为夷、目彼为中华中国之非，人或辨之是也。然此尚其末者耳，故予舍旃，而独于政化民风尤致意焉。顾此论专谕学者，故惟论唐人之失，而未及本邦。本邦仁政礼俗，即度越齐州万万，其损益因革之宜，亦多可言者，将俟异日而论之。殷鉴不远之语，诗取时代近者（《诗经·大

[①] 竹中邦香编《天香楼丛书》第四册，东京士族竹中邦香出版，1882 年。
[②] 真壁仁：《德川后期的学问与政治》，名古屋大学出版会，2007 年，参见第 228、637 页。

雅·荡篇》："殷鉴不远、在夏后之世。"夏的灭亡对殷而言乃前车之鉴。——引者注），以为炯戒。予则借以指本邦与齐州地不相远云。①

《殷鉴论》的具体内容中，有如下句子：

　　世之儒先，自幼迄老，沈酣唐人之书，阿其所好而不觉其弊。
　　唐人之不义无道，可恶可畏，万万不及本邦君臣上下仁而有礼也。
　　唐人拘于末节而不明于天下之体。
　　唐人有华而无实，饰外而不修内，多虚喝夸诞之意，而乏忠厚敦笃之心。②

对于在新的时代为何还要刊行此部《殷鉴论》，出版人竹中邦香在其"跋"中是这样解释的："中国国势不振者，原于尊大自处，非使其自知其非，则言不可入，交不可久。今日之形势，非我与中国为唇齿，则不能兴国益，宜规切之以示善邻之宜。乃设善邻义会，立五规则，将刻此篇，以颁同好。"③

古贺茶溪在《殷鉴论》"序"中（1879年6月）也如此写道："……我邦儒先依然守唐山旧说，不知所取舍，并其敝风陋俗，亦尊崇过当，贻害弗少。先人当日深为国家忧，终草本论，将大声疾呼，醒世间人之大迷，故其言时似涉过激，救世之念，势不得不出此。在读者自知耳。然世之好尚逐年变迁，国之敝害随时不同。今日世人之轻侮唐山事，殆与昔日为反体之观。白面小生妄取圣经贤传诟骂，绝无所忌惮。使先人见之，其所忧或甚于当日者乎，论之必有激于本论者乎，诚未可知。而今则已矣，是独可惜也。"④ 从当时的中国观、汉学观⑤来看，这样的言论并不稀奇。

---

　　① 古贺侗庵：《殷鉴论》"序"，竹中邦香编：《天香楼丛书》第四册，东京士族竹中邦香出版，1882年，第1—2页。
　　② 同上书，序文第1页、正文第7、14、17页。
　　③ 古贺侗庵：《殷鉴论》"跋"（竹中邦香），竹中邦香编：《天香楼丛书》第四册末页。
　　④ 古贺侗庵：《殷鉴论》"序"（古贺茶溪），竹中邦香编：《天香楼丛书》第四册序文首页。
　　⑤ 请参考中村敬宇《中国不可侮论》（载《明六杂志》第35号，1875年5月）、《汉学不可废论》（载《东京学士会院杂志》第9编第4册，1887年5月8日讲演）等。以上文章均收入大久保利谦编《明治启蒙思想集》（《明治文学全集》3），筑摩书房，1967年。

非常有意思的是，此部《殷鉴论》原本不仅仅是为了明辨当时的日本人"自称为夷、目彼为中华中国之非"，也是为了彻底谴责"唐人"的"政教民风"而写。但是，时代变了，大概在 70 年后将该书再版问世时，目的却是为了防止轻侮中国，即茶溪所谓的"今日世人之轻侮唐山事，殆与昔日为反体之观"。但是，其最终目的，当然还是为了日本的"国益"（国家利益）。这一点，无论时代如何改变，都是不变的。

例二：加藤弘之的《邻草》（1861 年）

加藤弘之的《邻草》"实乃我国倡导立宪政体之最早著作，为此类文献中最为贵重者"①。这也是学界的公认评价。实际上，《邻草》初稿的题目是《最新论》。取名《邻草》是源于蕃书调所的同僚西周、津田真道的意见。西周曾在初稿上用"朱笔"写道："鱼人云、题名完全与本论不符。殷鉴新话似可。又若太过暴露，取邻草如何……"②

对于该书，加藤弘之本人曾这样说道："第一本著述是名为《邻草》的书。……我二十六岁时写的。什么内容呢，也就是立宪政体。西洋有立宪政体，一国之君、大臣等不专权，有下院上院即议会来议定国家的法律财政等的制度。……事实上，我本意是希望日本也实行那样的制度，但是日本的事不可以明确地写出来。因为不能写日本不行，所以要学习西洋，采用其制度来改善政治这类的东西。于是，就写'中国'虽然以前很好，但是现在不行了，政治不公平。由于这个原因，'中国'衰落了，所以必须模仿西洋实行立宪政体。也就是说因为写的是邻居家的事，所以才取名为'邻草'，但本意还是改革日本。……在日本写立宪政体这是第一次。之前还没有一个人写过。"③

《邻草》的最后部分这样概括道："是故，清主回返北京，如旋即设公会、树上下分权之政体以施公明正大之政治，则下民皆怀其仁德，视朝廷如父母，万民相亲如兄弟，人和咸备，至是时……纵有外患内贼，决不足患；国家永保泰平、王室永保安全也绝无可疑。否则即便建造千万枪炮

---

① 下出隼吉：《〈邻草〉解题》，《明治文化全集》第八卷《政治篇》，日本评论社，1992 年复刻版，第 3 页。
② 《宪法构想》（日本近代思想大系 9），岩波书店，1989 年，第 3 页。
③ 《太阳》临时增刊《明治十二杰》，1899 年 6 月，第 66 页。

舰船，不分昼夜操练教阅，亦与'有形而无心'无异，未必能奏其功。"①

在前述的年表中，虽有"加藤弘之《立宪政体略》刊行"（1868年）一项，但遗憾的是，对于近代中日关系史而言，更加重要的《邻草》却被忽略了。当然，也没有将《殷鉴论》列入在内。在此，虽然没有时间去探讨《殷鉴论》以及可被视为"殷鉴新话"的《邻草》的具体内容，但它们确实是"日本将中国的状况作为它山之石来应对西欧的近代"而创作出来的。其应对的方法又如何呢？从某种意义上来说，我觉得是非常了不起的。因为其"深为国家忧"，或者"因为不能写日本不行，所以要学习西洋，采用其制度来改善政治这类的东西。于是，就写'中国'虽然以前很好，但是现在不行了，政治不公平。由于这个原因，'中国'衰落了，所以必须模仿西洋实行立宪政体"，也就是为了促使"改革日本"而苦心创作的。另一方面，如果仔细想想，为了日本的"国益"，"将中国的状况作为它山之石"而从根本上痛骂中国的"政教民风"，或者以这样的詈责展示"善邻之宜"，又或者是假借"现在不行了"的近邻中国的名义论述导入西洋先进制度的必要，而如果中国方面也能够将这些当作它山之石谦虚地接受，用作反省自己的材料，又如何呢。当然，这些姑且另当别论，而如何将这些材料在中日关系（认识·影响）史中进行定位，才是问题的关键所在。

让我们来看看关键词"它山之石"的本来意义。"它山之石可以攻玉"（《诗经·小雅·鹤鸣》），《广辞苑》的解释是："（即便是其它山头出产的粗劣石头，也可有助于磨砺自己的宝石，借以比喻）即便是不如自己的他人的言行也能够有助于磨砺自己的智德"。如果将这种"它山之石"的意识运用到国际关系史的话，一般会认为本国为"玉"，他国为"石"，或者是本国处于"优势"，而将他国视为"劣等"。中日两国之间能否构筑起相互理性且平等的"共存关系"是涉及中日关系（认识·影响）史的原点的问题。

顺便提一句，幕末嘉永年间，"对清朝魏源的《圣武记》、汪文泰的《英吉利考》、杨炳南的《海录》、西洋人蒋友仁翻译，何国宗、钱大昕润色的《地球图说》等进行取舍、编辑复刻的作品"都是打着"它山之石"

---

① 《邻草》，《明治文化全集》第八卷《政治篇》所收，日本评论社，1992年复刻版，第14页。

的名号而出版的①。

三 叶德辉与盐谷温——从学术史的立场探求近代中日关系史的多面性

2006年，我以《中国近代思想与日本——来自日本学者的视角》为主题进行了相关资料的收集，并对该主题进行细分后产生的五个问题极为关心，即康有为、梁启超与日本，章炳麟与日本，王国维与日本，中国无政府主义思想与日本，中国马克思主义思想与日本。确确实实，近代日本对同时代的中国思想产生了巨大的影响。这是可以称为近代中日思想关系（交流·影响）史主流的历史事实。学界也有很多关于这一主流的研究成果。但是，历史不仅仅只有主流，还存在各种侧面。光靠主流是无法勾勒出历史的全貌的。在此，我想从学术史的领域中举出一例来探讨近代中日关系史的多面性。

现在，盐谷温（1878—1962年）这个名字除了中国学专家之外几乎不为人所知。盐谷温和幕末名儒盐谷宕阴（1809—1867年）一样，都为簧山、青山学统具有代表性的继承人。他明治35年（1902）毕业于东京帝国大学汉学科，曾受命先后留学德国和中国，为日本中国学界的中国文学，特别是小说、元曲研究的开拓者之一。以下所列史料是1909年至1912年盐谷温在中国湖南长沙师从叶德辉（1864—1927年）时，叶德辉为其博士论文《元曲研究》（1920年）所写的序文，以及盐谷温在叶德辉过世后所写的《追悼记》的一部分。

叶德辉《元曲研究序》（1923年）

> 盐谷节山君……十年前游学来湘，与松崎柔甫同居，从余问业。柔甫从治小学，君治元曲。二者皆至难之事。……而以语言不通、风俗不同之故，虽口讲指授，多方比喻，终觉情隔，不能深入。盖以吴音不能移入湘人之口者，而欲以中原之音移于海外，岂非不可信之事哉。幸余家藏曲本甚多，出其重者以授君，君析疑问难，不惮勤求。

---

① 开国百年纪念文化事业会编：《锁国时代日本人的海外知识——世界地理·西洋史相关文献解题》，乾元社，1953年，第162—163页。

每当雨雪载途，时时挟册怀铅来寓楼，检校群籍。君之笃嗜经典过于及门诸人，知其成就之早，必出及门诸人之右。尝以马融谓门人"郑生今去，吾道东矣"之语许君，君微哂不让也。……叹君之博览鸿通，实近来中东所罕见。书中推论元曲始末，及南北异同，莫不缕析条分、探原星宿。幸余书未编定，若较君作，真将覆酱瓿矣。①

盐谷温《追悼记》：

先师一见如故，开言径论学问、谈笑风生。余甚为倾倒，遂决受业之志，夏日酷暑……冬日严寒，（先师皆）悉数解其秘笈倾囊相授。……余以短才而得通南北曲，实拜先师教导之赐。②

从叶德辉和盐谷温的师徒关系看，在探讨日本近代学术史，特别是近代日本中国学时，毫无疑问西方的影响固然很重要，但是中国传统学术的作用这一视角也同样不可忽视。确实，盐谷温在师从叶德辉之前曾留学德国两年。因此，可能已经掌握了西方近代的学术理论和方法。但是，如果不下真功夫深入到研究对象中去，无论拥有多么巧妙的理论或者方法都是无济于事的。

四 《王道经纶论集》——近代中日关系史中的思想汉奸

《王道经纶论集》（1941年大东亚协会发行）的著者池宗墨，是处理紧接着卢沟桥事变（1937年7月7日）后发生的通州事件（1937年7月29日）的中心人物，曾任关东军指导下的"冀东防共自治政府"政务厅长官，作为汉奸被处死。该书的校订、发行者川崎紫山为右翼记者，书中收录有头山满的"运用之妙在一心"、德富苏峰的"道义治国之要谛"、荒木贞夫的"王道荡荡"等墨迹。《王道经纶论集》是中国汉奸的言论被日本军国主义者所利用的珍贵资料。而这在中日近代思想关系（交流·影响）史中应该如何定位也是不能无视的问题。

---

① 《斯文》第9编8号，1927年8月，第45—46页。
② 同上书，第3页。

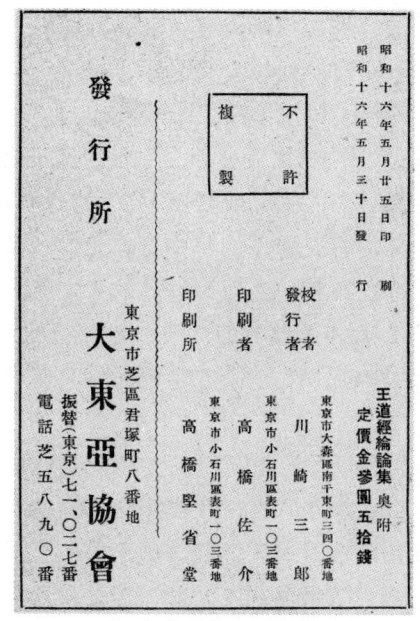
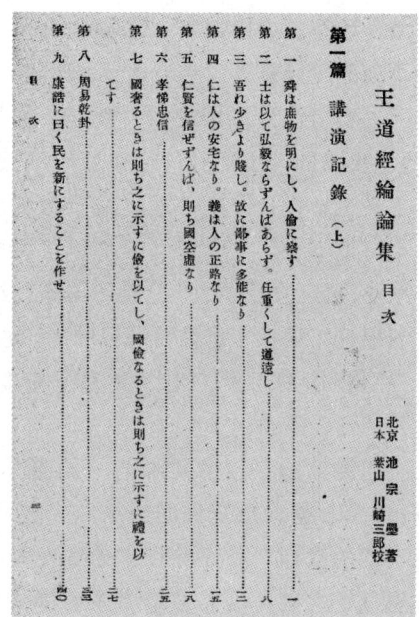

《王道经纶论集》版权页　　《王道经纶论集》目录第一页

关于池宗墨这个人，《王道经纶论集》在"例言"中对其进行了详细介绍。"池宗墨君，浙江人，日本东京高等师范毕业。回中国后，多年来一直从事社会工作。"满洲事变"以来，东亚局势大变。昭和10年11月25日，冀东防共自治政府成立后即出任首届政务长官殷汝耕的秘书长，率先发出防共亲日的第一声，是东亚建设的急先锋，充分发挥了他的手腕才干。"在卢沟桥事变后的通州事件中，池宗墨"挺身收拾难局，受民众推荐担任政务长官。8月8日，他于唐山着手再建防共自治政府，至次年（昭和13年）2月与北京临时政府合并，历时两年有半。其苦心惨淡、鞠躬尽瘁之状，非笔舌所能尽书"。[①]

川崎紫山在该书之前编排有长达55页的长篇大论《题王道经纶论集》。从中国的历史到世界大势，内容涉及宽泛。其主旨也就是最后部分所指出的"假使我帝国很好地了解中国传统的历史和中国传统的国民性，并由此致力于政治之指导、经济之开发、文化之创造，则中国四亿民心会如水一样顺势而流，如草一般随风飘动，毫不怀疑应该归顺日本。民心一旦归属

[①] 池宗墨著，川崎三郎校：《王道经纶论集》"例言"，大东亚协会发行，1941年，第1—2页。

日本，始得以维持治安、改善政治、开发经济、创造文化，东亚的新秩序将不期而得以建设，东亚永远的和平将不期而得以确立。这即是君（池宗墨——引者注）所期待的，根据王道主义与日本一道完成中国再造大业"①。"池宗墨君的《王道经纶论集》原本只是该君一家之言，但是，君的基于王道主义之日中合作论，既非偏于功利主义、个人主义或物质主义的日中合作论，也不是孙文所提倡的基于三民主义的苟安和平的日中合作论。所谓让东亚民族团结一致建设道义国家，维持东亚和平进而为世界的人文和人类的福祉作贡献才是最终的目的。（改行）我作为池君的友人，之所以要翻译并刊行该书于世，是因为为了东亚的建设，我与君志趣相同，又与君同忧。"②

川崎紫山在该书附录的《再题王道经纶论集之后》一文中，再次强调："日、德、意三国同盟虽以完成和平使命为目的，但若存在意图破坏德、意的欧洲新秩序和日本的东亚新秩序的敌对国家，我等则不得不执起破邪显正之剑。因为彼等为东亚建设之敌，为世界和平之敌，为反对我皇道经纶之道之敌。（改行）皇猷被环宇、兼六合、掩八纮。我帝国立足世界政策解决东亚问题……建立大东亚共荣圈乃皇道之要义、王道之要谛。而池宗墨君之王道论其归结之处亦无外乎于此。不管今后国际情势如何波澜曲折，如何千变万化，天下无敌者皇道也，王道也。行皇道、行王道者天下无敌。以日、德、意为轴心建设世界东西之新秩序，进而为世界和平和人类福祉作贡献者，必然是皇道，必然是王道。"③

"王道"这一儒教的政治理想是如何被"伪善化"了的问题，对于日本儒学史来说自不待言，即便是在近代中日关系史领域也必须对此进行深入的研究。对于这个问题，在某种意义上，合乎历史状况的实践性观点可能比起理论分析要更容易接近问题的本质。

五 《中国民族自救运动之最后觉悟》——再从思想史的视角探求近代中日关系史的原点

近代日本的军国主义者不仅仅利用中国汉奸的言论，而且还滥用竭尽

---

① 川崎紫山：《题王道经纶论集》，池宗墨著，川崎三郎校：《王道经纶论集》，第49—50页。
② 同上书，第54—55页。
③ 同上书，"正文后附录"，第3页。

全力投身于"爱国的""中国民族自救运动"的思想家的著作。梁漱溟的著作被利用就是其中的典型。实际上,如果深入考察,以梁漱溟为代表的、提倡从事中国乡村建设运动的人物,与以安冈正笃为中心的日本农本主义者之间确实存在着思想交流。从理论上研究分别发生在中日两国的这两种思潮的关系,是近代中日思想史中一个值得探究且意义深远的课题。

1940年,梁漱溟的《乡村建设理论》被翻译成日语[1]。次年,其《中国民族自救运动之最后觉悟》也被译成日文[2]。拙稿《梁漱溟的著作在日本的影响》[3] 以《乡村建设理论》的翻译为中心,进行了论述,敬请参考。《中国民族自救运动之最后觉悟》的"译者序"除谈到"梁漱溟氏的思想在之前由大东亚建设社出版的《乡村建设理论》中得到了梳理,大致形成了体系。而此书则汇集了可为那些对梁氏的观点有所共鸣或感兴趣的人提供可供利用的乡村建设理论的素材的诸篇论文"之外,还言及到了《乡村建设理论》与"新民会"。而且,该书的翻译目的与《乡村建设理论》的翻译目的也完全一致。这一点从该译本最后插页上所附《乡村建设理论》的"安藤纪三郎中将阁下序文之一节"即可一目了然。曰:

> 翻而阅之,中国的人口中,农民约占八九成。无论从政治、经济、文化等任何角度看,不可否认其社会结构仍处于半封建、半殖民地的萎缩昏睡状态。
>
> 于是,我皇国与中国,应立即提携合作,为共同赋予符合圣战之名的历史发展的内容,必须拂拭排除占据物心两面的所有的个人主义的、自由主义的乃至资本主义的、共产主义的污浊,回归自己本来的面目,追求亚细亚新秩序建设的血与魂。如若不然,不仅完全悖逆历史发展的必然性,即便是从目前所谓的防共、亲善的消极合作关系来看,也将断然不能充分发挥建设的意义。[4]

---

[1] 梁漱溟:《乡村建设理论》,池田笃纪译,大东亚建设社1940年出版。
[2] 梁漱溟:《中国民族自救运动之最后觉悟》,池田笃纪译,大东亚建设社1941年出版。
[3] 收入刘岳兵著《中日近现代思想与儒学》,三联书店2007年版。
[4] 陆军中将安藤纪三郎为日译本《乡村建设理论》写的序。梁漱溟:《乡村建设理论》,池田笃纪译,大东亚建设社,1940年,第1—2页。这两段序文也附在日译本《中国民族自救运动之最后觉悟》书后的插页上。

结　语

　　以上粗略地谈了最近我所关心的近代中日关系史中的几个问题。对于日本的事情，似乎每一个中国人都能够条理清晰地一一道来。但实际上，很多都是信口开河。之所以会这样，其原因无外乎有两个。一个是对中国文化是日本文化的母体的自大；另一个则是，一说到日本，总是动辄感情先行而理性滞后。所以，如果不破除这两个无形的障碍，中国的日本学研究是很难取得进步的。而另一方面，日本的中国学自近代以来，以京都学派为代表，出了很多大家。但是，日本的中国学者也有很多配合政府政策的。战争时代这一特别时期是自不用说，即便是现在，其发言仍然带着学术的伪装，比如关于靖国问题，就不能说没有向政府献媚的。前述《近代日中关系史年表（1799—1949）》的编辑委员们，都是该领域的硕学。但是，疏漏了上述那些历史事实的原因，究竟是他们认识上的不足或是有意舍弃还不得而知，但是无论如何，在这个领域，都必须更加认真地、更加谦虚地、更加客观地发掘出更多的历史事实，并以勇气和良知去直接面对。

　　最近，日本中国学会蔓延着一种"日本的中国学发展势头衰退"的危机感。在这个时候，不仅仅是日本的中国学者，也包括中国的日本学者，都必须去认真思考中日关系史中最重要的相互认知的问题。

（刘晓军　译）

"中国式"日本研究的实像与虚像

——对中国学界反思自身日本研究得失的一些观察[*]

今天我演讲的题目是《"中国式"日本研究的实像与虚像》。为什么要选择这样一个不着边际且难以把握的题目？这是因为我对当前中国学界日本研究的现状以及中国人的对日观等社会实际状况深感忧虑。然而，心有余却力不足，一来我并无详尽地、正确地把握中国学界日本研究全貌的能力，且又不曾做过有关中国人对日观的实际调查。但作为一个中国人，且浪得日本研究专家的虚名，我愿在此与大家分享自己近年来有关该问题的一些浅见寡识。今天的演讲，我并不打算去触及中国人是如何看待日本的，或中国的日本研究者关注着政治、经济等领域的哪些问题，又持有哪些见解之类的具体问题。6月20日，日本的非营利组织"言论NPO"与中国的媒体《中国日报》发表了日中两国共同组织的舆论调查结果。对中国持负面印象的日本人占84.3%，比去年增加了6个百分点，为2005年以来最坏的调查结果。同时，在中国人的对日观上，回答"印象不好"的人虽比去年稍有减少，但依然高达64.5%。这里也可以窥探出中日两国之间相互充斥着不信任、不满的状况是何等严峻。造成这种结果当然有诸多原因。而作为一名研究外国的学者，须正确理解对象国的实情，并负有将其如实向国民传达的义务与责任，因此研究者必须要意识到自己应如何为此尽职。今年正逢中日两国邦交正常化40周年。最近，在中国掀起了回顾日本研究、整理学术史的新热潮。于是便常常看到"中国式的日本学"、"日本研究的中国语境"或"有中国特色的日本研究"这样的说法。那么，与中国人的对日观密切相关，即所谓"中国式的日本研究"

---

[*] 根据2012年7月10日第258届"日文研论坛"的讲稿修改而成。日文研论坛是（日本）国际日本文化研究中心在京都市内定期举办的面向一般民众的学术讲座。

究竟是怎样的研究？围绕此种研究又形成了怎样的实像与虚像，以及今后中国学界日本研究的动向如何？对这些问题我想谈谈自己的看法，并在此起一个抛砖引玉的作用。还请各位不吝赐教指正。

一

首先来看一下研究者及民众是如何评价中国学界日本研究的现状的。在此先列举几个常被引用的例子。例如，1980 年，日本一位有名的学者曾说道：中国人的日本史研究只是小学生的水平。十年后的 1993 年，日本史学家上田正昭教授来中国参加在天津举办的学术会议，回国后在《朝日新闻》上发表了题为《发展中的中国日本史研究》的文章。其中，他再三强调"近来中国的日本史研究的动向是不容轻视的"，"不应该轻视"。① 确实，在这之前，东京的六兴出版社已出版了由中国的日本研究者执笔著述的 13 卷"东亚视野中的日本历史"丛书②。由中国人集体展示的这一系列日本研究成果在日本学界引起了轰动。顺便提一句，该丛书的提议者及其中的半数执笔者多为我们南开大学的老师或是从南开大学毕业的学者。而且在十年后，由中国学者著述的"中国的日本思想史研究"丛书③也在日本出版了。

---

① 原文为："近来中国的日本史研究的动向是不容轻视的，（中略）曾有中方学者这样问道：1980 年，日本某位有名的学者曾说过中国人的日本史研究仅在小学生水平，那么现状又是怎样呢？似乎可把此严厉批评当作一种鞭策，但是日本学者往往容易缺失的角度、我们忽略的问题意识，在这次学术研讨会上却意外地被屡次提及。中方的日本史研究自那以后有了飞速的发展。不应该轻视这种研究动向。如何推进今后的共同研究呢？今后的共同研究正迎来这样一个阶段：不单是共享研究成果，更须进一步探讨研究目的与方法，应从亚洲史的视角来促进更深层次的学术交流。这是一场让我们学习到日本学国际化、民族化应循何种方向发展的学术研讨会。"上田正昭：《发展中的中国日本史研究》，《朝日新闻》1993 年 10 月 8 日。

② 1988—1989 年东京的六兴出版社出版了"東アジアのなかの日本歴史"丛书，共十三卷，即：沈仁安《倭国と東アジア》、王金林《奈良文化と唐文化》、张玉祥《織豊政権と東アジア》、任鸿章《近世日本と中日貿易》、王家骅《日中儒学の比較》、吕万和《明治維新と中国》、周启乾《明治の経済発展と中国》、马家骏·汤重南《日中現代化の比較》、俞辛焞《孫文の革命運動と日本》、万峰《日本ファシズムの興亡》、易显石《日本の大陸政策と中国東北》、武安隆·熊达云《中国人の日本研究史》、沈才彬《天皇と中国皇帝》。

③ 1997—1998 年东京的农山渔村文化协会出版了三卷"中国における日本思想史の研究"，即王守华《日本神道の現代的意義》、卞崇道《日本近代思想のアジア的意義》、王家骅《日本の近代化と儒学》。

时间又过了十年，2007年8月30日，《南方周末》刊载了一篇题为《中国为什么没有日本史泰斗？》的文章。其中有这样的内容："除了戴季陶、周作人、鲁思·本尼迪克特等有关日本的著作，鲜有当代国人研撰的雅俗共赏的精品。为什么日本能出现白鸟库吉、内藤湖南、宫崎市定那样的汉学大师，而中国却鲜有驰誉中外的日本学泰斗？难道我们就只能通过读几本故人的旧作、看几部热播日剧，去了解一个有着深厚底蕴且不断变化的国家？那样的话，我们永远只能知道'邻居'的电器和樱花，而不清楚'邻居'到底是什么'人'。"作者对中国的日本研究者抱有强烈期待的同时也对其进行了批判。

另一方面，在中国的日本研究学界，经常听到这样充满自信的宣言："从上世纪70年代末以来，在中国人文学术广泛而又深刻的发展中，中国学者把对于日本和日本文化的经验和感知已经在多层面中提升并发展为理性解释。一门具有近代人文学术本质特征的日本学学科已经建成。"简而言之，"中国形态的日本学"已经建成。这是2010年，在由中国教育部与日本国际交流基金共同协作成立的"北京日本学研究中心"创立25周年纪念的国际学术研讨会上，一位中国日本研究界的权威学者的发言。

专家的自信与民众的不满，于是对于中国日本研究的认识所产生的分歧也越来越大。那么，中国的日本研究状况究竟如何？"中国式"日本研究，只是中国的日本研究者聊以自慰而制造出的幻像吗？还是"有中国特色的""中国式的日本学"这一学科的实像真的已经形成？这是具有很大研究价值的"真问题"？抑或仅是一些好出风头者虚构的假象？不管怎样，这些都作为现实的问题显现出来，而且我们也必须直面这些问题。

为了回答这些问题，我们先看一下"'中国式'日本研究"这一说法被提出及兴起的过程与背景。

1986年9月27日，东北师范大学日本研究所邹有恒教授的《对外国研究的几点意见》被刊登在了1986年第4期的《日本学论坛》上。其中有这样两个要点：外国史研究必须基于事实追求真实，即要"实事求是"。而且，从事外国研究的学者、研究者也必须关注中国的实际情况。否则，既不能用于借鉴，也无益于现实的需要。在这篇文章的基础之上，次年他以《实事求是，联系实际，走有中国特点的外国史研究道路》这种提纲挈领式的明快语调为题的文章被刊登在了第2期的《世界历史》上。在中国，日本史研究属于世界史这一学科。在这篇文章里，要做

"有中国特点的日本研究"首次被明确地提倡出来。他呼吁：自古以来，基于中国对日本的极大影响，"搞有中国特点的日本史研究，无论古代或近现代，都应把中日关系，中国的影响作用做为一个重要要素"。"而不是盲目地跟着什么人，什么学派跑，要有自己的研究和总结出自己的看法，夸张一点说，要建立自己的体系，创中国的日本史学派"。"中国学派"的梦想一直以来为包括日本史研究在内的中国的世界史研究者所憧憬。同时，在中国的历史学界，世界史学科不仅起步晚，研究的基础也很薄弱，虽然有蓬勃发展之势头，但从总体上来看，仍然处于发展的初级阶段，还未达到与欧美史学界进行直接对话及平等交流的阶段。持有这样觉悟的有识之士也不能说没有。

邹有恒（1912—2005 年），此照片由邹有恒先生家人提供

二

关于包括中国人用日语执笔的著作以及英文著述的日文版在内的中国研究，日本学界又是如何评述的。接下来将试着对此问题进行考察。

中日邦交正常化后不久日本出版了一本引人注目的书。这就是由小岛晋治、伊东昭雄、光冈玄、板垣望、杉山文彦、黄成武编著的《中国人的日本人观100年史》（自由国民社，1974年6月）。编者之一的伊东昭雄氏在该书的"前言"部分，从开头起就明确地指出"本书的意图"："近代的日中关系，基本上是日本对中国的侵略以及中国人对此所进行抵抗的历史。因此，近代中国人的日本观，虽然部分地含有对日本民族所拥有的优点以及对明治维新以后近代日本发展的评价与称赞，但是构成其基调的，当然还是对日本的侵略及支撑这种侵略的日本政治、经济、社会、文化等的批判与警告，以及屡屡出现的痛恨、激愤。"[①] 这在某种意义上显示出编者理解近代中国的日本观中所包含的政治性、情绪性的要素，并将其原因，或是责任归咎于近代日本的历史。

另一本敬请注意的书便是前面提到的"东亚视野中的日本历史"丛书中的第12卷，即由武安隆、熊达云所著的《中国人的日本研究史》（六兴出版社，1989年7月）。对于这本书，日本学界这样评价道："从《魏志·倭人传》的古代讲到'四个现代化'时期，对中国记述、观察、研究日本长达1700年的历史进行了通史性的探索"，是"非常有益的力作"，"对从古代到现代有关中国人日本研究的文献进行这样通史性地概括、整理、介绍的工作，本书可谓嚆矢。可以说通过阅读该书，使我们对过去那些按时代划分的，某种意义上只不过是零碎地介绍中国学界日本研究特质的一些论述形成了历史性的、整体性的理解"。[②]

我们浏览一下该书的目录便可知道这样的评价其实并不夸张。

  序 章 中国人日本研究的特色
  第一章 中国正史中的倭国传＝日本传
  第二章 明代的日本研究
  第三章 清代的日本研究
  第四章 从辛亥革命到9·18事变的日本研究
  第五章 十五年战争时期的日本研究

[①] 小島晋治、伊東昭雄、光岡玄、板垣望、杉山文彦、黄成武编著：《中国人の日本人観100年史》，自由国民社1974年6月。

[②] 参见伊藤洁、笠原十九司和冈部牧夫对该书的书评，分别刊载在《史学杂志》第99编第2号（1990年2月）、《历史学研究》第607号（1990年6月）、《日本史研究》第343号（1991年3月）。

第六章　战后的日本研究
第七章　中国的日本研究机构与翻译事业
终　章　中国人著作中的日本人观

武安隆、熊达云著《中国人の日本研究史》封面

在序章"中国人日本研究的特色"中，作者总结出了这样五点特色。

第一点，"中国人研究日本最早"。中国是世界上最早对日本进行记述并进行研究的国家。

第二点，"中国人日本研究的连续性"。从3世纪的《三国志》到20世纪的《清史稿》，大多数的中国正史中都记载了《倭人传》《倭传》《倭国传》《日本传》《日本志》等。各正史中的日本传虽各有繁简，且学术价值也有高低之分，但持续书写日本传的历史却延续了一千多年。这在世界史上，仅此一例，也可以说是中国人日本研究的一大特色。

第三点，"日本研究与政治形势密切结合。"中国的日本研究往往与政治形势的发展有着密切的关系。明显具有一种出于当时行政必要性的考虑的倾向。从明朝起到今天的中国，共掀起四次日本研究的热潮。最初为明代的嘉靖—万历年间（1522—1620年），第二次为清末的戊戌政变前后，第三次为1931—1945年日本帝国主义的侵华时期（十五年战争时期），而第四次则为"文化大革命"以后。即便不去详细探讨也可以明白，研究热潮的出现与特定的政治形势密切相关。

第四点，"隔海的日本研究"。这是中国人日本研究中的另一个古老的传统——也可以说是弊病——远隔研究的传统，即研究者与研究对象隔海相向，虽终生从事研究，多数却无缘相见。因为隔海研究已根深蒂固，又因多种理由而使得此研究方法长期得不到纠正，因此中国人日本研究的成果并未出现质的提高，且各种尽人皆知的错误长期未被订正又存续了下来。

第五点，"宏观研究多"。中国的研究者可以在一本著作中纵论古今，在一篇论文中就可以评论一个大事件的全貌。且结论很明确，不含暧昧的表达。造成这种状况的原因，首先是资料持有的多寡，思维方式也存在着差异，且与有关日本的知识在社会中的普及程度也有关系。"与日本人相比，中国人更习惯一般性的抽象思维和综合思维，中国的研究者由于系统地受到了马克思主义理论的教育，更为重视去探明历史现象背后所潜藏着的规律，并将把握事物的本质作为研究的最终目的……中国的日本研究者很难取得研究资料，且在中国，整体上并不熟知日本的相关状况。而这也成为一种基调，因此中国的研究者所做的日本研究多为宏观的、粗线条的，于是不得已变成了一种概说性的、总论式的研究方式……伴随着中国学界研究水平的提高，日本研究势必会朝着进一步专业化、细分化的方向发展，这种征兆现在已经开始出现了。"[①]

在这里，第一点与第二点的成果通过第四点几乎都被否定了。第三点则是强调政治性，而第五点在某种意义上可以理解为研究的肤浅。这么说来，这本书显示出了以全面批判中国学界日本研究的姿态，如果没有有价值的能积极继承中国悠久研究传统的成果、方法（或是不能找到，不能形成再认识），那么，"中国学派"归根到底也不过是痴人说梦。

读完该书，日本学者笠原十九司这样直率地讲出了自己的感想："读过这本书后，强烈地感受到在过去的历史中国的日本研究所受的制约是多么的大。武安隆氏所指出的'隔离研究'、'远隔研究'的传统不仅受制于地理的、物理的条件。且由于日本对中国实施了长达半世纪的侵略以

---

① 武安隆、熊达云：《中国人の日本研究史》，东京：六兴出版，1989年，第19页。

及战后二十年日本政府对中国采取的敌视政策等这些历史因素所酿成的中国人的政治性、民族性的意识阻碍了中国人日本研究的发展。"① 对于中国学界日本研究落后的原因,笠原虽反省了日方的过错,却也将中国的日本研究命名为"服务于政治类型"的研究。然而他也善意地企盼中国的日本研究能够进一步深化。也就是说,"'服务于政治'这种中国日本研究的传统,甚至使学问的方法及内容都受到了限制,也成为了一种不稳定的因素。近年来,随着日本研究机构的渐趋完善、研究队伍的逐渐成熟,人们也期待着今后有学术意义上的真正的日本研究成果,迫切地希望中国的日本研究者能够不再受政治的不利影响,且能摆脱政治服务型的研究态势,全神贯注地去深化并发展客观性的、学术性的日本研究"。②

中国学界日本研究的粗糙、肤浅及政治服务型这样一种印象,在这前后,通过中国人在日本学界的各种发言,逐渐被强化、补充。在这里,可试举两例。

1989年3月14—17日,在国际日本文化研究中心召开了第二次国际性的研究集会。在这场研讨会上,时任北京外国语学院日语系副教授的严安生作了题为《近代中国人的日本论》③的报告。从中国古代直至近代的日本研究,除黄遵宪外,几乎全部研究都被否定了。他这样说道:"虽然有关汉代以来交通史之类的资料都在文献中有记载,但其他均是将传说、逸闻等作适当地编排,且这些只不过是史书中的一节,这样一种非主体性的编集方式一直持续到明代中期以后,之后因为倭寇的存在,首次出现了专门研究日本的书籍。而这全是为了配合倭寇对策的紧急状况,由相关负责的长官们命人编排的,这些书籍出现本身就具有划时代的意义,但是编排方法仍然只是将古代的记述、旧记中的内容编集在一起,而且在这些东拼西凑的作业中也出现了很多的错误,终归是称不上独创性研究的。""……到清代中期,有关日本的认识反倒没有超越明代的水平。……19世纪70年代以后……我强烈地认识到,没有比'同文同种'这种先入之见更为局限近代中国人对日本的观察……虽然身在日本却不能书写日本(王韬的《日本游记》仅是游山玩水之游记,甚至是渔色猎艳型的游记),

---

① 笠原十九司的书评,历史学研究会编集《历史学研究》第607号,1990年6月。
② 同上。
③ 国际日本文化研究中心编:《世界中的日本Ⅱ 对象与方法——从各领域来看日本研究的问题点》,"国际学术研讨会2",1990年。

虽不曾来过日本却自以为是地描述日本（虽不曾踏入过日本的土地，甚至反对学习日本的湖南知名儒学家王先谦，以日本的书籍，例如赖山阳的书、大隈重信的《开国五十年史》为参考，出版了非常厚的代表作《日本源流考》）。我认为这两件事都是因'同文'之便而使得中国古代文人的弊病（封闭性的且杜撰性的）被姑息、助长的例子。从中国人的日本认识方面来看，不得不说这是极为不幸的。"

对于上述发言，卫藤沈吉教授作了这样的点评："我认为关于中国人对日本认知、研究的肤浅是严先生今天演讲的主题。"

还有，对"政治服务型"研究这一印象进行补充或是佐证的发言也有不少。例如王敏教授以下的发言不仅单纯，而且率直，易让人理解。"中国的研究者处在不能无视党、政府的意向的环境下持续着服务于意识形态的研究。现在学问的主导基本上还是由党、政府来维持。中国的日本研究是这样一种状况，即处于国家框架内的个人都在竭尽全力地想要拿出研究成果。不得不说中国的研究者正处在日本研究者难以想象的制约与环境中。特殊的中国环境中的日本研究也给日本研究者留下了特别的印象，这也是极无奈的。"①

日本的学界往往能及时地把握欧美的动向，并积极地输入那些顺应形势的思想与观点。1980 年美国普林斯顿大学出版社出版了入江昭教授的书《中国人与日本人：试论其政治与文化上的相互作用》（*The Chinese and the Japanese: Essays in Political and Cultural Interactions*）。该书的日文版也于今年 3 月在日本出版。冈本幸治在"监译者序言"中首先就战后有关中国的认识，这样强调道："媒体比起对事实的客观报道，更优先于政治的价值判断"，"感情色彩明显且过多情绪化的中国观形成了日本的'空气'（山本七平），使得冷静地、学术性地考察变得困难起来"。"中日交流史这一课题，既很普通，也是当事双方的中日两国研究者最为熟知的，通过召开两国学者的共同研究会应该能够产生最富有深度的研究成果，但是入江教授在'序言'中所指出的其实并非如此。"②

入江教授在"序言"中这样指出："在中国与日本有这样一种状况，

---

① 王敏：《走向日本研究改革开放的长路》，王敏编著：《"意"的文化与"情"的文化——中国的日本研究》，中公丛书，2004 年。

② 入江昭编著：《中国人と日本人：交流・友好・反発の近代史》，冈本幸治监译，ミネルヴァ书房，2012 年。见冈本幸治的"监译者序言"。

在近代日中关系的研究方面，超越个人的体验及政治论理、道德基准等是极为困难的（也有人说是不可能的）。两国出版的有关日中关系的一些著作，与其说是学术性的著述，毋宁说多为个人的感想，记述的是作者在理智和情感方面与近代的事件的某种关联。""对于与向中国实施侵略性行为密切相关的一代日本人而言，以及对于那些从事中日关系史学术性研究时难以抑制屈辱感及愤怒之情的中国人而言，冷静的学术态度即便不认为是没有意义的，但是都难以做到。近代日中关系史的少数著作是由西方人来书写的，也是因为这个原因。"① 也正是出于对这种状况的理解，才成为他决定发行该书日文版的重要理由。

对于标榜具有"冷静的学术态度"的西方日本研究的"客观性"，也有西方研究者持怀疑态度。2005 年 12 月 1—3 日，在巴黎日本会馆，由日本法政大学国际日本研究中心、法国国立科学研究中心及巴黎日本文化会馆共同举办了国际学术研讨会"何谓日本学——从欧洲看日本研究、从日本看日本研究"。法国国立科学研究中心的约瑟夫教授这样谈道："被认为是持科学的'客观性'的西方人的日本研究，与他们的日本同事从内侧来看自身文化的那些研究相比，真的可以说是'客观的'、'科学的'、'真实的'研究吗？""所谓日本人论、日本文化论，多数并不能称作是科学性的研究，而是基于意识形态的认知根据而被构建出来的，现在也是如此。且国家主义性质的这种根据并非罕见。当然，无论在韩国、中国，还是在西方各国，探求类似的国民同一性，正是以此根据来进行的。"② 也就是说，西方各国的日本研究也同样是基于各自的意识形态而展开的。

"日本学""国家日本学""国际日本文化"等概念的讨论随着"国际日本文化研究中心""国际日本学研究中心"等研究机构的设立而得以热烈地展开。在民间，1987 年也成立了"将外国的'日本学'、'日本研究'的内容作为研究对象"的"日本学研究会"。这个研究会的主创者足立原贯先生后来成为法政大学国际日本学研究中心的顾问，"比起研究中国，我更想去研究那些对日本进行研究的中国学者、日本研究者的研究内

---

① 入江昭编著：《中国人と日本人：交流・友好・反発の近代史》，冈本幸治监译，ミネルヴァ書房，2012 年。见入江昭的"绪言"。
② 法政大学国际日本文化研究所编：《日本学とは何か—ヨーロッパから見た日本研究、日本から見た日本研究》，法政大学国際日本研究センター，2007 年，第 8—9 页。

"中国式"日本研究的实像与虚像　29

容,我想一直继续这项工作,并为相异之物在差异中共存去不断思考。"①这样的努力姿态对中国的日本研究者而言,无疑是巨大的激励。

三

在介绍近年来中国学界的"中国式日本研究"是如何被构想的之前,首先来看一下"研究日本的中国学者、日本研究者"的研究领域分布状况及各领域的研究成果。

据1985年的统计,1138位(有效问卷调查)研究者中,日语语言学、文学研究者有412人(36.2%),经济研究者206人(18.1%),历史研究者265人(23.2%),社会文化研究者141人(12.3%),政治(包括外交、法律)研究者68人(5.9%),其他研究者46人(4%)。据1991—1992年中国日语教育研究会的统计,在中国,日语教育及研究者达2000人。②

据2008年的统计,1040位(有效问卷调查)研究者中,日语语言学、文学研究者占43%(447.2人),历史研究者占18%(187.2人),经济研究者占14%(145.6人),政治研究者(含对外关系)研究者占12%(124.8人),哲学思想研究者占5%(52人),教育研究者占2%(20.8人),综合占2%,其他占4%(41.6人)。③

1985年与2008年日本研究者的研究领域分布比较见表1:

表1　　　1985年、2008年中国日本研究者研究领域分布　　　(%)

研究领域	语言文学	历史	经济	政治	哲学思想	教育	综合	其他
1985年比例	36	23	18	6	13			4
2008年比例	43 ↑	18 ↓	14 ↓	12 ↑	9↓ 5	2	2	4 =

①　足立原贯:《为了相异之物在差异中共存——在研究中国的"日本研究"之际》,《亚洲游学》No.72特集"日中相互认识的分歧",2005年2月。
②　中华日本学会、北京日本学研究中心编:《中国的日本研究》,社会科学文献出版社1997年版,第22—23页。
③　中华日本学会、南开大学日本研究院编,国际日本交流基金企划:《中国的日本研究(1997—2009)》(参考资料)2010年。

研究日本历史与经济的人数略为减少,而研究日本政治的人数却出现倍增。

再来看一下研究成果及各研究领域的比例(至1993年的统计)。据1995年中国人事出版社出版的《中国日本学文献总目录》的统计结果显示,从中国古代至1993年3月,与日本研究相关的著作(含译著)共有7651册(其中年代不明者177册)。具体如表2所示。

表2　　　　中国古代至1993年3月日本研究相关著作统计①

时代	秦—元	明朝	清朝	民国时期	新中国(至1993年3月止)
著作	23	66	663	3193	3529

为了对各研究领域内民国时期与新中国时期的日本研究著作所占比例进行详细的比较,可参照表3。

表3　　　近代以来中国的日本研究成果(主要的研究领域)②

领域	民国时期 册	民国时期 %	中华人民共和国时期 册	中华人民共和国时期 %	1949—1955年	1956—1965年	1966—1971年	1972—1978年	1979—1993年	
政治	737	23.08	294	8.33	23	31	1	13	226	↓
军事	243	7.61	12	0.34	0	0	0	0	12	↓
经济	296	9.27	657	18.62	2	17	0	18	620	↑
语言	209	6.55	955	27.06	0	19	0	67	869	↑
文学	348	10.9	875	24.79	11	72	1	10	781	↑
历史	599	18.76	171	4.85	4	28	0	4	135	↓

① 李书成:《近现代中国的日本研究》,中华日本学会、北京日本学研究中心编:《中国的日本研究》,社会科学文献出版社1997年版,第15页。
② 根据李书成上文中《辛亥革命至解放前日本研究成果一览表》及李书成、王仲全《新中国的日本研究》中的《当代主要日本研究成果一览表(1949.10.1—1993.3.31)》(中华日本学会、北京日本学研究中心编:《中国的日本研究》,社会科学文献出版社1997年版,第25页)制成。

民国时期的研究成果中最多的当属政治领域的研究，约占四分之一不到的比例。排在第二位的是历史领域的研究，五分之一不到。而新中国时期的政治及历史领域的研究成果数量却出现锐减。与此相对，文学、语言学、经济类的研究却方兴未艾。

中国的日本研究常常被说成是"政治服务型"的研究，那么，中国的"政治家"又对日本研究抱有怎样的期待呢？从以下他们的题词和发言中可以略知一二。

王震（1908—1993年，原国家副主席）："他山之石可以攻玉。"①

孙平化（1917—1997年，原中国日本友好协会会长）："研究日本、了解日本、加深理解、增进友谊。"②

张香山（1914—2009年，中共中央对外联络部副部长）：在2001年中国社会科学院日本研究所创立20周年之际，谈到了中国的日本研究，他指出日本研究所是"国家在处理中日两国关系方面的很好的思想库"。同时也对其存在着一些缺点进行了严厉的批判，例如他指出日本研究所的机关杂志《日本学刊》"不能定期地及时地全面评述日本的政治、经济动向，对一些有关日本的重要问题，也较少引导，就这些问题进行评论或展开争论"。但他还是殷切地期望"日本研究所在全面系统地研究日本时，能有重点地研究中日关系问题，能为发展这种关系提供良策。特别是当两国发生摩擦和矛盾时，决不以感情代替决策去激化矛盾，而是冷静地分析和对待矛盾，提出种种缓和与消弭矛盾的有益建议。特别是提出能在双赢的结局下解决矛盾的建议"。③

刘德有（1931—，原文化部副部长、原中华日本学会会长）：在中国社会科学院日本研究所创立20周年的祝词中这样讲道："中日两国毕竟社会制度不同，文化背景各异，两国人民的思维方式、心理心态和价值观都有差异。要增进真正的相互理解和相互信任，除了要研究对方国家的历史、政治、经济、军事、国际关系及它的走向外，还要下大力气了解对方的文化，广义的要了解对方国家人民的思想以及赖以行动的思想模式和产生这一模式的文化根源。""中国的日本学研究要有自己的特色，而不是

---

① 1985年1月为祝贺辽宁大学《日本研究》创刊的题词。
② 1992年秋，中日邦交正常化二十周年题词。
③ 张香山：《两点希望》，《日本学刊》2001年第4期。

日本相关学科的简单模仿。它应当把中国丰富的学术资源引入本学科领域的研究中去，要勇于探索，勇于开拓，有所发现，有所创建。"①

陈奎元（中国社会科学院院长，2011年）："论往昔中华东瀛为友为敌是非在，望前程寰宇生民是福是祸总相关。"②

从以上的题词与发言，可以感觉到中国的政治家要比一部分所谓的专家学者，更持有非常健全的理性认识。

同样是中国社会科学院日本研究所，在其创立30周年之际的2011年，举办了盛大的纪念会。印象最深的则是该所首任所长何方（1922—）先生的发言。他说："我们的研究要建立在客观和实事求是的基础上，不能随风倒。（中略）由于中日关系的特殊性，也就是有日本长期侵略中国的历史背景，所以人们在看待日本上，很容易夹杂民族主义情绪。我们的日本研究工作，既要避免受民族主义情绪的干扰，也要协助国家正确对待和处理这个民族情绪问题，使中日关系建立在健康的基础上，得到健康的发展。要起智囊作用，就要解决好研究工作与国家政策的统一。只是宣传与解释国家政策，那不是研究部门的主要任务。研究工作，对外当然要执行国家政策，但本身却要提倡独立思考和不同意见的争论，否则，就无法起到智囊作用。"③ 并且他还强调了基础研究的重要性以及从国家战略利益角度来进行现实性日本研究的必要性这两个方面。在这里，他并没有谈到"中国式的日本学"，但是却极具智慧地给我们指出"学术性的研究"与"国家政策"，以及"基础研究"与"应用研究"之间的关系。对于他所提出的内容，我们可以理解为这并非只限于"中国式的日本学"等国别研究、区域研究，而是为我们提出了关系到世界史整体、人文社会科学整体的指针。

当然，在这场纪念会上也有各种各样独特的发言。例如，时值中国社会科学院常务副院长王伟光就提出了"'中国的日本研究'的新路"的说法。他对伴随着中国改革开放30年以来所取得的日本研究的成果进行评价的同时，也对今后的研究寄予了希望。"日本研究要走出一条符合自身发展需要（中国发展要求）的道路，要用中国人的视角去伪存真地解读、

---

① 刘德有：《贺日本研究所成立20周年》，《日本学刊》2001年第4期。
② 2011年5月为中国社科院日本研究所成立30周年题词。
③ 何方：《在日本研究所创立30周年纪念会上的发言——日本研究战线上一个老兵的几点希望》，《日本学刊》2011年第3期。

分析日本的政治外交、思想文化、社会经济等问题。"① 这个"中国人的视角"究竟是怎样的视角呢？并不十分清楚。而关于新时代里日本研究的要求，日本研究所现任所长李薇带着强烈的紧迫感与责任感这样谈道："今天的日本研究，也已不再是简单的国别研究，而是存在于世界的或地区的多边的政治、经济、文化的关系之中，与整个国际关系密切联系，是由多方面要素构成的具有很强专用型的、综合性的研究。"为了达到这种研究要求，研究者自身的素养也面临着巨大的挑战。需要具备多种条件，"才能创造性地进行知识生产，才能将政策建议的思想境界提升到软实力的高度，才能有效地服务于国家利益"，"力争重构日本研究的中国语境，创新中国日本研究的学科范式"被提到重要高度。②

作为中国社会科学院日本研究所创立30周年纪念会的一环，研究所也召开了中华日本学会2011年年会暨学科总结研讨会。研究所及中华日本学会的机关杂志《日本研究》也在2011年第3期上花很大篇幅登载了这次会议的总结报告书。内容如下所示。

高洪（中国社会科学院日本研究所副所长）：《30年来中国的中日关系研究总述》

徐万胜（解放军外国语学院教授）：《日本政治研究30年总述》

吴怀中（中国社会科学院日本研究所副研究员）：《日本外交安全研究30年总述》

张季风（中国社会科学院日本研究所研究员）：《中国的日本经济研究30年》

王伟（中国社会科学院日本研究所研究员）：《步入发展时期的日本社会研究》

谭晶华（中国日本文学研究会会长、上海外国语大学常务副校长）：《新时代的中国日本文学研究》

崔世广（中国社会科学院日本研究所研究员）：《30年来中国的日本文化研究》

刘岳兵（南开大学日本研究院教授）：《中国日本思想史研究30年》

---

① 王伟光：《在中国社会科学院日本研究所建所30周年纪念大会上的讲话》，《日本学刊》2011年第3期。

② 李薇：《继往开来，创新奋进——在日本研究所建所30周年纪念大会上的讲话》，《日本学刊》2011年第3期。

徐建新（中国社会科学院世界历史研究所研究员）：《30年来的中国日本古代中世纪史研究》

王新生（北京大学历史学系教授）：《我国30年日本近代史研究总述》

如上所示，论述的领域横跨中日关系、日本的政治、外交安全、经济、社会、文学、文化、历史（思想史、古代·中世史、近代史）。若读完这些总结性的论述，我想大概可以把握这30年来中国日本研究的全貌。

这里要介绍的并不是上文提及的那些论述，而是要介绍刊登在今年即2012年《日本学刊》第1期的由北京大学历史学系宋成有教授所写的论文《中国的日本史研究理论与方法》。该论文明确地论述了"有中国学术特色的日本研究"这一口号中"中国学术特色"的含义、日本史研究的中国学派的理论及方法特征，并且还指出了中国日本史研究的一些问题。虽然较长，但还是请允许我在此引用相关内容：

对"中国学术特色的日本历史研究"，他说："概括起来看，'中国学术特色'似应表现为：其一，站在中国的大地上看东邻日本，持中国学人应有的视角，且自成一家之言。其二，坚持中国学人传统的全方位整体思维方式，运用唯物史观和辩证法研究日本史的理论立场，体现中国学者应有的气度、格局和分析能力；发扬中国学人研究日本史独有的优势，例如两千年来连续性的史料积累、考据学等治史传统方法根基深厚等。其三，研究与应用相结合，以外国的历史经验教训为他山之石，为我所用，有所区分、有所选择、有所梳理、有所发掘，而非囫囵吞枣，盲目追随。其四，用准确、流利的汉语撰写文章，而不是原封不动地照搬日语汉字词汇、让似是而非的'协和语'充斥字里行间，等等。"

关于"日本史研究的中国学派的理论及方法的特征"，他指出其中一个显著的特征便是"唯物史观与实证的研究方法相结合"。而对于研究领域出现的一些问题，他这样谈道："新中国成立初期过度强调阶级立场和史学理论的政治属性，也给当时和此后相当长时期的世界史研究，包括日本史研究，落下了'病根'，即看重理论和阶级立场，轻视史料、史料学，乃至对版本学、校勘学、辑佚学、考据学、年代学、目录学等基础性史学方法论加以排斥，影响消极。史料匮乏的世界史包括日本史的研究，依据不乏教条主义影响的马克思主义史学理论，以宏观的'理论分析见长'而聊以自慰。"关于"宏观的研究"，他这样论述道："宏观研究是中国日本史研究的重要研究视角和方法，体现中国历史学研究基本特点。值得注意的问题是：有些宏观理论往往不是从具体问题中提炼出来的，史料基础不够扎实；有些研究方法论貌似宏观，但基本概念不甚清晰，缺乏问题意识；或者新概念的提出比较随意，缺少严谨的论证；或者照搬国外的现成理论观点而未进行分析批判，成了新的贴标签；或者从事微观实证研究，却不愿下死功夫、笨功夫去展开微观研究，缺乏真刀真枪地拼史料的底气和实力。"不仅说到了日本史研究的问题，也尖锐地道破了中国人文社会研究领域各种各样的弊病。我强烈地感受到他的论述直中要害，令人深思。只有以此为镜深刻反省、奋发努力，才能提高所谓"中国式"日本研究在国际上的声望。

四

最后，我想阐述一下我个人关于"中国式"日本研究的一些拙见。

首先，如果真正地期待中国日本研究的发展，当务之急必须先要舍弃"中国式""中国的""中国学派"等高调的说法。中国的学术自古以来就有多种学派。例如：儒家、道家、朱子学、阳明学、常州学派、湖南学派，等等。学术的发展是与研究者个人的独立与自由息息相关的，现在的中国有几千名日本研究者，与其谈"中国学派"，不如去期待今后"东北学派""北京学派"，或是"南开学派"等学派的诞生吧。

其次，如果真正地期待中国日本研究的发展，比起建立那些自以为是的学派，当务之急是应该去做一些基础性史料的翻译工作。周一良先生在1992年对中国的日本研究学界提出了这样的忠告："译一本书，加上导读性的前言，比粗制滥造写的一般历史书要好。"[①] 当然所译的书要是经典或原典，才配得上写导读性的前言。中国的日本文学研究者，在1985年，曾有过将《日本古典文学大系》《日本近现代文学大系》等大型的日本文学丛书进行系统性翻译及介绍的计划，但因遭遇多重困难，至今仍未实现。[②] 思想史领域也是如此。中国的日本研究的传统虽说很长，但其基础

[①] 刘迪：《中国日本史研究的回顾与前瞻——访著名史学家周一良先生》，《日本学刊》1992年第3期。

[②] 李长声：《中国几近出版两套日本文学大系》，谭晶华主编：《日本文学研究：历史足迹与学术现状——日本文学研究会三十周年纪念文集》，译林出版社2010年版。

其实非常薄弱。

再者,如果无论如何都不能放弃所谓"中国的""中国式"研究梦想的话,我认为首先有必要再读或重写一次"中国人的日本研究史"。例如,关于民国时期的日本研究,有必要继续挖掘过去忽略的史料,那里仍留有不少余地供我们进行再评价。在此举一个例子。一位名叫傅芸子(1902—1948年)的人曾留下《正仓院考古记》(求文堂,昭和16年发行)、《白川集》(求文堂,昭和18年发行)等中日关系史、文化交流史的著作。因中国现代文学史研究者陈子善教授的慧眼,2000年辽宁教育出版社的"新世纪万有文库"丛书收录了以上两本著作,将其合集成一本为《正仓院考古记 白川集》。但是一些贵重的图录被删掉了。

通读杉荣三郎为《正仓院考古记》所写的序言,便可窥探出该著作的主要内容:"……前几年傅先生作为学者被允许参观正仓院,并多次在《国闻周报》上刊载《正仓院考古记》,面对众多宝物,将之与唐土的文献进行对照,并对其由来及性质进行解说,同时也对隋唐的文物进行了相关的解释,因此而阐明了彼我文化交错杂糅之状。予当时正任帝室博物馆总长之职,读其著作,知晓其考证之正确、观察之犀利,多立先人未发之说,兼修订世上之定说,因此受先生启发之处颇多,先生之渊博学识深让人敬服……"①

而当时中国学京都学派的代表者狩野直喜也为其写了序言(原文为汉文)。这样说道:"……其辨一事、稽一物,必有所本,不为架空之说,斯书一出,知世之考唐代文化者得以为指针,稽天平文化者,又得以明其来历冶镕变化之美,则其益于学界,不特我两国矣……"该书1941年6月1日出版后,吉川幸次郎在7月12日的《大阪朝日新闻》上发表了书评。其中这样谈道:"这本著作,作为日本文化的介绍书,不仅对中国人而言是一件有意义的事,对日本人也是很有益的。无需赘言,正仓院的宝物,在某种意义上是与唐代的工艺有关系的,而将其与唐代的文献进行对照,当然我国学者也曾做过这样的工作,但著者能运用自如地引经据典,并在多处弥补了前人研究之不足。其中我认为特别有趣的是,文献征引的方法,他不单是理性地考证文物的用途及来历,更是在深切地感性地感受当时生活中器物的存在样态,以深深的情意去感受,或是想要这样去感

---

① 傅芸子:《正仓院考古记》,求文堂,昭和16年发行,杉荣三郎序。

受。(中略)此外,这些器物,在中国一直持续制作到何时,或其是否还存留在现今中国的工艺中,著作也对这些问题进行了考察,这难道不是前人研究中所欠缺的一面吗?"

《正仓院考古记》能得到如此高的评价不正是因为傅芸子对中国文献、中国文化持有广博及深厚的修养,并能将其活用的缘故吗?中国近代以来日本研究的大家,黄遵宪自不待言,周作人、朱谦之、周一良等人皆无例外。

对戴季陶的《日本论》应如何评价,历来众说纷纭。在这里我想说的是他的研究态度。1928年出版的《日本论》的原型其实是刊载在1919年8月《建设》杂志创刊号上的《我的日本观》。其中有这样一个重要的不同之处。《我的日本观》中这样写道:"我有一个希望,要想把'日本'这个题目,用我的思索评判的能力,在中国人的面前,清清楚楚的解剖开来,再一丝不乱的装置起来。却是我心有余而力不足,讲古代的研究呢,我读过的日本书,既然不多,而且研究日本古籍的力量也是不够(《日本论》中则是'讲古代的研究呢,读过日本书,既然不多,对于东方民族语言学,毫无所知,中国的历史尚且一些没有用过功夫,研究日本古籍的力量,自然是不够。')……所以要作一部有价值批评日本的书,决不是现在的我所做得到的。"[①]总之,约十年后问世的《日本论》中,戴季陶认识到了如果想要写本评论日本的有价值的书,很有必要去"努力研究中国的历史"。

最后,我想用写实画家矾江毅先生(1954—2007年)说过的几段话[②]来结束今天的讲演:

> 写实有一个规则,那就是对客观性的尊重。但是,作家在遵守这个规则的同时,又该如何与自身主观的表现欲相适应、相协调呢?我认为作品精神性的高度,是由从这个规则中发现的精神的自由度所决定的。

[①] 唐文权、桑兵编:《戴季陶集》,华中师范大学出版社1990年版,第923页;戴季陶:《日本论》,民智书局1928年版,第2页。

[②] 参见《增补 矾江毅 写实考》,东京:美术出版社,2011年。

根本的写实表现，是绝对的可信赖的，如果不能将其当做自己的问题并使其得到进化，是称不上"真正的写实绘画＝拥有普遍性的绘画"的。

越是凝视，物象的实体就会越逼真地映照出来，有时甚至会看到其超现实地显现出来。能实际感受到这种程度，并拥有能触动心灵的精神后就可以开始写实了吧？仅是依靠临摹记忆、习惯成自然的技巧，在机械般地描绘出的画面中是不会蕴藏着真实的。

我认为研究、描述历史，在某种意义上也可以说就是一种"写实"的工作吧。

就讲到这里，谢谢大家！

（周晓霞　译）

日本史研究中的几个问题感言[*]

一

中国是世界上记述和研究日本最早的国家，如果从陈寿（233—297年）所著《魏志·倭人传》算起，至今已经有1700多年的历史了。如果从《山海经》中有关"倭"的记载开始，得有2000多年了吧。有这么悠久的历史，我们记述和研究日本的成果和其他外国史相比多一些，也就不足为奇了。而且，我们对这些庞大的研究成果已经有了初步的整理。比如早在1991年创刊了《中国日本学年鉴》，"介绍了我国建国四十年来国内学者研究日本学的各方面可喜成果"。在此基础上，编辑出版了详细的《中国日本学文献总目录》[①]，该书收目达3万余条，字数约300万字，为"上起先秦，下迄1993年3月，囊括2000余年来国人及部分外籍学者研究日本情况的目录汇编"。"全书分书籍和文章两大部分：书籍部分又分哲学、社会科学总论、政治、法律、军事、经济、文化、科学技术、教育、体育、语言文字、文学、艺术、历史、地理、综合、附录等17门类；文章还增加'卫生'一门类。每一门类按内容又分若干小类、小小类。"而且还附有书名和文章篇名索引。其意义，的确如张香山的题词所言："《中国日本学文献总目录》的出版，对中国日本学的进一步形成和发展，是一个重大的贡献。"在此之前，香港学者谭汝谦主编的《中国译日本书综合目录》[②]也是一项值得庆贺的基础性业绩。李玉、汤重南主编的"中国的日本研究史丛书"[③]则力图从理论上对相关领域的研究进行总结。主

---

[*] 载《读书》2010年11月号，发表时有所删节。
[①] 北京日本学研究中心编，《中国日本学文献总目录》，中国人事出版社1995年版。
[②] 谭汝谦主编：《中国译日本书综合目录》，香港中文大学出版社1980年版。
[③] 李玉、汤重南主编："中国的日本研究史丛书"，世界知识出版社，2000年、2001年出版。

编在"丛书序"中说：

> 中国的日本研究是如何发展和深入展开的？其优良传统是什么？不足之处是什么？一句话，哪些是可以继承发扬的，哪些是应引以为戒的？对此进行总结和探讨，无疑有利于21世纪中国日本研究的发展。为此，就需要深入探讨历史、哲学、思想、文化、政治、法律、经济等各个领域的中国日本研究的历史，着重探讨每个领域中各个时期有代表性的研究论著和某一领域专题研究的代表性观点，以及研究中的热点或有争论的问题。只有这样，才能把握各个领域今后应深入探讨的问题，也可以从整体上把握中国日本研究的状况、水平及特点，为总结中国日本研究的优良传统加以继承并使之发扬光大提供依据。"中国的日本研究史丛书"的撰写与出版即以此为宗旨和出发点。

中国的日本研究不仅具有如此悠久的历史和大量的研究成果，而且中国的日本史研究与中国各个时代自身的历史发展与政治形势也密切相关。因此，总结和反思中国的日本史或日本学研究史，除了可以为继承和发扬中国日本研究的优良传统提供依据之外，由于它本身也是中国历史和学术传统中不可分割的一部分，通过加强中国日本史学史或中国日本学史这门学科的研究，也可以丰富中国学术史的内涵。

上述"中国的日本研究史丛书"的宗旨和出发点，这种问题意识的提倡，当然是可喜的。但是，就目前的状况而言，可以说我们对这份悠久的研究传统还是缺乏有深度的批评和总结，基本上还是停留在成果的罗列和数字的统计上。

早在20世纪80年代，邹有恒就强调要"搞有中国特点的日本史研究"，将"建立自己的体系，创中国的日本史学派"作为中国日本史研究的远大目标[1]，这无疑令人振奋。但是20年之后，一般知识界对日本史研究的评价是什么呢？

2007年8月30日《南方周末》发表一网友《中国为什么没有日本史

---

[1] 邹有恒：《实事求是，联系实际，走有中国特点的外国史研究道路》，《世界历史》1987年第2期。

泰斗?》的质疑,说:

> 我很赞同该多了解日本,但如何了解呢?了解一个国家就要知道它的过去。但除了戴季陶、周作人、鲁思·本尼迪克特等有关日本的著作,鲜有当代国人研撰的雅俗共赏的精品。为什么日本能出现白鸟库吉、内藤湖南、宫崎市定那样的汉学大师,而中国却鲜有驰誉中外的日本学泰斗?难道我们就只能通过读几本故人的旧作、看几部热播日剧,去了解一个有着深厚底蕴且不断变化的国家?那样的话,我们永远只能知道"邻居"的电器和樱花,而不清楚"邻居"到底是什么"人"。

这样的质疑我想确乎可以令中国所有的日本研究者汗颜。这里至少提出了以下几个值得注意的问题。第一,《中国日本学文献总目录》中收录的3万余项文献中,"鲜有当代国人研撰的雅俗共赏的精品"。第二,现在一般国民了解日本,基本上是"通过读几本故人的旧作、看几部热播日剧",媒体和文艺作品远远比一般的日本学著作受大众欢迎。第三,和日本出现许多汉学大师相比,"中国却鲜有驰誉中外的日本学泰斗"。这些问题在一定程度上反映了公众对中国当代日本研究的失望情绪,这与研究者自身希望中国"成为研究日本史的强国"[①]的高标准形成了一种鲜明的对照。虽然不可否认学术研究有其自身的存在价值和学术史意义,但是向国民普及外国史知识,提高和增进民众对世界各国历史文化的理解,外国史研究者也责无旁贷。对日本尤其如此。因为近代以来的战争与屈辱,使我们对日本的理解增加了许多情绪性的障碍,研究者有责任提供雅俗共赏的精品,理性地弄清楚日本的历史、搞清楚"邻居"到底是什么"人"。日本史研究著作的普及性和公信度,是摆在我们面前的不容回避的问题。

且不论怎样才能称为"泰斗","中国为什么没有日本史泰斗?"这一质疑反映了公众对日本史研究者的一种迫切期待。我们回顾新中国成立以来的日本史研究者的状况可以看到,在这个领域的一些奠基者那里,日本

[①] 王金林:《略论中国的日本史研究及其21世纪初期的发展趋势》,《日本研究》2000年第1期。

中国日本史研究会成立大会 1980 年 7 月 10 日合影（王金林先生收藏）第二排就座者左起第六位开始为周一良、邹有恒、吴廷璆，第 11 位为吴杰，第 14、15 位为胡锡年、汪向荣

史研究不过是他们整个学术研究中的"余技"。如周一良，他的"本业"是魏晋南北朝史，五卷本的《周一良集》中，"日本史与中外文化交流史"只占其中的一卷①。朱谦之是思想家，学术上中国哲学史是其"本业"，十卷本的《朱谦之文集》中，其《日本的朱子学》、《日本的古学及阳明学》和《日本哲学史》②所占还不到两卷。而一些人物，或者由于侧重于政治活动，或者由于各种原因，并没有留下多少自己的著作。后来，随着 20 世纪 60 年代以来专门日本研究机构的建立，我国出现了一批年轻的日本史研究专家，被称为"新中国日本史研究的拓荒者"③。但是十年的政治运动，浩劫了他们的青春，也延缓了中国日本史研究发展的步伐。到 20 世纪 80 年代初，有日本学者曾断言中国的日本史研究还只有小学生水平，经过十余年的艰苦努力，中国的日本史研究所取得的长足进步，已经可以令日本的日本史研究知名学者刮目相看了④。由于历史的原因，尽管在史料和理论方面都还存在着一些局限性，但是他们为这个学科的发展作出了重大的贡献。他们现在大多已年逾古稀，有些人仍然笔耕不辍，他们所构筑的学科体系和研究业绩，现在也还不能从总体上突破和超

---

① 《周一良集》第四卷《日本史与中外文化交流史》，辽宁教育出版社 1998 年版。
② 收入《朱谦之文集》第八、九卷，福建教育出版社 2002 年版。
③ 关于新中国日本史研究的"奠基者""拓荒者"的情况，请参见李玉主编的《新中国日本史研究的回顾与展望》，天津古籍出版社 2012 年版。
④ 参见王金林的论文《略论中国的日本史研究及其 21 世纪初期的发展趋势》。

越。而"文化大革命"之后成长起来的受过正规的高等教育和严格的学院式学术训练的新生代日本史研究者,他们中许多人在求学时代就有留学日本的经历,有些人甚至是在日本获得的博士学位,他们的学术基础和环境都要远远优越于前辈。如果他们甘愿沉潜一二十年不受各种不合理的学术评价机制的影响,在基本的史料解读和系统的资料建设上痛下功夫的话,或许能够在他们的下一代中培养出理想的"泰斗"来吧。

2011年4月12日新中国日本研究拓荒者会议合影(前排就座者左起:夏应元、刘天纯、杨孝臣、吕万和、王金林、沈仁安、易显石、孙仁宗)

为了实现这一目标,在已经拥有大量研究成果的中国日本史学界,有深度的学术批评,也是日本史研究的当务之急。我曾经用"寂寞的喧嚣"来形容日本学研究新著迭出而评论界熟视无睹的状况。事实上也不完全是熟视无睹,下面一则批评就令人堪忧甚至震惊。

同样是来自《南方周末》,2009年7月30日发表了自称是研究中国历史、署名"韦之"的文章《中国的外国研究有问题,中国的中国研究也有问题》,其中提到:

> 中国一所颇有名望的大学,出版了一部颇被看好的《日本史》,我请东京大学一位研究中国的教授来发表其个人的评价。由于是熟人,他也没有办法回避,支支吾吾了半天,最后才说,相当于日本中小学教材的水平。如果真能达到日本中小学教材的水平,我还可以认

为不错，因为中小学教材要求提供最可靠的知识，但这位教授有一句话，让我感到背后发冷，"他们缺乏研究。"这是他比较了日本对本国的研究和中国对日本的研究而言的。

这里所谓令人震惊，至少有这样两点：第一，在30年之后，又一次提到中国的一些日本史研究只有日本的中小学教材的水平，甚至还不如，因为"缺乏研究"。不过这一评论是通过日本的"一位研究中国的教授"的口，表述出来的。第二，这里所批评的对象，明眼人一看就会想到1994年南开大学出版社出版的吴廷璆主编的《日本史》。吴廷璆是新中国日本史研究的重要奠基者之一，这部"洋洋百余万字，更加详尽、具体地记述了日本历史发展的全过程"的"目前为止篇幅最大的日本史专著"①，在这里竟然几乎被贬得一文不值了。将一部代表一个时代研究水准的日本通史著作，在一般公众面前以这样轻佻的方式肆意践踏、诋毁，这除了表现出文章作者极不严肃的治学态度之外，中国的日本史研究成果在一般知识界的公信度也由此可见一斑。实在令人堪忧！

二

的确，十几年前出版的《日本史》（1994年）肯定有许多值得批评之处，切实的、有建设性意义的批评，当然是受欢迎的。但没有扎实深入的研究，也不可能有这样的批评。如果可以将上述这种来自专业之外的批评视为童言无忌而一笑置之的话，专业性的批评又是如何呢？

无独有偶，市面上还真出现了一种自称"以超越《日本史》为定位"的《日本通史》②。其自序中坦言"标新立异"为其治学的首要原则，既然以超越《日本史》为定位，标新立异之所指便不言而喻。其序言中说：

> 拙著标新立异之"立异"，主要体现于致力纠正一些因是泰斗和权威的论述，以至成为学界"通识"的史实性错误。作为论据，恕我在此斗胆冒犯，摘引吴廷璆先生主编的《日本史》中的两段论述，

---

① 宋成有：《日本史研究综述》，《世界历史》2000年第1期。
② 冯玮：《日本通史》，上海社会科学院出版社2008年版。

并作说明:①

引文一:"(江户)幕府颁布了《禁中及公家诸法度》,规定天皇只许从事学问,诵读《群书治要》、《禁秘抄》、吟诵和歌。"

这段论述关乎"万世一系"的天皇的地位、江户幕府政治体制之特征,尤其关乎明治维新的前提,其重要性当毋庸赘言。唯其如此,笔者不得不立"异"予以扶正。为了说明其错误所在,在此照录"法度"原文:

"天下诸艺能之事,第一御学问也。不学则不明古道而能致太平者,未有之也。《贞观政要》明文也。《宽平遗诫》,虽不穷经史,可诵习《群书治要》云云。和歌自光孝天皇未绝,虽为绮语,我国习俗也,不可弃之云云。所载禁秘抄,御习学专要候之事。"②

姑且不论原文中的"第一"和引文中的"只许"纯属两个概念,其实查考原文,《日本史》所述是否有错,已一目了然。需要强调的是,(中略)"法度第一条"所谓的"学问",是关于朝廷礼仪和政务知识,不是我们今天所理解的在书斋里潜心钻研的"学术问题"。《日本史》以今义释古义,错解了文中"学问"的含义。作个不恰当的比喻,日文中的"娘"(女儿),如果我们作"母亲"理解,笑话可就闹大了,尽管由于日文中有大量汉字,此类笑话可谓比比皆是。③

对于《日本史》上述"史实性错误"的严重性,该书的正文还进一步论述说:

《禁中及公家诸法度》各条,尤其值得辨析的是第1条。中国史学界通常对第1条的解释是,认为其规定天皇当以钻研学问为先,不得过问政事。如吴廷璆主编的《日本史》写道:"幕府颁布了《禁中及公家诸法度》,规定天皇只许从事学问,诵读《群书治要》、《禁秘

---

① 吴廷璆主编:《日本史》,南开大学出版社1994年版,第220页。——原文注释。着重号为笔者所加,"中略"表示该处对原文有省略,以下同。
② [日]历史学研究会编:《日本史史料·3·近世》,岩波书店,2006年,第82页。——原文注释。
③ 冯玮:《日本通史》,上海社会科学院出版社2008年版,第2—3页。

抄》、吟诵和歌。"① 但不能不指出的是，如此解释显然有"误解"之嫌。由于如此"误解"直接导致对德川幕府政治理念和江户政治体制之特征的歪曲，故必须予以指正。②

如果没有读过《日本史》，对《禁中及公家诸法度》也没有必要的知识的话，大概会对作者的"扶正"或"指正"拍手叫好。那么这样的批评实际上如何呢？我想至少有以下几点值得注意：

第一，既然要批评对方有"史实性错误"，自己在"查考原文"时就要格外小心，不要将这样重要的史料引用错了。据查证，《日本通史》中所照录的"法度"原文，至少有三处错误。其一，将原文的"天子"错录为了"天下"，其二，将原文的"弃置"错录为了"弃之"，其三，将原文的"候"错录为了"侯"。这三个词的差别，前面两个一见就明白，没有必要多说了。而"候"是表示一种文体"候文"的，错录为"诸侯"的"侯"，意思就不通了。

第二，既然要批评对方有"史实性错误"，自己在引用对方的文章就一定要非常准确完整。《日本通史》中所引《日本史》的原文为："幕府颁布了《禁中及公家诸法度》17条，规定天皇只许从事学问，诵读《群书治要》、《禁秘抄》，吟诵和歌，不得过问政治。"③ 而且原文对《群书治要》、《禁秘抄》都作了注释④。这一句引文中漏掉了原文中的"17条"和"不得过问政治"，标点符号也有错误。被漏掉的"17条"的重要性在于告诉读者这里所论述的是就整个17条"法度"而言，而不只是就其中的第1条而论。

第三，既然要批评对方有"史实性错误"，自己首先要对原始史料的核心内容有准确的理解。上述"法度第一条"出自《禁秘抄》第16项"诸艺能事"，原文（下划线为引者所加）为：

第一御学问也。不学则不明古道，而能政致大平者未有之也。

---

① 吴廷璆主编：《日本史》，第220页。——原文注释。
② 冯玮：《日本通史》，上海社会科学院出版社2008年版，第330页。
③ 吴廷璆：《日本史》，南开大学出版社1994年版，第220页。
④ 见吴廷璆主编《日本史》，第244页。其中对《禁秘抄》的注释中的"共29项"应该为"共91项"。

《贞观政要》明文也。《宽平遗诫》：虽不穷经史，可诵习《群书治要》云云。……第二管弦。延喜天历以后，大略不绝事也。必可通一曲……<u>和哥自光孝天皇未绝，虽为绮语我国习俗也</u>。好色之道、幽玄之仪，<u>不可弃置事欤</u>。此外杂艺有御好无难，无御好无难事欤。诗情能书等同殊能也。①

按照顺德天皇（1197—1242年，在位1210—1221年）的意思，天子要学会的各种艺能，第一是学问，第二是音乐（管弦），第三是文学（和歌）。其他则可有可无了。而"法度第一条"摘出"学问"和"和歌"两项，将其作为天皇（天子）要专门学习掌握的。在17条"法度"中只有这一条是专门针对天皇的。《日本通史》在这里所较劲的"学问"的意思，根据权威的解释，在日语中"学问"有以下几种意思：（1）原来是针对男子学习汉学或佛典而言，后来泛指相对于武艺等，学习和掌握汉诗文、佛典、和歌等各种普通的学艺。后来也包括学习和文。（2）是指跟着老师或依据书本掌握的学艺，获得的知识，学识。（3）是由一定的原理而体系化组织化了的知识或方法。如哲学、文学、科学等②。那么从"法度"第一条的上述出处和该条全文来看，其"学问"指的究竟是什么呢？按照上述意思，我认为首先是习经史、明古道，这当然是指汉学。而和歌之类的日本习俗，也不可不学，也应该包含在学问的范围之内。汉学中的为政之道和和歌之类的日本习俗，都是天子需要学习的极为重要的事情（"御习学专要候之事"）。

实际上，天皇的"学问"所指何谓并不是这17条"法度"的核心内容，而这17条中专门为天皇本身所明确规定的职责只有从事学问这一条才是关键。从这个意义上说，《日本史》中所言"法度"17条"规定天皇只许从事学问"的说法，并没有什么问题。而引文中被省去的"不得过问政治"的结论，如果从"法度"17条的整体而言，特别是联系到《日本史》中这句引文之后接下来的论述，即该法度对朝廷与幕府的关系这一的关键性问题的规定："法制严别公武，武士官职由幕府授予，革除

---

① 顺德天皇：《禁秘抄》，见《群书类丛》第26辑，续群书类丛完成会，1929年，第385—386页。"和哥"原文如此，即指"和歌"。下划线为笔者所加。
② 参见《日本国语大辞典》（缩刷版）第2卷，小学馆，1987年，第1153页。

朝廷授官于武家之制。"① 我们就可以理解这里的"过问"就是干涉、干预的意思。因此，《日本史》中所言"天皇只许从事学问""不得过问政治"这一代表"中国史学界通常的解释"并没有什么不妥之处。而《日本通史》中所谓学问的"古义""今义"之类，可以说是没有抓住问题的核心，反而将问题的实质扯远了、扯淡了。

第四，既然要批评对方有"史实性错误"，自己首先要准确地理解对方的论述，完整地把握对方的意思。如上所述，《日本史》的相关论述并非仅就"法度"第1条，而是对法度作整体的理解，其结论，即"德川时代朝幕之间"的关系是幕府"凌驾于天皇之上的权力关系"（第220页），这并没有什么问题。所谓"《日本史》以今义释古义，错解了文中'学问'的含义"，完全是《日本通史》作者的臆造。《日本史》虽然没有对"学问"的具体内容作明确的解释，但是从其行文"天皇只许从事学问，诵读《群书治要》《禁秘抄》，吟咏和歌"的意思及其对《群书治要》《禁秘抄》所作的注释来看，"学问"的内容实际上已经跃然纸上，并且很得体。而《日本通史》对这里的"学问"一词理解的依据仅仅是凭着对"法度"第一条中所出现的几本典籍的说明，而对这一条的出处和整体内容，显然还没有理解通透，因为如上所述，很明显，这里"学问"的意思不只是"关于朝廷礼仪和政务知识"。

而且它所批评的结论与他自己最后的结论并没有什么根本的不同。《日本通史》关于这个问题的结论是：

> 颁布《禁中并公家诸法度》是限制和削弱天皇及公卿贵族的权力，不是彻底剥夺他们的参政权；是规定他们仿效先人，不得试图扮演政治"主角"，而不是将他们彻底赶下政治舞台，连"配角"也不让他们当。②

与此相比，上述幕府"凌驾于天皇之上"的措辞，显得多么简洁明了。

---

① 吴廷璆主编：《日本史》，第220页。"德川时代以前，朝廷对武士有官位授予权。德川幕府《禁中及公家诸法度》(1615)第7条规定，武士官位脱离公家官位而完全独立，由幕府授予。(《德川禁令考》卷1)"——原注释（同上《日本史》，第244页注释［19］）。

② 冯玮：《日本通史》，上海社会科学院出版社2008年版，第331页。

第五，如果上面的分析不错的话，《日本通史》中将日语中的"娘"（女儿）作"母亲"理解这则只有"小学教材水平"的笑话与批评《日本史》的"史实性错误"相提并论，这个笑话可就的确闹大了。

日本史研究，要做到真正有创意的"标新立异"，看来并不是件简单的事情。当然，《日本通史》批评《日本史》还有另外一些"证据"，或许对另外的那些证据论述得的确有新意。对此，只好留到以后再拜读了。需要说明的是，我并不是要因此否定《日本通史》这部80余万字的大作具备能够为推动日本史这一学科发展作出实质性的贡献的可能性。我所指出的这些问题也许只是在鸡蛋里挑骨头，如果可以算作是一点瑕疵的话，我仍然希望瑕不掩瑜。但是这些瑕疵，发生在一个很有理想的日本史研究者的著作中，还是颇为令人遗憾的。

三

有深度的学术批评，还要担负起认真甄别学术成果优劣、去粗取精、去伪存真的重任。比如研究综述，它不仅仅是学术信息的介绍，也应该是一种评论。既然是评论，就必须去认真阅读所介绍的信息和要评论的对象。而有的综述只是罗列成果，并没有综述者自己的见解。更有甚者，一些综述者因为不仔细阅读所评述的作品，而将抄袭者的文章与原作者的著作摆在一起，甚至还将抄袭者放在更重要的位置，将抄袭者所抄袭的原作者的文字原原本本地算作抄袭者的成果。这种做法败坏了学术风气，如果盛行开来，不令人堪忧么？我们常常以日本史研究的成果之多而自豪，而有多少是真正具有原创性的？又有多少属于粗制滥造的？对此我们并没有去细究。在20世纪80年代中期，汪向荣就断言："有一点是可以肯定的，就是过去我们据以了解、知道的有关日本历史的著作，我国人所著、所译的作品，已经远远落后于现实，显得不够和不适用了。"他感叹："理想的日本史著作、译述实在太少了，太落后了。"① 这种状况，在20年之后的今天又有多少改善？

以上虽然是就学术批评而论，这些令人堪忧的问题也可以看做是一般

---

① 坂本太郎：《日本史》，汪向荣、武寅、韩铁英译，中国社会科学出版社2008年版。汪向荣1985年12月20日为此书所写的《译序》。

的学术研究中的问题。批评当然不是为了标新立异而批评，而是为了弄清历史的真相及其所以然；研究也不可能没有批评，否则就成了纯粹的因袭。历史学者，无论是批评还是研究，我认为都离不开"与史料的真正的肉搏和对史实的辩证"，而这种肉搏和辩证，不仅需要勇气，关键还需要培养这种能力。

无论是要"创中国的日本史学派"也好，还是希望中国"成为研究日本史的强国"也好，我相信，日本史研究和中国的世界史研究中的其他国别史研究一样，如李剑鸣所言，"史料依然是制约世界史研究的'瓶颈'"①。不在"原典日本"的解读与翻译上下功夫，不在建设系统的中国日本史史料上下功夫，不论是个人还是集体或国家，我们的日本史研究都难以深化。李剑鸣强调"世界史学者必须首先是一个造诣高深的翻译家"，是说到了痛处。史料建设和原典翻译，又谈何容易！仅就日文翻译问题，其不易，王国维早就在《静庵文集》的《论新学语之输入》一文中以尖锐批评的方式作过如下说明：

> 今之译者，<small>指译日本书籍者言</small>，其有解日文之能力者，十无一二焉；其有国文之素养者，十无三四焉；其能兼通西文、深知一学之真意者，以余见闻之狭，殆未见其人也。彼等之著译，但以周一时之利耳。传知识之思想，彼等先天中所未有也。故其所作，皆粗漏庞杂，佶屈而不可读……②

王国维在百余年前所提出的"解日文之能力"，"有国文之素养"，"能兼通西文，深知一学之真意"这三点要求，不知道今天的日本史研究者看了作何感想。在我本人，确乎如坐针毡。尽管如此，也愿置之座右，以时时自省。对此有的人可能会说，日本的典籍中有许多是用汉文写的，翻译的问题并不是那么重要。对此，汉学家吉川幸次郎的忠告或许最切中要害。他说中国人想要了解真正的日本，"首先是要停止那种只看日本的易于理解的部分和易于利用的部分就下结论的片面的做法，使他们认识到

---

① 李剑鸣：《学术规范建设与世界史研究》，《史学集刊》2004 年 7 月第 3 期。
② 谢维扬、房鑫亮主编：《王国维全集》第 1 卷，浙江教育出版社 2010 年，第 129 页。

理解日本的本质性面貌的重要性"。① 而日本的汉籍或汉文学，既不能代表日本文化或日本文学的主流，也未必能充分反映日本历史和文化的特质。这个懒偷不得！在这方面，新中国日本史研究的奠基者实际上为我们树立了很好的榜样，如周一良所关切的资料问题、语言问题和翻译问题，都是要害问题。而且在翻译上，他身体力行，不仅翻译出版了新井白石的自传《折焚柴记》，而且还有"要将若干种日本德川时期史学资料、著作翻译出来"的计划；朱谦之也感到原始资料不易收集，便"以个人编注的《日本哲学史料》，用东方哲学史组的名义发表《日本哲学》二册（古代之部，1962 年 12 月；德川时代之部，1963 年 3 月，均商务印书馆版）"②。朱谦之编译的这两册史料集已经历时近半个世纪，期间这方面令人满意的系统的史料整理几乎没有任何进展，这个学科的发展也由此可想而知。近年来，如荻生徂徕的《政谈》③、山本常朝的《叶隐闻书》④ 这些难译但非常重要的日本原典都有了中译本，这种努力无疑是令人欣喜的。

在中国的日本史研究领域内，还有比如各个分支学科研究和发展的不平衡问题、理论创新和个性化研究成果不突出的问题以及我曾经提及的"专业化要求有待加强"的问题等，都还值得进一步认真探讨。

---

① 吉川幸次郎：《我的留学记》，钱婉约译，光明日报出版社 1999 年版，第 153 页。
② 《朱谦之文集》第一卷，第 180 页。
③ 荻生徂徕：《政谈》，龚颖译，中央编译出版社 2004 年版。
④ 山本常朝：《叶隐闻书》，李冬君译，广西师范大学出版社 2007 年版。

§辽宁大学日本研究所成立50周年纪念大会致辞

尊敬的辽宁大学日本研究所各位先生、各位来宾,亲爱的同学们:大家好!

非常荣幸能够参加这次贵校日本研究所成立50周年纪念盛会。我谨代表南开大学日本研究院全体同仁对贵所50年来在我国日本研究领域作出的重要贡献表示热烈的祝贺!对50年来贵所对南开大学日本研究给予的无私支持、精诚合作以及由此而建立的深厚友谊表示由衷的感谢和无限的敬意。

吴廷璆(1910—2003年)

众所周知,1994年出版的吴廷璆先生主编的《日本史》,是贵所与南开大学日本史研究室共同完成的中国日本研究学术史上具有里程碑意义的巨著，其基本框架、叙述风格，可以说是充分体现了日本史研究"中国风格"的经典之作，至今仍然是中国的日本史研究者和准备从事日本史研究的青年学子的案头必备书籍。这本经典著作的完成，据收入《辽宁大学日本研究所五十年志》中任鸿章先生、禹硕基先生的回忆文章所言，是从1974年就开始组织，到正式出版，经历了整整20年时间的努力。用20年的时间打造一部时代的经典，这种耐性与毅力，在当今的学术生态环境中，是值得提倡的。这种卓有成效的合作中凝结的深厚友谊，不仅是我们两家研究机构的珍贵资源，也是中国日本史研究领域，大而言之，可以说是中国学术史上的宝贵精神财富。

吴廷璆主编《日本史》（南开大学出版社1994年）封面

我个人对贵所也早有仰慕之情。套用现在一句时髦的话，可以说我们这一代日本史研究者都是读着我们两家的长辈学者共同完成的这部《日本史》成长起来的。对贵所以朱守仁、张宇祥、任鸿章、易显石、禹硕基等为代表的老一辈学者，自然是充满敬意。而我个人的学术经验中，也曾直接得到过贵所刘立善先生的亲切关照与大力支持，在此深表感谢；也曾耳闻贵所王铁军先生为了搜集史料而不畏劳苦的种种逸闻趣事，对其追求学问的执着精神深感佩服，这次相见，只是恨晚。

其实，此时的南开大学也正在举行日本史学科创建50周年的纪念活动。在这个两家同庆的历史节点，我们对自身存在的问题也有清醒的认识，比如学术队伍和人才梯队的建设问题、基础研究和应用研究的平衡问题，以及作为一个跨学科的综合性日本研究机构，各专业研究领域之间如何相互渗透融合以提高日本研究的整体水平的问题，等等。尽管如此，但是我们相信我们两家有深厚的传统友谊做基础、有成功的合作典范做榜样，大家同心协力、努力工作、积极交流合作，一定可以克服困难，为重塑中国的日本研究学术传统，借用在座的中国社会科学院日本研究所所长李薇先生的话，就是为"重构日本研究的中国语境，创新中国日本研究的学科范式"，我们一定可以谱写出新的篇章。

谢谢大家！

2014年9月6日

第二编

中国日本思想史研究的方法论问题

新中国成立以来，日本思想史研究经历了改革开放之前的奠基时期、改革开放到20世纪末方法论自觉的过渡时期，发展到21世纪研究新范式逐渐形成的新时期。中国的日本思想史研究在奠基时代就走在了日本研究其他领域的前头，如今该研究领域中"经世意识""原理意识""原典意识"不断增强且由隐而显，有发展成为不同派别的趋势。此时对该领域的研究成果进行系统的学术史的总结，不仅有利于吸取经验，对本学科未来的发展更具有重要的启发和借鉴意义。

中国日本思想史研究的方法论问题

——一种学术史的回顾与展望*

引 言

与中国的中国思想史研究自20世纪90年代中期以来持续备受关注，形成了"思想史热"[①]相对照，近二十年来，特别的新世纪以来，中国的日本思想史研究且不论其是否成为学界关注的热点，但确实也发生了很大的变化，取得了长足的发展。

关于日本思想史研究，在20世纪60年代初，丸山真男说"思想史"这门学问在日本"还没有作为独立的体系取得市民权"，而且"能作为学界的公共财产而被认可的方法几乎还没有诞生"[②]。而新中国的日本思想

---

* 载莽景石主编《南开日本研究2012》，世界知识出版社2013年版。本文是在该书补编部分"作为'他者认识'的中国日本研究如何可能——回顾中国日本研究的相关方法论问题有感"基础上重新构思而成。原为纪念王家骅教授（1941—2000年）逝世十周年而作，其中第三、四部分在2011年1月15日香港大学召开的"东亚视域中21世纪日本哲学研究的现状与走向"国际会议上发表。文章主要以1949年以来中国的日本哲学思想研究成果为主要论述对象，而从广义的文学角度进行的日本思想研究，如孙歌等人的研究成果，以及以中国思想史为出发点的日本思想史研究，如葛兆光等人的相关研究，均为中国日本思想史研究的重要成果。感谢中国社会科学院日本所李薇所长将本研究纳入其中国日本研究学科综述课题中，本文第二、三部分收入李薇主编的《当代中国的日本研究（1981—2011）》（中国社会科学出版社2012年出版）中。相关内容已经公开发表的文章有《中国日本思想史研究30年》（《日本学刊》2011年第3期）、《朱谦之的日本哲学思想研究》（《日本学刊》2012年第1期）。全文由［日本］金津日出美氏（韩国高丽大学）翻译为日文，以《中国における日本思想史研究の方法論の問題——ある学術史の回顧と展望——》为题发表在2012年3月日本立命馆大学发行的《東アジアの思想と文化》第4号（ISSN1881—1264）。

① 葛兆光：《思想史为何在当代中国如此重要——葛兆光教授在美国普林斯顿大学的讲演》，上海《文汇报》2010年5月22日第6版。

② 丸山真男：《关于思想史的思考方法——类型、范围、对象》，区建英译，见区建英、刘岳兵译《日本的思想》，三联书店2007年版，第75页。

史研究正是在20世纪50年代后期和60年代初才起步的。从新中国第一部日本思想史著作、朱谦之先生（以下敬称省略）的《日本的朱子学》（1958年）出版到现在已经经历了半个多世纪，为了这门学问在中国的发展，其研究传统虽然不长，但对一些问题也还是值得进行学术史的总结。卞崇道和王家骅已经在这方面作了许多基础性的工作①，本文参照这些成果，以方法论问题为中心谈一点观感。

实际上，谈方法论是一个很难的话题。因为无论是什么学问，实际的研究者未必要是方法论方面的专家。何况本人在日本思想史这个研究领域还是初出茅庐、没有什么研究经验可言。但是不可否认，无论是对于总结学术史，还是对于推进实际研究工作来说，方法论的自觉都是很有意义的。

一　中国日本思想史研究的奠基时代

20世纪五六十年代是中国日本思想史研究的奠基时代。与同时代中国的日本通史或断代史研究主要从日本或苏联引进研究成果②相比，在日本思想史领域，通史性或专题性研究成果已经拥有了中国学者自己的著作，这包括朱谦之的《日本的朱子学》（三联书店1958年版）、《日本的古学及阳明学》（上海人民出版社1962年版）、《日本哲学史》（三联书店1964年版）和刘及辰的《西田哲学》（商务印书馆1963年版），以及朱谦之主持的两本日本哲学史料集③。这些著作是中国日本思想史研究的奠基之作、经典之作。中国的日本思想史研究在奠基时代走在了日本研究其

---

① 卞崇道：《日本哲学研究四十年》，北京日本学研究中心编：《中国日本学年鉴1949—1990》，科学技术文献出版社1991年版；卞崇道：《90年代中国的日本哲学研究刍议》，《日本学刊》1992年第5期，两篇文章均收入其《现代日本哲学与文化》，吉林人民出版社1996年版。王家骅：《中国における日本思想史研究の現状と問題意識》，《中国－社会と文化》第7号，1992年6月；王家骅：《中国的中日思想交流史研究》，严绍璗、源了圆主编：《中日文化交流史大系［3］思想卷》序论，浙江人民出版社1996年版。
② 如井上清的《日本历史——"国史"批判》（阎伯纬译，三联书店1957年版）、井上清和铃木正四的《日本近代史》（杨辉译，商务印书馆1959年版）、加尔别林主编的《日本近代史纲》（伊文成、顾铭学等译，三联书店1964年版）等。新中国成立之后的第一本日本通史著作，是1978年商务印书馆出版的辽宁大学哲学研究所编写的《日本简史》。
③ 北京大学哲学系东方哲学史教研组编《东方哲学史资料选集 日本哲学》的"古代之部"和"德川时代之部"，分别于1962年12月、1963年2月由商务印书馆出版。

他领域的前头,这要归功于朱谦之(1899—1972年)和刘及辰(1905—1991年)这两位卓越的先行者的努力。从上述著作的名称看,我们可以知道中国的日本思想史研究,起初主要是以日本哲学思想为内容和对象的,这与两位奠基者的哲学家身份是分不开的。

(一) 新中国成立之前朱谦之的日本思想研究

朱谦之是历史学家,同时也是一位哲学家,是中国"历史哲学"的开创者①。他的日本思想研究在方法论上与其历史哲学有密切的关系。为此,我们不能不追溯到他1931年所发表的论文《日本思想的三时期》②。民国时期中国的日本思想史研究状况虽然还有待研究总结③,但是从总体上看,该文的实证性与系统性、理论性,都可以代表那个时代中国日本研究的水平。

据朱谦之自述,《日本思想的三时期》一文是他在日本写成的④,在日本的留学的情况,他在1945年所写的自述《奋斗廿年》中讲述了那时"专注全力于历史哲学研究",说:"我初住在神保町有明馆,后迁赤门帝大对面的登龙馆,两处附近均有长列书市,我每日有暇,一定从书市的首端走

---

① 朱谦之不仅著有《历史哲学》(上海泰东图书局1926年版),还主编有"历史哲学丛书",其中包括他本人的《历史哲学大纲》(上海民智书局1933年版)、《黑格儿主义与孔德主义》(上海民智书局1933年版),还著有《黑格尔的历史哲学》(上海商务印书馆1936年版)和《孔德的历史哲学》(商务印书馆1941年版)等。以上著作均收入《朱谦之文集》第五卷(《朱谦之文集》共十卷,福建教育出版社2002年版)。

② 黄夏年在《〈日本哲学史〉跋》中介绍朱谦之的日本哲学思想研究论著时提到这篇论文,写道:"《日本思想之三时期》,《现代学术》第2期。"并论述道:"从时间上看,朱先生的《日本思想之三时期》系20世纪30年代发表,全文主要说明'日本思想的发达,是从神学阶段到形而上学阶段,从形而上学阶段到科学阶段'的一个发展过程,可以说这时朱谦之先生已经对日本哲学有了较为详细的研究和比较具体的看法了。"(朱谦之:《日本哲学史》,人民出版社2002年版,第480页)该文收入《朱谦之文集》第九卷时,题注"原载《学术月刊》第一卷第三期"不知何故,据张国义的《朱谦之学术年谱》记载,1931年"12月《现代学术》1卷3、4期合刊刊登朱谦之的《日本思想的三时期》"。(张国义:《一个虚无主义者的再生——五四奇人朱谦之评传》,中国文联出版社2008年版,第192页。)

③ 北京日本学中心编的《中国日本学文献总目录》(中国人事出版社1995年版)和林昶所著《中国的日本研究杂志史》(世界知识出版社2001年版)的附录一"中国早期日本研究杂志篇目辑录"可以提供相关线索。张国义认为:"日本思想史、哲学史研究在旧中国基本上还是一个空白。系统的研究是自朱谦之开始的。"(张国义:《一个虚无主义者的再生——五四奇人朱谦之评传》,第141页)民国时期中国的日本思想史研究究竟如何,还是一个值得探讨的课题。

④ 朱谦之在《世界观的转变》中说:"我是在1929年4月间至1931年初在日本东京留学的。"(《朱谦之文集》第一卷,第137页)而1931年发表的《日本思想的三时期》称该文"为去年旧作",如果可以由此推测,那么该文为1930年所作。

到书市的末端，视为常课。我搜集历史哲学一类书籍，凡能购得的，都不惜重资，尽量收为己有，书籍之外更特别注意于新旧杂志，（中略）我所搜集的单篇论文，在两年之后，居然订成五大册，定名为'历史哲学论文集'，这也许就是我在东京的最大收获罢！我又每日必往图书馆，如上野帝国图书馆、大桥图书馆、日比谷图书馆，均为我经常足迹所在，凡不易购得的书籍，便在那里面抄，（中略）自朝至夕，我均为历史哲学的工作而忙，我的苦学和搜集狂，即是我唯一的嗜好，和唯一的娱乐，（中略）我的刻苦耐劳的习惯，也是在这个时候养成的。"[1] 从《日本思想的三时期》来看，他后来在1968年的自述《世界观的转变》中所说的"我虽曾留学日本，但从未注意日本哲学"[2] 的说法，显然是另有深意的。我想这主要是他因为学术立场的转变而对自己过去的工作的重新认识。在搜集阅读大量资料并专注于历史哲学研究的情况下，他是如何看待日本思想的发展的呢？

朱谦之（1899—1972年）

第一，力图推演、概括日本思想发展的历程。他指出日本思想的发展经历了"从神学阶段到形而上学阶段，从形而上学阶段到科学阶段"三个时期。他认为日本古代思想"都是不重理论而看重情意的，所以与其

---

[1] 《朱谦之文集》第一卷，第71页。
[2] 同上书，第179页。

说是哲学的，毋宁说是文学的"。① 摆脱大陆儒佛思想的影响，是日本思想发展的出发点，他指出，"从崇拜儒教本土的迷梦唤醒起来，这实在是日本文艺复兴运动的起点。过此便入日本思想的第一期——神学思想的时期了"。② 具体而言，"因为德川时代正是日本文艺复兴运动的时代，所以许多神道学者如贺茂真渊等，出来提倡古学，而排斥从外国传来的儒佛"。③ 关于第二个阶段"形而上学时期"，他说："如把德川时代的神道思想，比成西洋思想史上的文艺复兴，则明治维新实好像'启明运动'似的。所以明治时代，神道思想便只剩得糟粕，没有人去注意他。于是神学时期一转而为形而上学时期。"这一时期的特点，他认为是以西洋思想为背景的"明治时代的维新精神，已完全根据于个人的和国家的自觉运动，较德川时代只以宗教为中心的神国观念、保皇观念，当然是要进步多了"。④ 对于这一时期的思想，他具体分析说："我们讲到日本思想的第二期，为方便起见，可完全用德国的正统派哲学代表它。这派哲学起于明治中期，以大正十三年地震为止，势力很大，至今尚为大学里研究的中心。"⑤ 日本的思想家将德国派的观念论哲学"与东洋思想融化而成一新的哲学系统"，他认为"形而上学派"的井上哲次郎、西田几多郎、西晋一郎、纪平正美都是这方面的代表。此外讲坛哲学中还有"认识论派"（左右田喜一郎、波多野精一等）和"现象学派"。第二期思想的特点是"高唱着国家主义"，"并且以为国家在哲学的意义上说，是绝对不可侵犯的"。⑥ 他进一步分析说："日本思想从大正十三年大地震以后，便是一个大转期，他已经不是第二时期的国家思想，而进入于第三时期的社会思想。"⑦ 其中包括无政府主义派（大杉荣、荒畑寒村、石川三四郎）、社会主义派（早期如堺利彦、山川均、安部矶雄，代表唯物论辩证法的福本和夫、河上肇、三木清）。他总结说："日本现在思想，正在第三时期社会科学思想极发达的时候；也是马克思主义列宁主义最出风头的时候；（中略）我很相信日本思想界在最近的将来，应该有个新的发展，只要日

---

① 《日本思想的三时期》，《朱谦之文集》第九卷，第1页。
② 同上书，第3页。
③ 同上书，第2页。
④ 同上书，第8—9页。
⑤ 同上书，第11页。
⑥ 同上书，第6页。
⑦ 同上书，第12页。"他"字原文如此。

本思想不是'开倒车',便只有更彻底地倾向于实践与理论合一之真正唯物辩证法的革命思想了。"① 另外他还看到当时日本思想界的另一种倾向,即"似乎有积极走向法国的新实证主义的趋势",并对这种趋向充满期待:"日本对于德国哲学已根深蒂固似的,无论在官学,在民间社会,试问除了粉饰着晦涩的文句,与观念辩证法的滥用以外,那派的哲学,是从生物学出发?那一个哲学家,是从心理学出发?真是一个也没有。为救这种死沉沉的霉气,当然日本学者会有重新呼吸新实证的空气的要求,这或许也是给过渡的政治革命论者以一个理论的基础罢!"②

朱谦之将日本思想发展的"事实"作这样的分期,是以什么为依据的呢?该文的最后一段给出了答案的线索:

> 最后由上面所举事实的证明,便知日本思想的发展,是由(一)宗教的哲学时期;到——(二)自我的哲学时期;又到——(三)社会科学时期;而最近将来的——(四)新生命哲学时期,则正在创造的进化中。如由于新黑格儿主义与青年黑格儿派的运动,重新发现黑格儿哲学的生命性、艺术性(如大江清一、松原宽、岩崎勉等),这便是好例。前途茫茫,我不敢预说什么,然而由上种种的事实,对于我前著《历史哲学》的分期原理,却已无意之中,更得了一个旁证了。③

朱谦之的《历史哲学》强调历史哲学的任务就是要"在历史事实里面寻出一种根本发展和进化的原理","历史哲学"的成立,即把历史事实给以哲学的研究,由"一种根据于历史事实的哲学","来解释历史全体"④。他在这本书中介绍孔德《实证哲学讲义》时写道:

> 以为人类的一切知识,系经过三个不同的理论的阶级:(第一)神学阶级(Theological Stage),这时期做一切理论的基础的,就是"神"。一切现象都可以不可思议的超自然力解释他。(第二)形而上

---

① 《日本思想的三时期》,《朱谦之文集》第九卷,第14—15页。
② 同上书,第15页。"那派""那一个"原文如此。
③ 同上。
④ 《历史哲学》"二 历史哲学的进化史"(1926年),《朱谦之文集》第五卷,第14、15、20页。

学阶级（Metaphysical Stage），这时期以抽象的概念，就是潜伏人们内心的思想来解决一切。（第三）实证或科学的阶级（Positive or Scientific Stage），这时期专以观察为主，汇集事实上所得的法则而整理之，排列之，藉以说明一切，所用的方法，完全是科学的。①

朱谦之在《历史哲学》中将历史哲学本身的发展历史分为宗教的历史时期、自我的历史时期、社会的或科学的历史时期和综合的历史时期，而且在论述西洋、印度和中国哲学时都是运用上述的分期说。比如他在论述西洋近代哲学的生命派时，将其分为"宇宙哲学时期（文艺复兴）"、"自我哲学时期（启明运动）"、"社会的科学的时期（19世纪）"和"现代的生命哲学"四个时期；在论述印度哲学的历史进化时，他也同样将其分为"宇宙哲学时期（婆陀罗衍）"、"自我哲学时期（乔陀婆陀）"、"社会哲学时期（甘地）"和"生命哲学时期（太戈尔）"②；在论述中国近世以来的哲学时，他也将其分为"宇宙哲学时期（宋代）"、"自我哲学时期（明代）"和"社会政治哲学时期（清代）"③。可见他这时的日本思想研究，是有着他的先在的历史哲学的一贯的原理和研究方法的。因此其日本思想研究，与《历史哲学》的分期原理的关系，与其说是"无意之中，更得了一个旁证"，不如说是有意地对其分期原理作了一个补注。

第二，他对日本思想的发展状况的理解，显示了既定的历史哲学原理本身所具有的特点。其一，侧重日本近世以来，特别是明治维新后日本的近现代思想状况。对日本古代思想的论述比较简略。其二，对儒佛等来自中国的文化对日本的影响，一方面承认其影响之大，但是更多的是强调"儒家思想和日本的国民性，有些不尽吻合"，以至于主张"儒家思想终究和日本思想不能相容。我们现在一谈到日本哲学，好似就只儒佛的思想盛行，这完全由于我们自尊的心理，结果把日本思想的真相淹没，对于研究的对象，反为把捉不着了。实在说来，在德川时代所谓儒教，虽代替了佛教的地位，但到日本古学复兴，便儒教也渐渐自告衰微；当时的国体论

---

① 《历史哲学》"二 历史哲学的进化史"（1926年），《朱谦之文集》第五卷，第18页。
② 《历史哲学》"六 西洋印度两方哲学的生命派"（1926年），《朱谦之文集》第五卷，第70—89页。
③ 《历史哲学》"七 中国哲学的三时期"（1926年），《朱谦之文集》第五卷，第90—111页。

和神道论，都是始而主张神儒合一，后便变成纯粹神道的思想了"。① 注重日本思想的固有特性，这在今天也依然具有重要的意义。但是在这里，他对日本儒学自身的特色显然注意不够，这也与他的理论前提，即将所谓"日本思想的第一期"规定为"神学思想的时期"这种限制有关。

第三，他关注的重点在明治维新之后的日本思想界，对于近现代日本思想的复杂性有充分的认识。这不仅表现在他对近现代日本思想史上各种派别的思想实质及其论争的充分了解，而且他也不是将神学阶段、形而上学阶段和科学阶段简单地作直线的理解，而是看到了不同阶段里存在各种不同的思想因素，比如"科学阶段中虽有唯物史观与社会史观两派，但均不彻底，尤其是神学阶段封建思想与形而上学阶段的军国主义思想，至今尚为有力的反动阶级之势力，如最近日本帝国主义者以旧式之军事征掠手段，强占东省，便是好例"。② 而他对"形而上学派"中的井上哲次郎、西田几多郎、西晋一郎、纪平正美等，都从各自的特点出发探讨了其思想中东西方思想因素的融合及其浓厚的东洋色彩。在第一阶段中也注意到儒佛的更替以及神儒的关系，但是没有充分展开。

第四，对日本马克思主义的评价，也值得注意。比如对河上肇，他指出其"《马克思主义经济学之基础理论》一书，上篇论马克思主义的哲学基础，可算日文中关于历史唯物论的最好参考书了。但是河上氏因他始终带着理想主义的倾向（堺利彦也这样说他），其所谓唯物史观，究竟是否和马克思、燕格尔（即恩格斯——引者）的唯物史观完全一致，很是问题"。还有其辩证法"是否真是唯物辩证法"也大可怀疑。由此提醒人们注意："在我国思想界所认为日本数一数二的马克思主义者，他的辩证法的唯物论，也是不可靠极了。"③ 他希望有"更彻底地倾向于实践与理论合一之真正的唯物辩证法的革命思想"的诞生。他希望以"从生物学出发""从心理学出发"，即他在《历史哲学》中所强调的"生机主义的方法"④ 来打破思想界"死沉沉的霉气"，"给过渡的政治革命论者以一个理论的基础"。

对于马克思的唯物史观，朱谦之在《历史哲学》中虽然认为它"是算不了什么的"，但也还是看到了其积极的方面。他说："他这种以经济

---

① 《日本思想的三时期》，《朱谦之文集》第九卷，第3页。
② 同上书，第1页。
③ 同上书，第14页。
④ 《历史哲学》"三 历史哲学的方法"（1926年），《朱谦之文集》第五卷，第40页。

事情为中心的历史观,因他说明历史上的社会变迁注意在社会史上一切关系依于物质的条件而变化的原因,故此学说推到极端,把理想那样东西,也看作不过物质的影子,历史家对于这句话,自然不能同意的了。不过他也有一个好处,就是对于他们专门在上帝之城理想之城去发现历史的原理的,却别开生面从地球上日常生活里面去发现他。"[1] 后来他在1933年出版的《历史哲学大纲》中将马克思、恩格斯及其唯物史观放在欧洲历史哲学的发展过程中,对此有详细的论述。朱谦之对马克思主义唯物史观的批判、介绍以及到后来开始接受,以至于自觉地运用,是一个值得深入研究的课题。[2] 我们发现他在回忆自己20世纪20年代初的思想时这样提到唯物史观:"我因痛恨于独秀用列宁政府的金钱,来收买工人,做他野心革命的牺牲,所以对于唯物史观的革命论者,非常失望!而欲从根本上去求改造人心了!"[3] 后来在《世界观的转变》中他认识到自己的"《文化哲学》根本是从一切人都是好的这个前提出发,所以太信赖了人类的良心,而忘记了有许多剥削阶级存在,因为立场错了,世界观也错了,甚至所用以实现未来社会的方法也流于空话"。并表示:"我深刻地感到群众力量的伟大无比,同时更应该从内心深处感谢中国共产党,感谢这一次思想改造运动,感谢全体群众所给我的过去所未曾有的思想教育。共产党改造了世界,也改造了我。"[4] 新中国成立之后,他自觉地批判和否定自己的"超阶级"思想和小资产阶级世界观,目的在于"让革命的知识分子,以我为鉴戒,以后不再走资产阶级世界观下个人英雄主义的路"[5]。同时他通过学习马列主义毛泽东思想,"并想能应用辩证唯物主义和历史唯物主义来解决一定的具体实际问题"[6]。但是,不可否认的是,他在进行自我批评的同时,也否定了自己曾经抱有的力图从学理上认识马克思主义、研究唯物史观的热情,这时他所接受的马克思主义观点和方法在很大程度

---

[1] 《历史哲学》"二 历史哲学的进化史"(1926年),《朱谦之文集》第五卷,第18页。
[2] 张国义指出:"从20年代的反对唯物史观到30年代认为唯物史观可以用来看待社会历史进化的部分真相,再到40年代在太平天国研究中将唯物史观全盘拿来,一方面说明朱谦之对唯物史观的认识逐渐深化,另一方面也说明唯物史观在中国学术界的影响力与日俱增。"张国义《一个虚无主义者的再生——五四奇人朱谦之评传》,第126页。
[3] 《回忆》(1928年),《朱谦之文集》第一卷,第50页。
[4] 《世界观的转变》,《朱谦之文集》第一卷,第177页。
[5] 同上书,第182页。
[6] 同上书,第177页。

上不能不说是一种政治化了的意识形态。而在日本留学期间注意收集唯物史观的著作，在后来也只不过成了一种精神上的慰藉。①

（二）新中国成立之后朱谦之的日本哲学思想研究

关于新中国成立之后朱谦之在日本哲学思想研究方面的开创性贡献，不仅已经成为中国日本学界的共识②，也得到日本学者的高度评价③。其

---

① 朱谦之回忆自己自费留学日本后不久，"因为国内熊十力（子真）先生的帮忙，并蒙蔡子民师的同意，我竟然以国立中央研究院社会科学研究所特约研究员的名义留日了"（《奋斗廿年》，《朱谦之文集》第一卷，第71页）。而且"每月有八十元的补助费"，他说："我本来是有历史癖的人，此时社会革命思想的潮流，更使我重新注意到历史发展的法则问题，我是不能以在厦大所讲的《历史哲学》一书自己满意的，加以中央研究院给我的研究题目，恰好是关于'社会史观与唯物史观之比较研究'，因此，对于历史哲学的兴趣格外浓厚"。"如列宁的《唯物论与经验批判论》，我现藏即有中苏英日四种版本，而山川均、大森义太郎的日译本，尚是我在1929年7月9日在东京岩松堂夜间购得，时距该书发行日尚差一日，是值得纪念的。"（《世界观的转变》，《朱谦之文集》第一卷，第137—138、176页。顺便提一句，此岩松堂已经于2010年11月21日关张了。）此外，朱谦之的自叙诗中有曰："中年落拓到东瀛，无福日光富士行。埋首蓬窗逃白眼，侧身岛国隐书城。何曾丝竹耽歌舞，而向马恩借甲兵。终是风尘仆仆，不教狂客显声名。"见《自叙诗三十四首》，《朱谦之文集》第一卷，第205页。

② 前述卞崇道的《日本哲学研究四十年》、王家骅的《中国的中日思想交流史研究》对此有充分的说明。张国义的著作《一个虚无主义者的再生——五四奇人朱谦之评传》中第三章第二节"日本哲学史研究的先驱"对此分析更加详尽（亦可参见其论文《朱谦之的日本哲学史研究》，盛邦和、井上聪主编《新东亚文明与现代化》，学林出版社2003年版）。严绍璗在为王青的《日本近世儒学家荻生徂徕研究》（上海古籍出版社2005年版）所写的序言（第7页注释⑥）中提到："自从1958年三联书店刊出朱谦之先生的《日本的朱子学》以来，继有1962年上海人民出版社出版的《日本的古学及阳明学》，1964年三联书店出版的《日本哲学史》，我国关于日本思想的研究基本上笼罩在这些著作表述的范围内，很少有能出其右者。但是，现在我们知道，中国版的《日本的朱子学》和《日本的古学及阳明学》的基本观念和学术体系，则来自于日本东京富山房出版社在20世纪初连续出版的由著名哲学家井上哲次郎撰著的《日本阳明学派之哲学》（1900年第一版）、《日本古学派之哲学》（1902年第一版）和《日本朱子学派之哲学》（全）（1909年订正第三版）。1964年三联刊出的《日本哲学史》的基本观念则来源于上述井上哲次郎与丸山真男《日本政治思想史研究》。1999年10月15日《光明日报》在《理论与学术》版上有文章说：'（朱先生的）《日本的朱子学》和《日本的古学及阳明学》是用马列主义观点研究日本哲学的典范，受到日本学者的高度评价'云云。该文作者及作者所说的'日本学者'可能都没有阅读过日本井上哲次郎与丸山真男的相关著作，所以这个书评便说了些不三不四的话，让研究者不知所云莫名其妙了。"如果真是这样简单，朱谦之日本哲学研究的特色可谓一目了然了。朱谦之掌握马克思主义的程度、其自身学术特色在日本哲学研究中的体现，显然还值得进一步研究。顺便订正，上述《光明日报》上的文章，据查应是2000年8月29日《光明日报》上发表的署名"于光"的《百科全书式学者——朱谦之》。

③ 卞崇道介绍说："日本学者把朱谦之在北京大学开创的日本哲学史研究团体称为'朱学派'，指出该派成员'其后为中国日本哲学研究的核心'。'虽然以后因"文革"而中断……（朱先生）也在"文革"的旋涡中成为故人，但他播下的种子却在中国的哲学土壤中发芽，今天扎根于各地大学里。'"[原注：铃木正《中国访问记》《朝日新闻》（名古屋版）1985年7月9日晚刊。见《现代日本哲学与文化》，第211页。]

开创之功或研究特色,概括地说,有以下几点:第一,开创了以马克思主义研究日本哲学思想的先河。第二,系统地梳理了日本哲学史、儒学史。第三,重视中日思想交流和比较研究,特别注重中国思想对日本的影响。第四,重视原始资料的搜集与整理。

需要指出的是,对运用马克思主义研究日本哲学思想,朱谦之也有一个从小心翼翼地试用到充满自信地娴熟掌握的过程。这也是当时的时势使然。在其第一本日本思想史专题著作《日本的朱子学》中,他对自己的研究方法还不是那么坚定,说:"在观点方面,日本哲学界至今尚少以马克思主义观点阐述日本哲学思想的发展。"因而申明"本书是我研究东方哲学史之一初步尝试,在观点方法上可能有错误的地方,希望读者随时加以指正"。[1] 但是到1962年7月写《日本的古学及阳明学》的前言时,对于马克思主义的运用看上去就已经很有信心,也似乎非常娴熟了。他写道:

    日本哲学史即日本科学的唯物主义世界观及其规律的胚胎、发生和发展的历史。马克思主义以前日本哲学的基本情况,即唯物主义和唯心主义孕育、形成、发展以及它们相互间的斗争,在德川时代已经十分明显。[2]

    研究日本哲学史主要在以马克思主义观点,阐述日本唯物主义哲学思想的发展,并批判过去所有唯心主义哲学体系;但也不能忘却在唯心主义哲学里面,正如黑格尔的辩证法,有其合理的内核一样,阳明学左派的辩证法,也有其合理的内核。现代日本哲学的主流是辩证唯物主义和历史唯物主义的发展,而追溯其思想背景,则不可不先研究一下马克思主义以前唯物主义哲学及辩证法思想产生的准备时期哲学的诸流派。[3]

这里,将"日本"替换成其他任何一个国家或地区,在那个时代都很适用。进而,他将哲学学派斗争与社会阶级矛盾联系起来,说:"日本哲学的学派斗争,是和社会阶级的矛盾、斗争与变动有关;以阶级矛盾作

---

[1] 朱谦之:《日本的朱子学·前记》(1957年6月15日),《日本的朱子学》,人民出版社2000年版,第8、9页。
[2] 朱谦之:《日本的古学及阳明学》,人民出版社2000年版,第5页。
[3] 同上书,第6页。

为各学派思想斗争的背景来看，就更容易明白中国的唯物主义和唯心主义思想对日本哲学所起的各种特殊作用。"① 可见，这里的"马克思主义"是被公式化、意识形态化了。

但是，即便如此，我们也还是可以看到他在对具体历史人物的评价中不时地表现出对自由主义的向往。比如他在评价徂徕的"独特的所谓'唯物论'"时说："徂徕所谓物，当然不是我们之所谓物质，但也具有某一种客观存在之意义。"又说："徂徕的唯物是把自己束缚于先王之礼之物之下，一口气也不许出，结果便是极端的自卑感，极端的奴性教育，和他的《学则》的自由主义风格恰相矛盾。"并感叹："以一个绝顶豪迈的人，抑何其谦卑自守至此！"② 有论者由此读出："朱谦之倾注了个人情感在里面，对自由主义学风的推崇也表明他的五四学风是一以贯之的。"③ 注意发掘朱谦之思想中一以贯之的东西，可谓独具匠心。

朱谦之的中日思想交流和比较研究，实际上也是他的历史哲学、文化哲学以至比较文化学的延伸。他认为从文化的类型上说，印度文化为宗教文化，中国文化为哲学文化，西洋文化为科学文化；从文化的结构上说，西洋文化也有宗教和哲学，而从文化的接触上说，西洋文化史上的"哲学时代"是受中国哲学文化的影响的。④ 为此他先后对中国文化在欧洲和美洲的影响进行研究，出版了著名的《中国思想对于欧洲之影响》（1940年）和《扶桑国考证》（1941年）。在其比较文化学的视野中，"日本文化的发生，实始于中华民族移住该土之后"，"日本文化原为中国文化的产物，为中国文化所传播"。⑤ 新中国成立之后他的日本哲学思想研究首先从朱子学入手，认为"中国哲学对于日本的影响，亦为中国学者研究日本哲学史特别主要的任务之一。然而不幸即此种研究工作，在中国今日尚属创举"。因此他的《日本的朱子学》"注重叙述朱子学在日本之传播与发展"⑥，而其《日本的古学及阳明学》研究，也是想"借以明了中国哲学对于日本近世哲学的影响"⑦。朱谦之能够开创中日思想交流与比较

---

① 朱谦之：《日本哲学史》，人民出版社 2002 年版，第 29 页。
② 朱谦之：《日本的古学及阳明学》，第 151、152 页。
③ 张国义：《一个虚无主义者的再生——五四奇人朱谦之评传》，第 148 页。
④ 《比较文化论集》（1949 年 1 月 29 日序），《朱谦之文集》第七卷，第 255 页。
⑤ 同上书，第 268、269 页。
⑥ 朱谦之：《日本的朱子学·前记》，第 1、9 页。
⑦ 朱谦之：《日本的古学及阳明学·前言》，《日本的古学及阳明学》，第 22 页。

这样一个新的研究领域，一定意义上也可以说是源于他文化哲学和比较文化学理论的需要，是对其既有的理论的补充与完善；另一方面，或许也正是因为固有理论的影响，使他容易过于看重中国哲学，特别是朱子学对日本的影响。

比如他在论述"建武中兴"与宋学的关系时指出："所谓'建武中兴'（建武为后醍醐年号，当元顺帝元统二年；1334年），从思想的基础上说，是得力于研究宋学。因宋朱子生于偏安之时，无一日不思复兴，其史论往往为此而发，后醍醐为武门陪臣所迫，王室衰微，情况与此相似，故因研究宋学，而激发忠义磅礴之气，确立了建武中兴的功业。"① 这种说法也许是出于他自己的推测，也许是受到日本学者的影响②，但是后来的实证研究表明建武中兴运动由宋学的理念所致的说法是完全没有根据的。③ 朱谦之在这里一方面主张"后醍醐虽在宫中树起宋学的新学帜，成就了后来复位时的建武中兴"，另一方面也还是顾及这样的历史事实：当时"作为封建统治阶级政权的理论基础的儒学，依然是没有它的独立地位的"。④ 表现出一个历史学者的谨慎态度。而后来的研究者，在这一点上做过当的发挥，甚至提出"日本史上所谓的'建武中兴'，是采用了宋学作为指导的意识形态的"。从而判定"在14世纪，即德川幕府之前两个世纪，日本统治阶级已经把宋学作为一种理想的统治思想了"。⑤ 这或许可以归结为理论先行的负面影响吧。

最后，也是最为重要的，是朱谦之的尊重原始资料的实证精神。如果

---

① 朱谦之：《日本的朱子学》，第52页。
② 比如中山久四郎在《朱子的史学——以其〈资治通鉴纲目〉为中心》中说："南宋本来为偏安之世，因为强烈地辩证道德经义的朱子学适于士风振作，因而在后醍醐天皇之世，为中兴而宋学之研究渐渐兴旺起来。"载中山久四郎《读史广记》，东京：章华社，1933年，第74页。参见中山久四郎《朱子纲目史学在近世日本的影响》，刘岳兵译，刘岳兵主编：《日本的宗教与历史思想——以神道为中心》，天津人民出版社2015年版。
③ 和岛芳男：《日本宋学史の研究（増補版）》，东京：吉川弘文馆，1988年（初版1962年），第172页。
④ 朱谦之：《日本的朱子学》，第53页。
⑤ 严绍璗：《中日禅僧的交往与日本宋学的渊源》，《中国哲学》第三辑，三联书店1980年版，第236页；又见严绍璗、源了圆主编《中日文化交流史大系 思想卷》，浙江人民出版社1996年版，第175页。但是，严绍璗在2009年学苑出版社出版的《日本中国学史稿》中删去了这一观点，只保留了"以宋学为'建武中兴'的思想要素"及"在意识形态上，则与渐次发展的宋学有密切关联"的论述。《日本中国学史稿》，第56页；《中日文化交流史大系 思想卷》，第166页。

说朱谦之在研究日本哲学思想时马克思主义和他自己的文化比较学的理论都是一种外在的临时习得的或固有的由来已久的理论，在给他的研究带来开拓性的贡献的同时，也不可避免地形成某种局限的话，那么他的尊重原始资料、强调"无征不信"①的历史主义的实证方法，则是最终使他的研究著作成为这个领域的经典之作的法宝。实际上，提倡史观与史料的同时并重是朱谦之在20世纪30年代开始倡导的"现代史学"的重要思想。他说："从前只知注重史料的确实性，以为只要辨别古籍古物的真伪，就完事了；现在却将这些史料来解释那时代人类社会的生活。（中略）我们看重后者方法，因其能为人类历史建立下进化的根本法则；我们亦看重前者，因其能为历史进化法则建立下史料之确实的基础。"②到20世纪50年代他在讲授史料学时，还强调"科学研究必须把握材料，愈能全面把握关于研究部门的所有材料，就研究的成绩，便愈成功"。同时还批判了傅斯年等"不注意史料学与历史理论的关系"③。朱谦之在研究日本哲学思想时正是注重选录大量的相关原始史料，使研究者得以直接与原始史料接触，这为他的研究成功奠定了坚实的基础。朱谦之的史观或理论从综合孔德、黑格尔而形成的历史哲学④转变到接受马克思主义的唯物史观，这固然是一种"进步"，但是无论什么理论，在历史研究中一旦被政治化、意识形态化而成为凌驾于一切史料之上、放之四海而皆准的"绝对真理"，这样的理论看似吓人，实际上已经失去了生命力。所谓论从史出，是说有生命力的历史理论都是具体的，因为它都是在与大量的具体的史料的肉搏中得来的。

---

① 朱谦之：《日本的朱子学·前记》，第9页。
② 《现代史学概论》，《朱谦之文集》第六卷，第5页。
③ 《中国哲学史史料学》（1957年），《朱谦之文集》第四卷，第175、176页。
④ 朱谦之这样自述："在《黑格尔百年祭》一文，公开承认我是一个抱自己主义的'半黑格尔主义'（Half-Hegelist），我是在历史哲学上将黑格尔与孔德结合，在生命哲学上将黑格尔与柏格森结合，这种依据辩证法，承认黑格尔与反黑格尔两说同时并存，我以为是最完全的黑格尔主义，其实乃是最完全的代表小资产阶级知识分子的伪科学方法。为什么呢？由于把黑格尔与柏格森结合，即使辩证法与直觉相结合，使黑格尔作为'核心'的辩证法可以给生命主义的世界服务。由于把黑格尔和孔德结合，即辩证法与归纳法的结合，则使黑格尔的辩证法，可以给文化主义的哲学社会科学服务，而我以后所有不正确的观点、方法，事实上均发端于此。尤其是从黑格尔主义与孔德主义结合的基础上，建立了我的历史哲学，从我的历史哲学的基础上建立了我的文化哲学，从我的文化哲学的基础上建立了文化社会学乃至文化历史学、文化教育学等等。这一整套的学问体系，虽然没有明显地反对马克思主义，但是既然站在文化主义和马克思主义对立，也就应该加以彻底批评。"《世界观的转变》，《朱谦之文集》第一卷，第140页。

（三）刘及辰的西田哲学研究

刘及辰是中国日本思想史研究的奠基时代另一位重要人物。虽然与朱谦之一样，刘及辰也有留学日本的经历，而且在留学期间同样都非常刻苦学习，但是他们当时的理论立场不同。刘培育认为在1930—1935年的留学期间，"通过学习和研究，刘及辰先生从科学上确信了马克思主义，认识到理论和实践相结合的重要意义，掌握了运用唯物论和辩证法观察问题和处理问题的思想武器"。[①] 回国之后，他在大学讲坛热情宣传马克思主义，并积极参加抗日宣传和民主革命斗争，是"九三学社"的创始人之一。新中国成立之后，他到新闻出版总署工作，1955年调到中国科学院哲学研究所工作，开始从事日本哲学研究。

1956年，刘及辰在《哲学研究》上发表《日本唯物主义哲学的发展概况》，实际上是对日本明治维新以来唯物主义和唯心主义哲学斗争历程的概观。他指出："日本，自明治维新到一九四五年战败为止的这段时期，一般来说，封建主义哲学是占了支配地位的。但同时也要指出：随着劳动运动的发展，唯物主义哲学也有相应的发展；并在同封建主义哲学及其他各种唯心主义哲学斗争的过程当中，他也不断扩大了自己的阵地。因此，日本的哲学从此以后就是对立斗争的哲学。"值得注意的是，在该文中还论及西田几多郎及以西田、田边为代表的"京都学派"。他将西田几多郎的思想（该文中未出现"西田哲学"字样）分为前后两期，将西田视为日本哲学家中"独立研究思考的开端者"，将其以《善的研究》为代表的早期思想的特点，概括为"是以在德国的观念论上又加进詹姆士和柏格森的思想中的神秘主义为基本观点的一种唯心主义的世界观"；认为其后期思想"采用了黑格尔的辩证法，主张所谓'绝对无的辩证法'"，指出"西田'绝对无'的主张，实质上就是给军国主义天皇制大张威势"，而且进而指出："属于他们一派的'京都学派'的立场也是如此的。这种立场，已经是法西斯化了的立场，它不仅是社会主义的否定，同时也是资产阶级民主主义的否定"。最后，他展望未来，充满希望地期待："今后将适应着劳动运动展开的新阶段，日本唯物主义哲学也将有飞跃的

[①] 刘培育：《孜孜不倦求真求善——记九三学社中央参议委员会副主任刘及辰先生》，《民主与科学》1990年第4期。

进展，一直到不久的将来争取到全面胜利"。①

1963 年商务印书馆出版了刘及辰的《西田哲学》一书。该书是以马克思主义为指导，对西田哲学的基本范畴或命题如"纯粹经验""自觉中的直观与反省""场所逻辑""无的逻辑""辩证法的世界""绝对矛盾的自己同一"分章进行分析批判。其基本精神可以说是对上述论文中关于西田思想论述的展开。关于西田哲学的内容与性质，他指出："西田哲学，是以东方佛教思想为基础以西方哲学思想为材料并用后者的逻辑把前者装扮起来的一种东方哲学。它是具有封建性格的资产阶级唯心主义哲学。"西田哲学的目的，他认为一方面是"企图和唯物主义哲学相对抗""企图和马克思主义哲学相对抗"，另一方面，在一些现实的社会问题上"同现有的统治势力作了更进一步的妥协，以至后期的西田哲学完全变成了天皇制绝对主义的拥护论，变成了日本法西斯主义的御用哲学，对于日本侵略战争起了帮凶作用"。② 他的研究，实际上主要是对西田哲学的批判，之所以如此，是因为他通过对战后以至于 20 世纪五六十年代日本思想界的了解，感觉到"西田哲学的亡魂还是在日本的一些统治阶级及其意识形态者当中游来游去"，一些唯心主义者和反动的好战分子"甚至企图使之死灰复燃"，刘及辰在马克思主义指导下对西田哲学的批判，可以视为对日本唯物主义哲学阵营的一种声援。他在该书的结尾处坚定地表示：

> 总之，日本的唯心主义的哲学的前途是黑暗的，而唯物主义的前途是光明的。这是历史注定了的。③

我们再来参看朱谦之《日本哲学史》（1964 年初版）中关于西田哲学的论述，他认为"西田哲学的性格，是保守的和反动的宗教的哲学，是东方型的一种封建思想体系的复活。如果说这种哲学还有它的'独创'的地方，那就是以垄断资本主义时期的西洋资产阶级哲学为外衣，而其内容则加进了几千年东方封建社会所残留下来腐朽的旧货色"。同时指出

---

① 刘及辰：《日本唯物主义哲学的发展概况》，《哲学研究》1956 年第 4 期。
② 刘及辰：《西田哲学》"前言"，商务印书馆 1963 年版，第 3、4 页。
③ 同上书，第 147 页。

"他的晚年思想反映着日本之法西斯化","尽了为反动的天皇制辩护的职能"①。可以说与刘及辰的观点基本上一致。由此我们可以看出当时运用马克思主义理论研究日本哲学思想的基本状况。

1981年9月6日全国首次日本哲学、哲学史学术讨论会合影（李今山先生提供，转自《中华中日哲学会通讯》新第25期，总第47期，2015年4月30日）
前排左起：1. 谢雨春、2. 刘士勤、4. 张锡哲、5. 李宪如、6. 华国学、8. 丘成、9. 金裕勋、10. 刘及辰、11. 朱红星、13. 贾纯、14. 李今山、15. 刘相安

二 中国日本思想史研究承前启后的过渡时代

从20世纪70年代末开始到20世纪末这二十来年，是中国日本学研究面向21世纪的过渡时代。过渡时代的中国日本思想史研究有以下几个特点：（1）在坚持马克思主义指导的前提下，对马克思主义的研究方法进行反思，提倡研究方法的多元化。（2）在具体问题上研究的深化和拓展奠基者所开创的学术领域。（3）进行了一些新方法的试验。下面我们分别来进行分析介绍。

（一）学术史上烙印着过渡时代特征的经典之作：《日本哲学史教程》

过渡时代最受关注的哲学史通史性著作当然是《日本哲学史教程》，作者王守华、卞崇道在1988年春写的"后记"中这样写道："我们的恩

---

① 朱谦之：《日本哲学史》，第330、320页。

师北京大学教授朱谦之先生和中国社会科学院哲学研究所研究员刘及辰先生是我国研究日本哲学的老前辈，朱先生现已作古，刘先生今也迎来鹤寿之年。是他们像辛勤的园丁，教我们以做人，哺我们以知识。如果说我们今天能够作点工作，完全应该归功于他们。"① 从这段话里我们不仅可以体会到他们的师生情谊，也可以看到中国日本哲学思想史研究薪火相传的历史。该书在继承前人研究成果的基础上，对日本哲学思想的总体特征和在一些具体问题的论述上都有所创新，诚如王家骅所言，"在深度和广度上都较朱谦之的《日本哲学史》前进了一大步，是学习日本哲学史和中日思想交流史的良好教材"。② 作为这个领域学术史上的一本重要著作，在今天看来，仅就方法论而言，其过渡性的特色也非常明显。

比如，对研究日本哲学史与马克思主义的关系，《日本哲学史教程》写道：

> 我们何以要学习、研究日本哲学史呢？（中略）探索日本哲学史这个圆圈，搞清楚日本哲学史的发展规律，是丰富和发展马克思主义哲学史观的一个方面。这是我们学习和研究日本哲学史的第一个目的。（中略）有助于提高我们的马克思主义的理论水平和思维能力。这是我们学习日本哲学史的第二个目的。（中略）通过学习和研究日本哲学史，可以具体了解中日两国人民在思想文化方面交往的历史与传统，从而促进今后两国人民思想文化的进一步交流，使得中日两国人民世世代代友好下去。这是我们学习研究日本哲学史的又一个目的。③

从这里我们可以看到，了解日本思想文化的历史和传统不是研究日本哲学史的首要目的，也不是次要目的，首要目的是什么呢？是为了"丰富和发展马克思主义哲学史观的一个方面"，第二个目的是"提高我们的马克思主义的理论水平和思维能力"。这里的马克思主义可以视为意识形态的化身，就是说，在这种问题意识下，研究日本的哲学思想，其主要目

---

① 王守华、卞崇道：《日本哲学史教程》，山东大学出版社1989年版，第524页。
② 严绍璗、源了圆主编：《中日文化交流史大系［3］思想卷》，第5页。
③ 王守华、卞崇道：《日本哲学史教程》，第9—10页。

的并不在于将日本哲学思想这一研究对象本身作为"他者"来认识，也不在于通过"他者认识"来深入地认识自我，而是为了服务于意识形态本身。这样，研究日本哲学的目的本身就被"异化"了。这样，日本哲学史的发展规律搞得再清楚，也超不出既定的"马克思主义哲学史观"的范围，最多也只不过是"丰富和发展马克思主义哲学史观的一个方面"。

但是，同时这部具有明显过渡时代色彩的著作在破除对马克思主义的简单化、片面化和公式化运用方面，也具有十分重大的意义。书中指出：

> 研究日本哲学史必须坚持历史唯物主义所提供的经济基础决定上层建筑的基本原理，同时在具体运用时要避免简单化。贯彻党性原则，运用阶级分析方法，从复杂纷繁的哲学思想中整理出理性规律，同时在分析中注重实事求是，避免片面化。贯彻历史主义的原则，采用历史主义与阶级分析相结合的方法，从哲学发展的长河中把握哲学发展的基本规律和线索，避免公式化。①

卞崇道在论及20世纪90年代中国日本哲学研究所存在的问题时，还着重提到"有的评论带有公式化、主观化倾向，即不是把马克思主义的立场、观点和方法融贯到研究对象之中，而是机械地搬用马克思主义的一些现成结论去对照、推测和批判研究对象，给人以生硬、僵化、武断之感"。② 这实际上是意识到了作为意识形态化的马克思主义与作为学术思想的马克思主义的分离而力求在较高的理论层次上的统一。

（二）方法多元化的自觉：李威周、卞崇道

政治化、意识形态化的东西具有强制性，强调统一性。而学术研究的根本在于独立思考。李威周十分尖锐地揭示了两者的矛盾，他说：

> 以历史唯物主义为指导，以及与此观点密切结合的实事求是具体分析的方法，是研究日本哲学史的基本方法。同时，应当允许独立思

---

① 王守华、卞崇道：《日本哲学史教程》，第10页。
② 卞崇道：《90年代中国的日本哲学研究课题》，《现代日本哲学与文化》，第242页。

考，从不同的观点和方法出发来研究日本的哲学思想，历来我们一直提倡要运用马列主义的立场、观点和方法来研究问题，但是怎样掌握和运用马列主义的立场、观点和方法却莫衷一是，往往都认为自己是最马列主义的，事实上"官本位"、"权本位"或教条主义、主观武断在衡量是非中起了相当的作用。这样，很多所谓的"马列主义"其实是自以为是的东西，它们起了极为恶劣的影响。①

正是因为意识到这种"机械地搬用马克思主义"和自以为是的主观武断所造成的恶劣影响，方法的多元化要求才提上日程。在中国的日本哲学思想史研究领域，卞崇道首先比较系统地提出"方法选择"，强调要选择"适合自己研究课题的方法论"。他在《90年代中国的日本哲学研究课题》一文中提出选择研究方法应该遵循如下三个方向。

(1) 在马克思主义哲学方法论指导下，向多元化方向展开。马克思主义认为，方法论不是唯一、绝对的；当今人文、社会学科发展迅速，各学科中不断涌现新的研究方法。不论立足于何种立场的学派，只要其方法有效，我们就要吸取，特别是现象学方法论、结构主义方法论、分析哲学方法论以及符号学方法等，都有可借鉴之处。在方法论上只有坚持向多元化方向展开，才能避免形式主义。(2) 既尊重研究对象的客观性，又体现研究者的主体精神。历史事实是客观的，我们强调文献学的和实证的研究，就是要尊重研究对象的客观性，使其研究保持强烈的历史感；但是历史叙述即历史学又非纯客观的它是研究者主体精神的体现。我认为，史学研究者要有现代意识，用现代的观念和方法，照亮历史，使之在现代学术背景下重放异彩，这样的研究才能具有鲜明的时代感。(3) 分科研究与综合研究相结合。作为研究对象的日本是一个整体，要彻底搞清楚这个整体，首先要把它分解，从政治、经济、社会、历史、文化等不同的学科进行分析研究；然后，在分科研究的基础上进行综合研究，以得出总体结论。目前我国的日本学研究只进行了"分析"这前一半的工作，当然，分析也还有待深化，而无"综合"这后一半的工作。实际上，

---

① 李威周：《研究日本哲学史的意义和方法》，《日本研究》1999年第1期。

分析与综合缺一不可，正因为我们的综合研究不够，才使 20 年来我国学者没有写出一部有重大国际反响的日本学著作。①

这可以说是在 20 世纪中国日本学研究力图挣脱"政治形势"的影响，或"意识形态化"研究的束缚，而达到的方法论上的自觉，这种自觉的难能可贵，也许是没有亲历过种种政治运动的人所难以理解的。

(三) 方法论自觉的影响 (上): 卞崇道、王守华

随着方法论上的自觉和对作为学术思想的马克思主义认识的变化，不仅对日本哲学思想中具体人物和问题的研究有进一步的深入，而且研究的领域也进一步拓宽。比如，1994 年 3 月 7 日在中国社会科学院哲学所召开的"刘及辰先生学术思想座谈会"上，丘成就对刘及辰的《西田哲学》和《京都学派哲学》进行了比较，他说：

> 这两部著作的出版相隔整整 30 年，在这期间，刘先生对西田哲学的研究更细致、更深入，在《京都学派哲学》一书中足见其研究的进展。其次，刘先生在《京都学派哲学》中对西田哲学作了《西田哲学》一书尚缺的全面评价，不仅批判了它的许多唯心主义观点，而且没有忽视它的一些积极方面，譬如，刘先生指出："不能否认，西田的技术论中是含有丰富的合理内容的。"（见《京都学派哲学》第 57 页）②

又比如对三木清的研究，在朱谦之的《日本哲学史》中强调"三木哲学的性格，是对于马克思主义哲学的歪曲、篡改"。这是"由于他的不正确的实存主义的立场"所致。因此"三木的'马克思主义'只能是以'马克思主义'为伪装，隐蔽着生之哲学、实存哲学的实质"。而"三木哲学的基本内容是属于帝国主义时代腐朽的哲学思潮之一，即'不安的哲学'"。其结论是："三木的'不安的哲学'终究只能在神秘的、宗教的、非科学的信仰里得到最后的'大解脱'。这就是日本型的修正主义思

---

① 卞崇道：《90 年代中国的日本哲学研究课题》，《现代日本哲学与文化》，第 248—249 页。
② 参见赵培杰《刘及辰先生学术思想座谈会在京举行》，《哲学研究》1994 年第 5 期。

想的下场"。① 而刘及辰的《京都学派哲学》一书在对三木清评价时继续指出"三木对于唯物史观的研究显然是对它的一个莫大的歪曲和修改","这个修改是由唯心主义方面来修改；因为三木自始至终就是一个唯心主义者"。但是该书也肯定了三木"在介绍马克思主义上和反对日本法西斯主义上都曾起了进步作用",肯定他是"具有进步性的"唯心主义者、"具有批判性格的"自由主义者。② 王守华、卞崇道的《日本哲学史教程》虽然在一些方面继承了《京都学派哲学》的思想,但是在对三木清的评价上有明显的"进步"。他们首先明确指出"三木清是近代日本哲学史上著名的进步哲学家"。认为其"称得上是一位进步的自由主义哲学家"。在承认三木清"对马克思主义缺乏正确、全面的理解,所以在以人学解释唯物史观时,难免有误解、甚至有曲解之处"的同时,指出由于这种曲解所引起的争论,"却把日本对马克思主义哲学的研究引向最基本的理论问题,即辩证唯物主义这个问题上来,从而促进和推动了日本后来马克思主义哲学研究更加深入发展"。③

后来卞崇道的《三木清》一文则将上述《日本哲学史教程》中的相关论述更加深入一步,开篇即肯定"三木清是现代日本哲学史上著名的进步哲学家,是'闪烁在日本暗淡夜空上的一颗明星'"。而在结尾时指出,"三木清这颗明星在现代日本哲学史上不会陨落,它将永远闪烁着光辉"。该文强调要"准确把握三木哲学的个性特征"④,并且充分肯定了三木清在阐明"马克思主义的人学形态"方面的积极意义。他评价说：

> 他以人学解释马克思主义的唯物史观,我们也不应采取不加分析便予以否定的态度。首先应肯定三木对马克思主义人学进行的探讨是有积极意义的。人学本来是马克思主义哲学的重要内容之一,三木受实存主义哲学影响,感到人学不应为实存主义垄断,马克思主义也不排斥人学,从而提出马克思主义的人学形态,这种主观意图非但不是为了修正、歪曲马克思主义,反而是对马克思主义的一个贡献。他所

---

① 朱谦之：《日本哲学史》,第360、369、382、389页。
② 刘及辰：《京都学派哲学》,光明日报出版社,1993年,第147、177、176、177页。
③ 王守华、卞崇道：《日本哲学史教程》,第375、388、380页。
④ 卞崇道：《三木清》,王守华、卞崇道主编《东方著名哲学家评传·日本卷》,山东人民出版社2000年版,第514、538、537页。

提出的是一个亟待解决而当时又尚未解决的问题。但是，由于他对马克思主义缺乏正确、全面地理解，加之受实存主义哲学影响较深，即立场、观点、方法还没有完全转变到马克思主义方面来，所以在解释唯物史观时，既有接近马克思思想的一面，又有误解、甚至曲解的一面，这都是可以理解的。①

对思想家个性特征把握的要求、对三木清的马克思主义人学形态的重新评价，这当然是卞崇道长年研究探索的结果，同时也可以说是20世纪80年代马克思主义理论界掀起的关于人道主义论争在日本哲学思想研究中的反映。

研究领域的拓宽，比较明显的可以举出这样几个方面，比如对近现代乃至当代日本哲学思想的研究，如金熙德的《日本近代哲学史纲》（延边大学出版社1989年版）、方昌杰的《日本近代哲学思想史稿》（光明日报出版社1991年版）、上述卞崇道的《现代日本哲学与文化》及其主编的《战后日本哲学思想概论》（中央编译出版社1996年版）；对日本神道思想的研究，比如王守华的《日本神道的现代意义》②；对中日儒学比较及儒家思想与日本文化、日本现代化的关系的研究，有王家骅的《中日儒学之比较》（东京：六兴出版，1988年）、《儒家思想与日本文化》（浙江人民出版社1990年版）、《儒家思想与日本的现代化》（浙江人民出版社1995年版）等系列成果，以及李威周编著的《中日哲学思想交流与比较》（青岛海洋大学出版社1991年版）、崔世广的《近代启蒙思想与近代化——中日近代启蒙思想比较》（北京航空航天大学出版社1989年版）、王中江的《严复与福泽谕吉——中日启蒙思想比较》（河南大学出版社1991年版）、李甦平的《圣人与武士——中日传统文化与现代化之比较》（中国人民大学出版社1992年版）、徐水生的《中国古代哲学与日本近代文化》（台湾：文津出版社1993年版；2008年阿川修水、佐藤一树将该书翻译为《近代日本の知識人と中国哲学》，由日本的东方书店出版）和盛邦和的《东亚：走向近代的精神历程——近三百年中日史学与儒学传统》

---

① 王守华、卞崇道主编：《东方著名哲学家评传·日本卷》，山东人民出版社2000年版，第536—537页。
② 王守华：《日本神道の現代的意義》，本间史译，东京：农山渔村文化协会，1997年。

（浙江人民出版社1995年版），等等。严绍璗的《日本中国学史》（江西人民出版社1991年版）、王晓秋的《近代中日文化交流史》（中华书局1992年版）也属于广义的日本思想史或中日思想交流与比较研究的范围。

这里我们来看看王守华的日本神道研究。将神道列入日本哲学史的研究对象，并初步地进行了系统的研究，是王守华对中国日本思想史研究的最大贡献。①在朱谦之的早年日本思想研究中，如前所述，"神学阶段"被列为日本思想发展的第一个阶段，对神道给予了充分的重视。后来，在其《日本哲学史》中，第六章"国学者的'日本精神'哲学"以批判的态度讨论了复古神道的思想。他在该章开篇即指出："国学者的反动的'日本精神'哲学，即指复古神道而言，其代表者有为复古神道作准备的荷田春满，'国学'的开拓者贺茂真渊、本居宣长，与复古神道的集大成者平田笃胤。"②对本居宣长，他说："宣长的政治哲学是十足反动的神国主义、天皇绝对主义、日本至上主义，直到今日尚给日本法西斯运动以理论的根据之一，可以说是复古国学最黑暗的一面。"因此，"清算这种神国的毒素，根本肃清这毒素所给日本思想界的影响，这应该是当代日本哲学家的重大任务，也是研究东方哲学史者的重大任务"。在这一章的结尾，朱谦之总结道："从所谓国学三大人（贺茂真渊、本居宣长、平田笃胤）到各式各样的国学流派，无论真渊的县居门流，宣长的铃屋门流，笃胤气吹舍门流，早已云散烟消或奄奄一息了，而怎样肃清他们的余毒，怎样从反动的'日本精神'哲学清醒过来，根本消灭天皇制度的理论基础，打倒军国主义，这是日本当前政治变革的问题，也是哲学上世界观变革的问题。"③王守华在北京大学哲学系读本科时，就对朱谦之的课程"日本哲学史"非常感兴趣。1961年大学毕业后，在北京大学上研究生，跟随朱谦之学习日本哲学史。王守华的日本神道研究，是对朱谦之相关研究的拓展和深化。这表现在以下几个方面。

第一，王守华继承了朱谦之早年重视神道为日本固有思想的观点。他说："随着对日本哲学思想理解的加深，我总觉得在从古代到现代的日本哲学思想的背后，除了中国哲学和西方哲学的影响之外，有一条看不见的

---

① 王守华：《我的日本神道研究之心路》，刘岳兵主编：《日本的宗教与历史思想——以神道为中心》，天津人民出版社2015年版。
② 朱谦之：《日本哲学史》，第94页。
③ 同上书，第106—107、108、113—114页。

日本固有的线索——神道思想的线索在起作用。它以神佛习合、神儒习合、复古神道（国学）、国家神道等形式与日本的古代哲学、近现代哲学交织在一起。"① 于是他对神道哲学思想从神道思想的形成、各派神道的哲学思想、神道哲学的理论及特点三个方面进行了概观式研究，这便是《日本哲学史教程》中的第四章"神道哲学思想"。

第二，与朱谦之重点批判神道哲学的负面影响不同，王守华在注意到负面因素的同时，更加关注日本神道对日本现代化成功的积极作用。在20世纪80年代，研究日本现代化成功的经验是中国日本研究的热点，王守华不满足于当时的日本思想文化研究仅仅从"儒家资本主义""家族主义""集团主义""拿来主义"等这些方面的研究，力图寻找更加深层次的原因，认为应该从日本固有的民族信仰，即神道中探索日本现代化成功的更深层次原因。他说：

> 从神道的观点来看，神不仅给人以神圣的生命，同时也给所有的存在物以生命。人一出生在这个世界上便具有了某种神圣的使命和自身的自觉。因此，人必须努力表现其本来面貌。这表现为必须承担自己的责任、使共同的全体的生活得以发展这种强烈的共同体意识。同时神道将人类社会的一切成果都视为人自身的努力和神的保佑的结果。为了"报本"，神道要求人们主动地努力工作；为了"报本"，要求人们积极地发扬勤劳精进的精神。我认为这种主体的积极进取的精神，是形成被当作是日本的民族精神之一的"集团意识"的更深层次的要素。这种精神是日本民族发展的原动力之一，在日本现代化的过程中起到了积极的促进作用。②

力图从积极的方面探索神道的社会作用，探讨神道思想对现代化的促进作用，这在中国，王守华是首倡者。这对于我们全面而深入地认识日本的思想文化，具有重要的意义。

第三，关于神道与外来思想影响的关系，朱谦之的《日本哲学史》中只是提到"日本神道的派别，有以佛教与神道结合，主张本地垂迹说

---

① 王守华：《日本神道の現代的意義》，本间史译，第2页。
② 同上书，第121—122页。

的两部神道；有受中国的儒、道及阴阳五行说影响而著《神道五部书》的伊势神道（度会神道）"，以及惟一神道、古儒家神道、理学神道、垂加神道等，进而指出这些 "均无疑是外国影响的产物，和日本固有的纯神道不同。日本固有的纯神道，据说存在于《古事记》、《日本书纪》等古典之中"①。王守华进一步指出 "即便是在主张复活'纯神道'的复古神道中，也存在许多中国思想的影响"。进而主张 "神道在中日两国文化交流史上占有重要地位，而且发挥了积极的作用"。② 并对此进行了初步的研究，当然也批判了国家神道的负面影响。

（四）方法论自觉的影响（下）：王家骅

与过渡时期方法论的自觉相关，王家骅（1941—2000 年）的研究和思考值得关注。他的第一本个人专著《中日儒学之比较》在日本出版之后，因为其对日本儒学特质的概括和 "早期儒学" 概念的提出，而得到了充分的好评，甚至被源了圆称为是 "迄今为止没有任何人尝试过的壮举"。③ 王家骅后来的一系列研究成果之所以不同凡响，首先是基于他在对相关研究领域的充分把握而产生的一种学术责任心和使命感。他在回顾自己为何要从事日本儒学和中日儒学比较研究时说：

> 我研究这个问题，主要有两方面的考虑。首先从中国学界的角度讲，我认为评价中国儒学，要站在世界史的高度，至少站在东亚史的高度。其次从日本学界的角度看，近年来日本存在有意无意地过低评价中国思想对日本影响的倾向，强调日本文化的特殊性。古代日本有 "和魂汉才" 之说，江户时代的日本有 "国学派"，寻求未受中国影响的日本原有思想。二战时津田左右吉就曾反对日中同文同种说，战后日本成为经济大国后寻求文化大国地位，许多思想家支持津田，将中国及朝鲜对日本的影响矮小化。作为一个中国学者，有责任梳理儒家思想对日本的影响，还历史本来面目。我以为儒学到日本，发生一

---

① 朱谦之：《日本哲学史》，第 94 页。
② 王守华：《日本神道の现代的意义》，本间史译，第 5 页。该书第七、八章分别从儒佛与神道、阴阳五行思想与神道的关系探讨了神道在中日文化交流中的作用。
③ 源了圆：《日本の儒学を中国の目がどう捉えたか》（《中国人如何看日本的儒学》），《朝日ジャーナル》1988 年 8 月 5 日特刊，第 80 页。

定变异是有可能的，但与中国总还是属于同一种属的。就象蒙古马到其他地方，变成矮脚马，但终究还是马而非驴。我想以实证材料证明儒学对日本的政治、法律、道德、宗教、文学、史学及当代日本社会的影响。否认这些影响，是非历史主义的。[①]

只有将自己的研究切实地放在广阔的学术史的视野中，独立思考，找到当前相关学术领域存在的问题，怀着因为山在那里所以要去攀登、问题在那里所以要去解决的豪情壮志和责任意识，才能够不被意识形态所役，而把自己的工作纳入具有建设性意义的学术史范畴。正因为如此，王家骅在《儒家思想与日本的现代化》一书的"后记"自豪地说："本书并非'遵命文学'，而是笔者为学历程的自然归趋。"[②] 只有以寻求各自学术领域的相关问题及其解决为研究的标准，而不是服务于学术之外的某种强加的或先行的理论，才能够使自己的研究工作保持纯粹的学者本色。

当然，这还只是一个必要的前提。要使自己的研究具有特色，方法论的自觉也非常重要。王家骅的研究之所以与众不同，他自己也认为方法论的自觉是"关键一点"。他这样说：

我认为关键一点是我特别注意方法论的思考，或者说是视野的思考。我曾在我的《儒家思想与日本的现代化》一书中有所论述。现在有关儒家思想与东亚现代化关系的讨论，虽已成国际规模，在一些问题上也有深入进展，但大体上说，截然不同的观点处于胶着状态。我认为，要突破这种局面，推动儒家思想与东亚现代化问题的研究，除深化理论研究外，必须在方法论上有所创新。我在书中，提出了三点，那就是提倡多层次研究，提倡哲学与历史相结合的思想史研究，进行个案考察。此前的讨论囿于韦伯的理论框架，主要是研究精神与经济现代化的关系，而现代化是由划分为不同层次的诸社会要素结构而成的社会系统的动态过程，因而应展开多层次的研究，从经济、政治、社会组织、教育等层面，综合考察儒家思想与现代化的关系。还

[①] 王家骅、钱茂伟、章益国：《儒学与中日东亚文化——王家骅教授访谈录》，《历史教学问题》2001年第4期。

[②] 王家骅：《儒家思想与日本的现代化》，浙江人民出版社1995年版，第309页。

有，此前的讨论多从学理从价值坐标系统进行考察，这是哲学的方法。作为历史工作者，我们也该从功能坐标系统进行考察。不单单根据概念、范畴、推理而进行逻辑评价，而要把儒家思想看成一个不断发展的流，放于具体的历史情景中，进行个案考察。①

这里的"多层次研究"是力图突破韦伯的理论框架，比较好理解。而"哲学与历史相结合"，即"哲学的方法与历史的方法相结合"，他在《儒家思想与日本的现代化》中有详细的说明。所谓哲学的方法，他认为就是"不满足于再现研究对象的现象复杂性，力图透过繁复的现象达到对研究对象的本质和规律性的认识，这主要是通过概念、范畴与命题，以逻辑的理论来证明"。与之相对应，"历史的方法则重视研究对象的复杂的历史演变，注重研究对象在各个时代存在的具体条件、具体形态及其特点，在这种历时性的分解式研究的基础上再归纳取得有关研究对象之本质与规律性的认识"。总之，"哲学的方法着重共时性的结构分析，而历史的方法注重历时性的演变考察"。之所以提出这种结合，是因为他发现"在国内关于儒家思想与现代化关系的讨论中，哲学家与历史学家的意见之所以时有相左，并非由于采取的方法不同，而是由于采取哲学的方法时，有时忽略了对于'个别'与'特殊'的考求，而代之以未尊重研究对象客观性的浮泛的逻辑推论；采取历史的研究方法时，则有时误将偶然性的'个别'视为必然性的'一般'，从而导致对客观对象的本质与普遍规律的误解"。②因此他提出将二者结合的思想史研究方法。他说：

> 在研究儒家思想与现代化之关系时，思想史的方法，既要求像哲学的方法那样，紧紧抓住反映儒家思想和现代精神之本质的关键观念与价值，对其总体价值取向的真理性做出判断，又要求像历史的方法那样，考察这些关键观念与价值在特定历史时期的或特定人物思想中的具体存在状态，以及它们与现代化某一进程的具体关联。因而，思想史的考察，不仅针对某种价值体系的全体，而且把某种价值体系中的某些思想、观念和价值的社会功能也纳入其中。思想史的评价，不

---

① 王家骅、钱茂伟、章益国：《儒学与中日东亚文化——王家骅教授访谈录》。
② 王家骅：《儒家思想与日本的现代化》，第17、18页。

独是依据概念、判断、推理而进行的逻辑评价，还要依据某种思想、观念和价值的社会功能进行历史的评价。（中略）在逻辑的评价出现歧异时，已成为不可更动之事实的历史，以及据此而成立的历史的评价，有助于正确判断不同逻辑评价的真理性。将哲学的方法与历史的方法相结合的思想史考察，或许会使我们得到比较客观、公允的新认识。①

这里所谓"哲学的方法与历史的方法相结合"，很明显地可以看出是王家骅将马克思主义的"历史与逻辑的统一"的思想方法在研究儒家思想与现代化关系时进行创造性运用的经验总结，这是很有理论意义的。在这种结合中他特别强调"功能的评价"，由此也可以看出他的这种结合是建立在重视历史的基础上的。进而我们在他的思想方法中还可以看到西方社会理论中的"结构功能主义"乃至"解构主义"因素的影响。他在《儒家思想与日本的现代化》一书的终章"日本现代化的二重性与日本儒学的二重性"中这样总结道：

> 笔者则主张哲学的方法与历史的方法相结合，应把功能的评价也纳入考察的范围，而且本书用了相当的篇幅论述了儒家思想在现代化过程中的正、负二重性功能。之所以如此，不仅因为笔者作为历史学的从业员，将其视为历史学的应有之义，而且因为只有通过这种功能的考察，才可证明任何文化、思想体系都是可以解析的，传统的文化、思想体系的某些因子在解构而重组入现代体系后有可能发挥新的功能。此外，只有通过这种功能的考察，才可以判定：对传统的文化、思想体系如何解析解构；哪些因子可以被重组入现代文化、思想体系；在重组时，对这些因子经过怎样的曲折变形或现代诠释才可能融入现代文化、思想体系，并发挥有利于现代化进程的积极作用。只有这样，才可以让我们所主张的传统文化与思想的创造性转化不只是玄妙的议论，而通过解明优秀传统与现代相融合的具体机制，使其具有一定程度的可操作性，才切近现实人生而真正做到在建设现代文化

---

① 王家骅：《儒家思想与日本的现代化》，第 18—19 页。

时不失优秀传统的根本精神。①

我曾经在《儒家思想与日本的现代化》一书出版之后不久，即对王家骅的日本儒学研究，包括其方法论特点进行了初步的探讨②。其一贯重视的"功能的评价"的研究方法有一个从简单地以"有用性"为标准而进行"优劣价值判断"发展到"功能解构论"③的过程，应该肯定王家骅强调将历史的方法与哲学的方法结合起来，有助于对历史事实与逻辑评价的复杂关系作出统一性的圆融解释，从而更加接近于历史的真实性，"以此方法而得出的许多结论，从历史的横断面看也是颇有说服力的"。④但是他进而追求的具有"可操作性"的功能解构机制是否有陷入机械论的危险？而且由于对"现代化"概念的不同理解，思想的正负功能是否有绝对的价值标准？这些都是值得思考的问题。

王家骅曾经概括中国的日本思想研究，特别是中日思想比较研究领域有如下三个共同的问题意识：第一，在现代化过程中为什么中国落后于日本？从思想的侧面探寻其原因。第二，想通过自己的研究，以某种形式为中国的现代化做出贡献。第三，想知道日本人在现代化的过程中是如何处理传统与现代性的关系的。就此他认为："基于这种问题意识的研究，从根本上说，是结论先行的研究。在这里，中国已经落后于日本，被视为不可动摇的事实，然后再从这一事实逆推中国落后的原因。而且关键性的'中国落后了'这一命题的背后，隐藏着学术性课题之前的情感因素。这种对于中国落后所生的焦躁，容易导致否定中国之'一切'的心理状态。在这样的动机引导下进行的研究，无论如何反复进行比较，也难于产生在学术上真正有意义的科学结论。"⑤ 这里对"结论先行"和非学术的"情感因素"进行了严厉批评，也是值得我们记取的。

---

① 王家骅：《儒家思想与日本的现代化》，第306页。
② 刘岳兵、孙惠芹：《日本儒学及其对日本文化与现代化的影响——评王家骅的三本书》，《日本研究》1995年第4期。该文收入刘岳兵：《中日近现代思想与儒学》，三联书店2007年版。此外还可参考本书第四部分的《同情及其界限——重读王家骅的〈儒家思想与日本文化〉》。
③ 刘岳兵：《日本近代儒学研究》，商务印书馆2003年版，第5页。
④ 刘岳兵：《中日近现代思想与儒学》，第314页。
⑤ 王家骅：《中国的日本思想史研究之现状与问题意识》，收入日本东京大学《中国》第7号，1992年。见严绍璗、源了圆主编《中日文化交流史大系［3］思想卷》"序论"，第19—20页。

三　21世纪中国的日本思想史研究

20世纪80年代之后的二十年是第二代中国日本思想史研究者的活跃期，也是中国日本思想史研究承前启后的过渡时期。第二代研究者的代表人物在日本学术界集体亮相的，是东京农山渔村文化协会出版的"中国的日本思想研究"丛书，其中包括上述王守华的《日本神道的现代意义》、王家骅的《日本的近代化与儒学》（《日本の近代化と儒学》，1998年）和卞崇道的《日本近代思想的亚洲意义》（《日本近代思想のアジアの意義》，1998年）。2000年王家骅逝世了，这对中国的日本思想史研究是一个重大的损失。所幸进入21世纪以来，王守华和在他精心培养下的日本神道研究已经初具规模[1]，而且像中国日本史研究的第二代重要代表人物王金林也加入到日本神道研究的行列，出版了《日本神道研究》（上海辞书出版社2007年版），2010年11月13日在中国社会科学院日本研究所举办了"神道与日本文化"的国际会议，随着对神道研究的深入，我们对日本思想文化的了解也将会有新的进展。

而卞崇道不仅自己新著迭出，培养了一批研究日本近代哲学的人才，而且他所领导的中华日本哲学会，不断进行国际国内的学术交流活动，其与时俱进的旺盛的理论创造力使他的学术生命青春永葆，在新世纪又成为新生代日本哲学思想史研究队伍的一员，继续引领和推动着中国日本哲学思想史研究的发展。

"新生代"中许多人[2]的学术风格还未定型、正在成长，所以现在要对他们的研究进行总结还为时尚早。但是既然已经说到这里，愿就寡闻所及，主要以自己比较熟悉的新生代中的活跃人物为中心，谈一些我认为值得注意的倾向，可能很不到位，供大家参考、批评。

---

[1] 在王守华指导下的三篇博士学位论文已经出版，它们是范景武的《神道文化与思想研究》（内蒙古人民出版社2001年版）、王维先的《日本垂加神道思想研究》（山东人民出版社2004年版）、牛建科的《复古神道哲学思想研究》（齐鲁书社2005年版）。

[2] 随着海峡两岸学术交流的频繁，特别是华东师范大学出版社系统地引进并出版台湾学者编成的"儒学与东亚文明研究丛书"，的确"是近年来海峡两岸学术交流中的一件大事"（黄俊杰，丛书总序，2007年4月13日），其中包含有许多日本思想史研究著作，他们的研究有许多值得借鉴学习之处。本文所论以中国大陆的研究成果为对象。台湾的日本思想史研究状况如何，也值得研究。如果纳入大陆的学术史中，就其影响的广泛性而言似可纳入"新生代"中论述。

（一）卞崇道的日本哲学思想研究的新视角与新方法

21世纪以来的十年间，2003年开始新生代日本思想史研究者的处女作开始集体涌现，并表现出强劲的、持续的发展势头。这一年依次出版了韩东育的《日本近世新法家研究》（1月，中华书局）、吴光辉的《传统与超越——日本知识分子的精神轨迹》（1月，中央编译出版社）、卞崇道的《日本哲学与现代化》（4月，沈阳出版社）、刘岳兵的《日本近代儒学研究》（6月，商务印书馆），还有一本厚重的论文集，即郭连友主编的《近世中日思想交流论集》（10月，世界知识出版社）。卞崇道此后还出版了《融合与共生——东亚视域中的日本哲学》（人民出版社2008年版）、《东亚哲学与教育》（中国社会科学出版社2009年版），而《融合与共生——东亚视域中的日本哲学》可以说是他作为新生代日本哲学思想研究者的代表作，该书在他以往研究成果的基础上，系统地展现了他日本哲学思想研究的新视角和新方法，至少有以下几点值得我们注意。

第一，强调"共生文化论"。他指出，共生文化论"作为一种文化理论或文化哲学，它不仅可以用来解释民族间文化关系，国家间文化关系，也可以用来考察内部文化发展状况"。用这种理论来看日本文化，他认为"融合与共生是日本思想文化所呈现的外在的形相与内在的质料相统一的特征"。具体而言，即"从纵向的文化史的考察中，笔者认为日本文化的发展走的是'共存→融合→共生'的道路；从横向的文化内容的考察中，我感到日本文化的最显著的特征可以概括为'生活文化'，即在日常生活的层面上来理解事物，并且在个我的层面上加以展开"。[①] 他在《日本近代思想的亚洲意义》中就提出21世纪是共生的时代，强调"共生哲学"的必要性。他指出了共生及其目标的四个方面，即"人与人的共生——人际关系的和谐、集团与集团的共生——社会关系的和谐、国家与国家的共生——国际秩序的和谐、人类与自然的共生——整体环境的和谐"。[②]

[①] 卞崇道：《融合与共生——东亚视域中的日本哲学》，人民出版社2008年版，第2—3、1（前言）、238页。

[②] 卞崇道：《日本近代思想のアジアの意義》（1998年），第298页；《融合与共生——东亚视域中的日本哲学》，第252页。在1999年8月举行的"第三次中日哲学研讨会"上他发表《共生哲学的提倡》（收入其主编的《哲学的时代课题——走向21世纪的中日哲学对话》，沈阳出版社2000年版），系统阐述了"共生哲学"观点。

后来他参加中日学者的共同研究,以至主张"'共生'已经成为具有普世价值的全球意识"。① 与此相联系,他还强调"文化融合论",认为"近百年来日本文化建设所走的,是一条由西洋主义到东洋主义、到东西融合的道路。文化融合是文化建设的手段,其目的是通过吸取东西文化之长,进而融为一体,建设适合于现代日本社会的民族文化"。指出"现代日本思想文化发展的经验具有超越日本的普遍意义。可以说,东西文化的融合,将是亚洲国家文化现代化建设的一条必经的共同道路"。②

第二,主张通过解构传统,在东西思想融合与共生中重构或建构东方哲学。为此他提出一种新的方法论视角,即"树立他者意识,站在他者立场,客观地认识、研究日本思想文化",主张"超越中日两国的域界,从东亚视域乃至全球视域来认识日本或中国的思想文化,则是构建21世纪东亚哲学的前提。我想,只要东亚哲学家拓宽视野。共同努力,就能够为建设和谐东亚、和谐世界提供坚实的哲学基础"。③ 这里的"他者认识",他赞同山室信一的"多极视野"的观点,说"多极间的认识能够更正相互认识中的片面性和凝固的观念。我认为山室信一的这一观点为东亚和解提供了新的认识方法"。④ 正是因为在多极视野中的他者认识这种多棱镜的观察之下,对日本的传统观念如"大和魂""武士道"的解构才有可能,各种文化要素在冲突之后才能达到融合与共生,日本近代哲学思想的"东西方哲学融合的独特性"也才能得以显示出来。

这里我们看到一位哲学家通过对历史的研究而表达出来的对现实和未来的关切。卞崇道说:"中国的日本哲学研究的目的很明确。从一般层面上说,我们研究日本哲学,是要从深层次上认识和理解日本(包括日本人),从而为中日两国人民的相互沟通搭起文化桥梁。从理论层面上说,我们研究日本哲学,是要汲取日本哲学中的优秀成果,作为重构中国现代哲学的思想资源。"⑤ 如他对公共哲学、环境哲学的关注,都已经明显地看出其研究已经上升到自身理论建构的层面。没有深厚的历史积淀和热切

---

① 卞崇道:《融合与共生——东亚视域中的日本哲学》,第44页。
② 同上书,第164、165页。
③ 卞崇道:《融合与共生——东亚视域中的日本哲学》"前言",第3—4页。
④ 卞崇道:《东亚哲学与教育》,中国社会科学出版社2009年版,第186页;山室信一:《面向未来的回忆——他者认识和价值创建的视角》,收入中国社会科学研究会编《中国与日本的他者认识——中日学者的共同探讨》,社会科学文献出版社2004年版。
⑤ 卞崇道:《融合与共生——东亚视域中的日本哲学》,第320页。

的人文关怀，是难以上升到这个层次的。他说："在现代化和全球化的浪潮逐步深入和拓展的情况下，面对日益出现的伦理失范、道德缺席、政治困境、经济失衡等一系列公共性问题，作为这个世界的一分子，每个人都有义务和责任为创建一个和谐、和平的公共世界而努力。"① 足见其视野之广大与关怀之深切。

值得讨论的是，卞崇道的"解构—重构"这一努力在形式上似乎与王家骅的功能解构论有某种异曲同工之势，但是卞崇道的"解构—重构"的基准不只是功能论，而是有着多极的视野，以能够彼此共生与融合为目标。其共生文化论或文化融合论作为一种理想固然有其可贵之处，用这种理想的理论观察日本的哲学思想和文化，也确实可以到达"一般（陈述型）近代日本哲学思想史著作所起不到的作用"，但是因为所有的理想都难免主观因素的作用，因此从纯粹的学术史意义上来说，用这种理想的理论作为方法来研究日本思想文化，虽然"剑走偏锋"自有其特色与意义②，但是否也会有从某种既定的理论出发去解释研究对象而得到的"史实"来作为这种既定理论的注脚的循环论证的嫌疑？比方说对日本文化的理解和对像二宫尊德这样具体历史人物的认识是否也因此带上某种理想的色彩？

（二）韩东育的日本近世新法家论

韩东育是个值得关注的人物。此后他出版了《道学的病理》（商务印书馆2007年版）和《从"脱儒"到"脱亚"——日本近世以来"去中心化"之思想过程》（台湾大学出版中心2009年版）。韩东育的《日本近世新法家研究》出版之后，据说他也因此而被称为了"新法家"③，由此可以想见他对"新法家"所寄予的同情之深厚。实际上在该书出版之前，韩东育的基本思路已经以比较简明通俗的形式在《读书》杂志上发表出来了，这便是该书后所附三篇"散论"④。本人对日本近世思想史没有专

---

① 卞崇道：《东亚哲学与教育》，第195页。
② 王守华：《日本哲学思想研究的新视角——〈融合与共生——东亚视域中的日本哲学〉读后》，《浙江树人大学学报》2008年第8卷第4期。
③ 王悦：《相争与互补的内情》，《读书》2007年第10期。此说根据宋洪兵的《新法家在叩门》（香港《二十一世纪》2003年12月号）一文而来。
④ 《迟来而未晚——也读余英时〈现代儒学论〉兼论日本"徂徕学"》（《读书》2000年第10期）、《从"脱儒入法"到"脱亚入欧"》（《读书》2001年第3期）、《丸山真男的"原型论"与"日本主义"》（《读书》2002年第10期）。

门的研究，当然也就没有资格对其研究作出恰当的评述。这里只是顺着他的基本思路，来看看其方法论的核心观念所在。

第一，日本现代化源起论。韩东育要挑战的最大目标在日本学术界是丸山真男，韩东育的日本思想史研究与丸山真男思想史学的关系是一个值得探讨的课题。丸山在《日本政治思想史研究》中将徂徕学的历史地位规定为"朱子学分解过程中的最终完成者"，因此而赋予了徂徕学"近代思维"的特质。这一点他们基本上是一致的。韩东育说："如果说，徂徕学在某种意义上奠定了日本早期近代化的思想基础这一观点可以被视为事实言说的话，那么，当人们进一步追问事实后面的根据时，丸山的解释却严重地背离了事实，而成为异常明显的'假说'或曰'附会'。"① 因此对丸山的"解释的模板"即"所谓'原型论'"进行了批判。指出丸山因为提出"原型论"或"古层论"而使其理论"染上了民族主义色彩，而丸山本人，亦露出了国粹主义者的端倪"。② 丸山将古学派的登场当作日本式的"古层（原型）的隆起"而无视其与荀子之间的内在关系，甚至是特别强调"徂徕与荀子之间，存在着根本性差异"，进而指出徂徕"确立'礼法'，树立身份制度"的做法，"也是徂徕固有的思维方法的发现，而决非如屡屡被误解的那样，是什么'法家'立场的显现"。③ 韩东育对此论断针锋相对地倡言："在比较具有求实精神的日本研究者那里，荀子'重礼乐、倡功利、道系圣人所作而非天地自然之道'的理论才是徂徕学的'祖型'这一说法，早已成为定论。"进而提出"徂徕从'人性论'到'人情论'的转变，某种意义上正好意味着徂徕学从荀子到韩非的转变"④。在此基础上，他断言："由荻生徂徕、太宰春台和海保青陵所创立的'徂徕派经世学'，以朱子学批判为端绪，通过对儒教所展开的全面批判和重新解释，终于脱出儒教，使江户思想界诞生了一个全新的思想流派——'日本近世新法家'。""徂徕派完成了日本近世史上'脱儒入法'的全过程，并最终使'日本近世新法家'登场面世。"⑤ 在韩东育看

---

① 韩东育：《日本近世新法家研究》"散论三"，中华书局2003年版，第390页。
② 同上书，第392页。
③ 《丸山真男讲义录》第一册，东京大学出版会，1998年，第174—175页；见韩东育《日本近世新法家研究》"散论三"，第395—396页。
④ 韩东育：《日本近世新法家研究》"散论三"，第393、395页。
⑤ 韩东育：《日本近世新法家研究》"终章"，第279页。

来,"脱儒"是徂徕学的特质,他说:"秉师志而不移,最终将师学推向理所当然的逻辑终点——新法家哲学体系的徂徕后学自不待言,即便在学派之外,亦有相当多的人私淑其学,圭臬其书,致使徂徕学几成整个近世日本思想史界的'显学'。然而后世之所以对徂徕学抱有如此浓厚的兴趣,其关键之关键,亦正在于它的'脱儒'特质。"① 这样"脱儒入法"俨然成为日本近世史上的一场声势浩大的思想运动。韩东育认为正是"经由'脱儒入法'而从原始法家学说中寻出的基本原理及从中蝉蜕而成的'新法家'理论,确已奠定了近世日本迈向近代日本的东方式思想基盘"。而"明治维新的一举成功,与'脱儒入法'运动的展开和'新法家'的出现,可谓关系重大"。由此他找到了被丸山真男"有意回避、无视甚至屈抑"的"法家学说在日本早期近代化中的重大意义"。② 韩东育认为是由于丸山"原型论"的稚拙及其中国停滞论的偏见,使得"丸山异常横蛮地拦腰斩断了"从荀、韩思想中转换出"近代"的可能性③。

这里似乎也有些问题值得再议。其一,关于荀子思想为徂徕学的"祖型"早已成为定论说,作者虽然有一个"在比较具有求实精神的日本研究者那里"的限定,但还是值得探讨。实际上如韩东育所明示的,"《荀子》学说乃徂徕学之祖型,已成定论"是今中宽司在其所著《徂徕学之基础研究》中所作的总结④。但是平石直昭评价今中宽司的这本书"是多年的实证研究的成果,但在史料操作与解读等种种方面有欠严谨,整本书仍存在许多问题"。⑤ 无论如何,这里"求实""祖型(思想渊源)""定论"都还可以进一步仔细斟酌。其二,韩东育的徂徕学研究得到了他的导师黑住真的高度评价,盛赞"徂徕学派经由作者之手,首次从它与东亚思想资源的相互关联中得到了正确的复原"。⑥ 同时黑住真在这篇序言中对徂徕进行了评价,认为徂徕"吸收了大量的非正统儒学和各式各样的古今思想要素","在与荀子、韩非子、老子的对话中,创建了具体而务实的社会运营之道",因而强调徂徕学派的经世思想给近世后

---

① 韩东育:《日本近世新法家研究》"散论二",第 383 页。
② 韩东育:《日本近世新法家研究》"散论一",第 373、374 页。
③ 韩东育:《日本近世新法家研究》"散论三",第 396—397 页。
④ 韩东育:《日本近世新法家研究》,第 61 页。
⑤ 平石直昭:《战中、战后徂徕学批判:以初期丸山、吉川两学说的检讨为中心》,蓝弘岳译,张宝三、徐兴庆编:《德川时代日本儒学史论》,台湾大学出版社 2004 年版,第 103 页。
⑥ 黑住真:《日本近世新法家研究·序言》,韩东育:《日本近世新法家研究》,第 7 页。

期带来广泛的影响,即便如此,黑住也没有把徂徕学派排除在儒学之外,而是将其视为儒学的一种形态,是"孕育近代日本的巨大的儒学资源之一"①。之所以要提到这一点,是因为韩东育对儒教和"脱儒"有比较明确的规定,即他所讲的儒教和脱儒,"指的就是始自思孟学派集大成于朱熹、然最终为徂徕学所脱却的所谓'儒家者流'的正统的儒家学说"。也就是说,脱儒就是"脱却'四书'体系的过程"②。韩东育在《道学的病理》中说:"所谓'脱儒',便是指对始于思孟、集大成于朱熹的所谓'正统'儒家学说——'道统'的脱却与逃离。"③ 就是说脱儒,实际上就是脱"宋学"或脱"朱子学"。韩东育的"日本近世新法家"的概念并未与"徂徕派经世学"这个概念作明确的区分。两者所指几乎是相同的内容。他说:"'徂徕派经世学'不但把儒教的合理主义思想并诸法家体系而实行重新组合,而且还将其他学说也一并兼收并蓄。体现了学问与方法上的包容性与宽容性。"④ 也就是说,"日本近世新法家"或"徂徕派经世学"在观念上是儒家与法家思想的重新组合,在儒与法的关系上,既然称为"新法家"当然是以法统儒,其所举荻生徂徕与太宰春台的思想从整体上看都还是处在"'脱儒入法'道路上的过渡人物",而海保青陵这个"日本近世新法家"的完成者,"被称为太宰春台死后'徂徕派经世哲学'的唯一继承者"⑤,这样,"形成于日本近世的新的法家流派"中真正可以称得上是"日本近世新法家"的也就只有硕果仅存的海保青陵一人而已。那么这一场所谓"脱儒入法"的运动,其"逻辑的终点"上的这个特例能够承载作者所赋予的历史之重?⑥

---

① 黑住真:《日本近世新法家研究·序言》,韩东育:《日本近世新法家研究》,第 7 页。此处黑住真的原文为"その意味で、徂徕派は、近代日本を準備した大きな儒学の資産の一つであった。"(同上书,第 3 页)原译文为:"从这个意义上说,徂徕学派已成为孕育近代日本的广义的儒学资源之一。"这里我认为"大きな"还是翻译为"很大的"比较合乎原意。
② 韩东育:《日本近世新法家研究》,第 48 页。
③ 韩东育:《道学的病理》,第 238 页。
④ 韩东育:《日本近世新法家研究》,第 287 页。
⑤ 同上书,第 228 页。
⑥ 《日本近世新法家研究》第 319 页以小林武的论文《关于海保青陵的〈老子国字解〉上》(《京都产业大学日本文化研究所纪要》1999 年第 4 期)为依据简略地介绍了《韩非子》在日本的情况。《道学的病理》第 218 页同样以此文为据,得出结论:"日本的荻生徂徕、服部元乔、户崎允明、宇佐美惠、何野龙子、小川信成、海盐道记、蒲坂圆、海保青陵等一大批学者,正致力于一场韩非复兴运动。"如果近世日本真的存在这样一场"韩非复兴运动"或"近世新法家",那么我们期待着作者对其他"近世新法家"代表人物的研究成果面世。

实际上"徂徕派经世学"这个概念就很好了，如韩东育所指出的，其理论不过是对"勃兴并深植于江户时代町人和中层民众观念中的'利'意识""所作的理论转换而已"①。所谓《荀子》或是《韩非子》，只不过是理论家在对治或疏导这种"利"意识时的一种触媒或工具而已。朱谦之曾指出徂徕之学与"颜（习斋）李（刚主）学派极相近似"，说"古学派无论崛川学派或萱园学派，都是从宋儒之学出发，从怀疑宋儒，批判宋儒，而部分地吸收宋儒之学以建立其新道学，这不但徂徕如此，颜李学派亦可作如是观"。② 在经世方面都可以归入功利主义之列。过于彰显荀子的"祖型"作用和法家思想的地位，无疑也是韩东育本人强烈的经世意识的体现。

第二，塑造中国当代思想界与现代新儒家并称的"新法家"。韩东育之所以高度重视"徂徕派经世哲学"，甚至不惜提出"日本近世新法家"这样一个显得有些标新立异的概念来醒人耳目，实际上也体现了他对中国当下思想与现实的深刻关怀和良苦用心。这从他的下面两段话里可以看得很清楚。

> 人欲横流，是当今的现实，不要不承认或"曲为之说"。"欲"从"私"起，能控制"私"的决非"慎独"、"良知"这些靠不住的内在自觉，而是能使这"私"被控制在不危害他人利益范围内的外在规矩。它的极端表现形式是法律，而施诸"日常人生"者，应当是公共道德。法家认为，人性是好利的。既知如此，则所有的治国原则、大政方针乃至铺规里法，都应自觉地建立在对"人性好利"之现实"必然"的充分认识的基础上，而不是建立于某种"应然"而非现实、惟此也极易流为虚幻的假设的基础上。"徂徕派经世哲学"之所以应引起中国人的高度重视，道理当在于此。③

余英时指出，古代印度佛教对儒家的挑战与近代西方文化对于儒学的挑战的本质差异在于，前者是"形而上"而后者是"形而下"。

---

① 韩东育：《日本近世新法家研究》，第288页。
② 朱谦之：《日本的古学及阳明学》，第126、130页。
③ 韩东育：《日本近世新法家研究》"散论一"，第377—378页。

如果说对"形而上"的挑战必须待之以"形而上"的办法,那么,对付"形而下"的威胁,则只能应之以"形而下"的理论。可以骄人的是,中国古代的"形而上"迎战是成功的,无论是魏晋玄学还是宋明理学。然而,这根神经茁壮与粗大的同时,"形而下"的根脉却日渐萎缩。(中略)为日本近代转型奠定了重要的思想基础与社会基础的荀学,竟在它的本土横遭批判,而批判者竟是戊戌志士!今天看来,这种批判,是否直接导致了中国在迎战西方"形而下"冲击时本土文化对应模式的前提"失范"呢?(中略)忽视法家的近代转换意义,究竟给日后中国带来了怎样的后果,恐怕直至今日也并不是所有人都能看得很清楚。①

正因为他强调"法家的近代转换意义"和旗帜鲜明的"新法家"主张,在当代思想界他很快就被视为与李泽厚、成中英具有同等地位的思想家②。也正是这种强烈的现实关怀与良苦用心,使得他在进行思想史研究时所塑造出来的徂徕形象几乎成了他本人的自画像。他曾经引用美国历史学家康尼尔·李德在《历史学家的社会责任》一文中的一个观点:"事实上,他在历史中发现的东西,往往就是他想从历史中寻找的东西。在选择、安排和强调他的事实材料时,他是按照自己心中的某种图式(某种他认为对社会有利的概念)进行工作的。"③ 以此来说明:"徂徕最为关心的,是生存于其中的元禄、享保时代的社会现实。从这个意义上讲,徂徕在《荀子》中所发现的,也正是他想从《荀子》中所发现的东西——某种有利于现实的解释和社会发展的理论根据。"④ 这个观点或许也同样完全可以用来说明他自己,即韩东育在徂徕学中所发现的,也正是他想从徂徕学中所发现的东西——某种他认为有利于现实的解释和社会发展的理论根据。

韩东育之所以能够从日本思想史研究入手而同时又活跃在当代中国思想的前沿,这还与他对中国思想史,特别是先秦思想史的熟谙,以及无论

---

① 韩东育:《日本近世新法家研究》"散论一",第374—375页。
② 宋洪兵:《解读当前儒学研究新动向》,《史学理论研究》2004年第2期。
③ 韩东育:《日本近世新法家研究》"散论一",第372—373页;李德:《现代西方历史哲学译文集》,上海译文出版社1984年版,第256页。
④ 韩东育:《日本近世新法家研究》,第72页。

是反思中国传统还是解读日本思想,都能够将视域置于东亚思想史的整体背景中有关。他的"东亚的心胸"和"东亚的乡愁"是他审视"东亚的病理",并不断引发其"关于东亚研究的新思考"①的前提。要细致地解读韩东育的日本思想史研究,也不能不具有同样的东亚视野,这不是用三言两语能够解决的问题,也不是我所能够完全胜任的工作。但是有一点是可以肯定的,那就是在他后来的日本近世思想史研究中特别注意到日本儒学者接受朱子学,其出发点并不仅仅是为了"祖述"或弘扬朱子学及其所代表的中国文化,而在很大程度上,是利用朱子学的哲学观为日本寻找"主体性"和"利用朱子学的历史观为日本寻找'正统性'"。② 也就是说,日本儒者学习中国文化,是为了使日本完全从中国的影响下独立出来,使日本成为一个与中国完全对等的具有主体性的存在,以便从理论上彻底地完成了对中国的对象化、相对化。这种努力,借用韩东育的话,可以说正是日本儒者"'道统'的自立愿望"③的表现,也是儒学日本化的一个重要标志。④ 韩东育这方面的研究,突破了朱谦之、王家骅日本儒学研究偏重中国儒学对日本的影响的思维定势,力图从日本思想史的内在逻辑出发,揭示日本儒者"习儒"与"脱儒"的辩证关系,进而寻找"脱儒"与"脱亚"的内在联系,日本思想史研究的一种崭新范式可以说在这里已经初见端倪。⑤

继韩东育的徂徕学研究成果发表之后,王青的徂徕研究为我们提供一个难得的参照。《日本近世新法家研究》在综述徂徕"人情论"研究时提

---

① 《东亚的病理》(《读书》2005年第9期)、《东亚的心胸》(《读书》2008年第8期)、《东亚的乡愁》(《读书》2009年第5期)三篇文章均作为"散论"收入其《从"脱儒"到"脱亚"——日本近世以来"去中心化"之思想过程》中,《关于东亚研究的新思考》是他发表在2010年1月7日《中国社会科学报》上的一篇散论。

② 韩东育:《从"脱儒"到"脱亚"——日本近世以来"去中心化"之思想过程》,台湾大学出版中心2009年版,第63页。

③ 韩东育:《"道统"的自立愿望与朱子学在日本的际遇》,《中国社会科学》2006年第3期;《"华夷秩序"的东亚构架与自解体内情》,《东北师大学报》(哲学社会科学版)2008年第1期。2009年台湾大学出版中心出版了韩东育的著作《从"脱儒"到"脱亚"——日本近世以来"去中心化"之思想过程》,很值得参考。

④ 参见刘岳兵《近代日本中国认识的原型及其变化机制》,《历史研究》2010年第6期。

⑤ 王明兵、王悦在《从"中国原点"到"东亚史学"——韩东育教授学术足迹考察》(《社会科学战线》2010年第11期)一文中概括指出:"由先秦而魏晋,由宋明而日本,由明清而东亚,由华夷秩序而东亚体系,韩东育教授的研究理路大体上寻此脉络而来。"充分肯定其研究的意义在于"成为史学研究新范式的创生契机"。

到王青在一桥大学的博士论文，肯定其"对徂徕学'人情'问题提出过有益的见解"①。王青的博士论文"几经修改"后以《日本近世儒学家荻生徂徕研究》为书名于2005年在上海古籍出版社出版了。王青的徂徕研究也是以批判丸山的徂徕研究为出发点的，指出"丸山真男对徂徕学的引用有断章取义、为我所用之处，他的徂徕学研究其实是把徂徕学当作他构建有关日本近代起源学说的一个工具"。从本质上看，她认为"丸山的论点可以说是近代主义版国学，是从近代主义＝脱亚论和日本中心主义角度得出的儒学观"。但同时也充分肯定了丸山研究的现实意义："丸山的徂徕学研究的意义，实际上并不在于他对于徂徕学的评价是否准确这一问题本身，而是在于他通过把批判朱子学的徂徕学塑造为'人性解放'的近代思想的先驱来对抗二战时期日本法西斯政权的专制统治。丸山的出发点无疑是为了维护近代的民主主义，反对法西斯主义，从这个意义上讲丸山的学说即使在今天也仍然具有现实意义。但是丸山的徂徕学研究的前提是把西方的近代化视为唯一的典型和楷模，可以说这是一种西方中心史观的产物"。② 进而，她力图对近代主义的研究方法进行透彻的清算。她说：

> 所谓近代的视角就是把构成近代思维的诸种特征的成立以逆行的方式推算到近世思想当中，而被编入近世思想史的其实是近代人的历史观和世界观，也就是说近代的神话以日本近世思想史的面目出现，近世由于与近代的联系而被赋予意义和价值，近世是近代的折射而已。所以不首先推翻在无意识中支配、规定着我们的这些既成的思想学说，也就无法形成徂徕学乃至日本近世思想史研究的新方法。③

王青通过将日本的徂徕学与中国的朱子学进行历史的比较分析，不单纯从思想的逻辑结构方面，更从思想与具体的社会历史现实的结合方面进行实证的考察，的确如其博士论文导师安丸良夫所言，"为中国学术界提

---

① 韩东育：《日本近世新法家研究》，第75页注释③。
② 王青：《日本近世儒学家荻生徂徕研究》"导言"，上海古籍出版社2005年版，第5、6、7页。
③ 王青：《日本近世儒学家荻生徂徕研究》，第158页。

供了一种极为崭新并且有说服力的荻生徂徕像"①。与韩东育将"脱儒"作为徂徕学的思想特质不同，王青则主张日本"真正的儒学思想家"自古学派才刚刚开始，认为"直到德川时代中期，逐渐出现了古学派那样的真正的儒学思想家，他们建构了独自的经学，呈现出思想的创造性和可能性"。② 具体而言，"徂徕的古文辞学，并不是单纯的实证主义的考据学，而是一种把中国儒学的普遍概念解读为日本现实社会所需要的政治经济制度和道德规范的'诠释'工作，是把因为脱离了中国的具体社会背景——比如一君万民的中央集权体制、科举制和宗法制，而对于施行多元权力体制、世袭身份制和家族制度的日本近世社会的现实问题显得无能为力的中国儒学改造为适应日本社会具体情况的、有日本特色的儒学理论的创新行为"。③ 王青的徂徕研究成果的出版，的确如严绍璗所言，"为我国人文学术界为阐释日本经典文化提供了一部具有相当学术价值的著作"④，而她对近代主义研究方法的批判，更是值得我们每一个人文学者深思。

四　代结语：一次关于方法论问题的讨论

（一）吴光辉与本人关于方法论问题的思考与困惑

吴光辉在《传统与超越——日本知识分子的精神轨道》一书中"试图描述日本近代知识分子为了对抗西方文化的冲击，如何哲学化地阐发以阳明学为主导的东方学问，如何超越西方文化的影响，赋予东方学问以一种世界性的内涵这一过程，由此来引导出东方近代化过程中所出现的重新建构东方传统与超越西方近代化的两大课题"。由此将"传统与超越这一问题的核心"定位在"发掘出传统在世界这一场所下的主体意识与存在价值"，他关注的焦点自然也就是"日本知识分子对这一问题的逻辑思考与哲学体验"⑤。吴光辉有过在京都大学研究日本哲学史的求学经历，后来一度转向了研究日本的高等教育，曾经"困惑于哲学思辨

---

① 安丸良夫：《近世日本思想史研究与荻生徂徕》，王青：《日本近世儒学家荻生徂徕研究》（代序），第4页。
② 王青：《日本近世儒学家荻生徂徕研究》"导言"，第6页。
③ 王青：《日本近世儒学家荻生徂徕研究》，第166—167页。
④ 王青：《日本近世儒学家荻生徂徕研究》"序言"（严绍璗），第5页。
⑤ 吴光辉：《传统与超越——日本知识分子的精神轨迹》"自序"，中央编译出版社2003年版，第7、8页。

的研究方法与历史学的研究方法之间"而"深刻地意识到了学问与方法的贯通之处"①。后来他坦言自己"迄今为止的日本体验与学术经历,尽管涉及到了日本哲学、日本思想、日本文学、日本教育等多个领域,却一直找不到一个可以将它们融会贯通在一起、且具有时代感的学问研究之契机"。在这种情况下"开始了以日本的中国形象为对象的探讨与研究"。②

21世纪以来,本人也一直在日本近现代思想史及中日近现代思想交流史领域从事教学与研究活动。2009年10月我在《读书》发表了《关于日本近现代思想史》一文,概括地谈了一些自己在方法论上的体会,这篇文章实际上就是2010年世界知识出版社出版的我的《日本近现代思想史》的"前言"(发表时略有删节)。其中说道:

> 在历史研究中,由于理论先行所引起的许多论争、发表的许多论著,极而言之,不论"好事者"的主观意愿如何,其出发点就决定了他的"研究"不是探求历史的真相,而只是掩盖历史的真相;他的"成果"也称不上"历史著作",只不过是对"我执"或"妄念"的一个注脚。史学理论的生命力来源于其解释史实范围的广度和阐发历史进程之所以然的深度。一旦离开与史料的真正的肉搏和对史实的辩证,任何史学理论的生气都将丧失殆尽,也很难再发挥任何积极作用。没有万能的、放之四海而皆准的史学理论。(中略)在历史研究中,理论先行的做法都是探究欲衰退与投机欲增强的表现。③

其中还强调了对中国日本学这门学科的"专业化态度"和"专业化训练"的重要,强调"如果基本的历史叙述工作做得尚不扎实,便炫之以各种外来流行的理论或研究'范式',那一定会出现百鬼夜行、鸡犬不宁的局面"。并表示:"我为自己不熟悉各种流行的史学理论或研究'范式'而汗颜,但同时,我也为自己没有先入为主地照搬任何理论、套用

---

① 吴光辉:《转型与建构——日本高等教育近代化研究》,世界知识出版社2007年版,第263页。
② 吴光辉:《日本的中国形象》,人民出版社2010年版,第236页。
③ 刘岳兵:《日本近现代思想史》"前言",世界知识出版社2010年版,第7页。

任何范式而欣慰。"①

（二）吴光辉与本人关于方法论问题的讨论与交流

2010年5月11日，我开始将此书分别邮寄给中日相关学者，其中包括吴光辉。5月31日给吴光辉写信，请求他为该书写一篇书评。6月14日就收到了他的书评初稿《"理论之后"的日本思想史研究——刘岳兵〈日本近现代思想史〉述评》，其中专门就思想史的方法、目的及其价值、意义等问题谈了他的一些想法，很有见地。如关于方法问题，他提到：

> 历史的发展究竟是一个什么样的轨迹？思想史的发展究竟是一个什么样的轨迹？二者必须进行一个严格的划分，（中略）思想史的断裂与延续，并非是随着朝代或者年号的改变而发生根本的转移；通过历史的大事件所构筑起来的历史，不一定就是"思想"本身的历史；（中略）"日本近现代思想史"这一标题下的"日本"的主体、"近现代"的延续与断裂、"思想"的内涵与扩张、"史"的价值与意义究竟是什么？我认为必须进行一个综合性的概论。

关于思想史研究的目的，他指出：

> 我们必须认识到自身研究思想史的立论究竟在何处？（中略）是否具有一定的批判意识——针对研究对象为什么存在，其存在的逻辑是否合理的批判意识，恰恰就是思想史研究的最为关键之所在。刘岳兵的研究目的无疑在于历史资料的收集与梳理，也充满了极为深刻的人文关怀与忧患意识，令人油然而生钦佩之感。但是我们也不得不指出，历史资料的收集与梳理绝不是思想史研究本身，也不应该被视为思想史研究的目的之所在。

关于思想史研究的价值与意义，他指出：

> 如何在一个西方化的知识体系下的日本思想史研究之中树立起我

---

① 刘岳兵：《日本近现代思想史》"前言"，世界知识出版社2010年版，第8页。

们自身思想诠释的合理性或者合法性，将是考验我们的思想史研究是否成功的重要指标之一。所谓"树立起我们自身思想诠释的合理性或者合法性"，其基准或思想渊源，或许是日本知识分子针对儒学的理解，或者是我们得益于日本思想而衍生出来的思想，或许是我们直接从西方接受过来且与日本的传统进行了比较之后的思想，总之，我们要维护的是我们自身的解释权。

之所以称之为"理论之后"的日本思想史研究，事实上也是针对后现代主义的一种批评。在经历了一系列西方理论的洗礼之后，我们才发现丧失了自身的立场，陷入到了一个"失语"的状态之下。后现代主义具有强大的破坏性，如今我们也在借助这一方法来颠覆此前的观念史或者意识形态下的日本思想史研究。这样的破坏性对于我们脱离日本学术界的观念性的"指导"还是具有一定价值的。作为日本思想史的研究，我们没有必要从一开始就对美国、英国或者德国的研究方法采取一种排斥的态度，也没有必要一开始就抱着所谓的"日本学"的态度，而是要通过方法的渗透与交织，尤其是要关注到史料的发掘与解释，由此来梳理出我们自身的方法论。

我当然很高兴收到如此有见地的精彩评论。于是在6月15日回信致谢并作了一些简要的说明，主要内容如下：

第一，"思想史的断裂与延续"与"朝代或者年号的改变"的关系的问题。日本近现代思想史的发展，当然不可能以明治、大正、昭和前期、战后这样朝代或年号的改变而断裂，正因为如此，我也注意到不同时代思想的"延（连）续性"，（中略）但是又不得不按照历史顺序分章论述，"思想史"如何充分体现"思想的历史"的确是一个值得探讨的问题。实际上我是想将如何处理好传统与现代、日本与世界、个人与社会这三个方面的关系贯穿到日本近现代思想史的写作中，但是不很理想，甚至很不理想。

第二，（中略）如果说对中国的日本思想史研究在理论上要有一种批判意识的话，我想当务之急是要批判情绪化的（→无理论）和意识形态化的（→理论先行）研究，这一点我在拙著第279页的注释1中有一些透露。

第三,"思想史研究的价值与意义",当然是在这个领域中工作的每一个人都难以回避的问题。就我现在的想法而言,其下手之处,我认为与其将这一问题作为"理论"问题,还不如将其作为"历史"问题来着手更加实际。因为我认为"如果理论一旦陷入一种空谈,而不是根植在深厚的信仰中或没有广阔的大地般的滋养,它就很容易成为一种时尚,不断地变换颜色而成为现实需要的牌坊。这样的理论当然无'节操'可言。"(拙著第88页)

第四,"对美国、英国或者德国的研究方法",我并不是"从一开始"就"采取排斥的态度",我反感的只是"照搬"和"套用"。(后略)

6月16日收到了吴光辉的回函,主要谈到以下几个问题:

(1) 第一个问题,实际上是一个难以理想化的划分,我非常能够理解你的无奈,我也同样面临着这一问题。不过,我考虑的不是去批评你的划分,而是试图解释年代划分的历史方法只是思想史研究的一个方法。后来之人要继续撰写思想历史,可以按照黑格尔的历史观——大事件的思想史,或者以人物为中心思想历史,或者挖掘各个流派(明六社、自由民权运动、学院派)为中心的思想史,这样也就避免了绝对化。如今您的操作具有了极为强烈的时代烙印——批判现实的痕迹,具有重大的历史意义,但是反过来作为思想史的意义就不会那么显著。(中略)"日本的"思想的日本性格究竟是什么,我认为至少在最后要强调一下。

(中略)

(2) 就批判意识而言,应该说我也非常了解大著的意图。不过,我所说的批判意识抱有两层内涵,一个是如同您所说的,针对中国的日本思想史研究的批判意识。我所强调的是第二层内涵,我的文章之中也没有直白地指出。我们之前的批判纠集在了一点,就是日本为什么会走向军国主义?丸山的立场则是日本为什么成功?因此站在思想史的立场,我们如今要撰写,究竟要抱有什么样的意识?这也就是您的思想的出发点究竟何在?

(中略)

因此,我所强调的批判意识的最终目标是"回复"这样的多样性的批判视角，但是，作为我们要采取的批判意识本身究竟应该如何呢？我认为与其论述日本的"日本性"（为他人论证，这样的工作70年代以来的日本知识分子一直在进行，沟口教授的《作为方法的中国》也是如此，到了21世纪，沟口教授的立场有所变化），还不如阐述日本的"多样性"，这一点我目前也还在构思，希望找一个机会可以展开对谈。

　　总之，我认为材料或者文献的收集与整理必然会服务于一个基本的目的，也就是批判意识，就此而言，大著之中所突出的问题意识（我自身认为的批判意识），也就是为什么要研究日本还不是那么确定。而且，我自身的立场是日本的"思想"经验不可复制，也不应该复制。

　　（3）意义与价值，我之前的第二点进行了阐述，应该说我们两个人的立场或者视角不同。（前略）历史学的方法是我们擅长的方法，立足根本材料，具有典型的说服力，不可小觑。但是，我认为我们要超越前人的研究，如果只是史料的发掘的话，那么思想史研究的价值也就会被矮小化了，我们也需要消化后现代主义的方法。

　　就日本思想史而言，我认为我们要在史料的把握上找到为什么会出现这样的思想，这样的思想的来源与变迁如何，日本民众是如何接受这样的思想，这样的思想对于整个时代、整个日本社会乃至东亚的影响如何？如果从我自身的哲学立场而言，则是要评价这样的思想是否合理，合理的根源或者不合理的问题的症结究竟何在，这样的思想的逻辑问题是否可以扩大为整个近现代日本的问题。

　　（中略）

　　（4）（前略）在此，我联想到卞老师提到的"日本哲学"这一概念，日本人不承认，我们该怎么办？我们的研究要树立的就是我们自身逻辑框架下的"日本哲学"的合理性与合法性。大著的一系列研究的最终目的应该说也是如此吧。我并不是说它就是合理与合法的。因为基准是什么尚不清楚，什么才是基准也是未知的，不过，我想我们都在为这样的"基准"而努力。

对此，当天我回函如下：

　　（前略）回想这些年来的工作，记得在《日本近代儒学研究》的

"导论"中有这样的话:"本书不想得出什么可以为学界所公认的结论,只是想证明近代日本存在着这样的'儒者'。书中并没有什么先入为主的方法论的指导。笔者所能做的只是尽自己的最大努力,把研究对象的所有著作及其相关资料尽量找来,逐字逐句地去阅读领会,然后分析、综合,力求把他们的所思所想原原本本地表述出来。"十来年了,为自己的固执和没有长进而汗颜。

实际上,我想在完成手头现在的任务之后,专心投入"原典日本近现代思想史"的解读与译介工程。如您所知,日本中国学界,在20世纪70年代出版了西顺藏编的《原典中国近代思想史》六卷本,今年开始岩波书店又在出版一套七卷本的《新编 原典中国近代思想史》。相比之下,我们的日本近现代思想史研究,基础工作之贫乏也着实同样令人汗颜。中国的日本研究,某一个研究者或许可以出类拔萃地优秀,但是如果中国的知识界,当然首先是中国的日本学界,比如说在日本近现代思想史研究领域,连一些最基础的历史事实知道得都不是很全面、了解得都还只是停留于表面,如果不建构一种夯实的"知的土壤",恐怕连某种能够得到真正认可的理论观点甚至都很难提出,遑论整体上的理论提升。尤其是我们的研究对象是物议纷然的近代日本。

尊评以及来信所强调的问题意识,不同的研究者或许有不同的表现,而理论建构,无疑是一种美好的理想。(中略)"是什么"的追问是没有穷尽的,"为什么"的追问也必然随时翻新。两者都无可逃避,这是研究者的宿命。

由于北京日本哲学思想读书会决定2010年8月14日以讨论《日本近现代思想史》作为例会活动①,我曾提议将吴光辉的书评连同我们的来往信函一并交讨论会传阅,实际上当天只是印发了他的书评,而且由于时间紧迫,也没有就此展开讨论。

---

① 北京·日本哲学思想读书会:《中国日本思想史研究领域的第一本通史性著作——刘岳兵〈日本近现代思想史〉讨论会综述》,《或问》第19号,东京:白帝社,2010年12月。在这次讨论会上,与会者也就方法论问题进行了比较深入的讨论,请参看该综述第三部分。

（三）杨学功对这次讨论的总结及本人的一点感想

后来我将自己最近的想法包括这些往来信函寄给同样关心方法论问题的老友杨学功博士[①]，请他指教。他不负所望，在 8 月 17 日认真地给我回信，事实上对我与吴光辉的讨论作了一个很好的总结。他说：

> （前略）来信收到，转发大著书评及你与书评作者吴光辉之间就日本近现代思想史研究理论和方法的往复信函，也已细细品读，觉得非常有意思。
>
> 首先，吴对大著的评价是很高的，诸如说"该著的日本思想史研究具有奠基之作的重要价值"，"对于未来的系统研究或者个案研究具有极为显著的历史意义"。这些评价都是很高的。
>
> 其次，关于他所提的几点商榷意见，排除其中你指出的缺乏证据的一点，以及最后关于意义和价值的空泛之论，其他各点我觉得都有一定的参考价值。这里只谈其中两点：
>
> 第一，关于思想史的写法。你反对"理论先行"，主张从文献出发还原历史的真相，将历史研究方法贯彻到底。这无疑是最基础的工作，但思想史毕竟有其独特性，与一般政治史、经济史、社会史不同。如何体现思想"构成自身"的历史，正如你所说的，可能还是一个值得探讨的问题。我粗略看了大著的篇章结构，觉得政治史和社会史的痕迹较重，思想史的特色还不够鲜明。我们在重写马哲史过程中也碰到这个问题，即思想史的分期是否一定要与客观历史分期保持一致。在这个方面，黑格尔的逻辑与历史方法值得参考。
>
> 第二，关于思想史研究的立场。吴说你将"'儒学'的合理性或者合法性"作为自己的立论根基，实乃错认，但他所谓"思想史研究的目的究竟何在"，实际上是要求"明了著者自身思想主张之所

[①] 杨学功：北京大学哲学系教授，主要著作有《超越哲学同质性神话：马克思哲学革命的当代解读》（北京大学出版社 2010 年版）。其关于马克思主义哲学研究方法的观点，见杨学功、鲁克俭《在范式转换的途中——关于马克思主义哲学研究现状的对话》（《学术月刊》2008 年第 8 期）、杨学功《超越"史"和"论"的二元对置——从当前状况看马克思主义哲学研究如何走出困境》（《学术月刊》2006 年第 1 期）等文章。以上文章收入其著作《在范式转换的途中：马克思主义哲学研究评论集》（中央编译出版社 2012 年版）。

在"，或者说，"如何在一个西方化的知识体系下的日本思想史研究之中树立起我们自身思想诠释的合理性或者合法性"。这个问题我觉得不能回避，因为"客观历史编纂学"方法对于思想史来说是不够的，或者说是不充分的。

（前略）你总是强调拿材料和文献来说话，甚至对"理论"充满鄙夷和不屑，斥之为"空谈"、"时尚"、"变换颜色而成为现实需要的牌坊"，总之，"无节操可言"；而他则认为，"历史资料的收集与梳理绝不是思想史研究本身，也不应该被视为思想史研究的目的之所在"。

抽象地说，你们的主张都不无道理。这大概也是两种不同的治学方式，很难区分高下。如历史上所谓"汉学"与"宋学"之争，争来争去，始终没有结果，任何一派都不可能消灭另一派。因此，抽象争论是没有意义的，需要着眼于当前所面临的问题。就此而言，我更加"同情"你的主张，因为正如你所指出的，我们现在的研究（人文各学科均是如此，并非仅限于日本学），并不缺乏新奇的理论和方法，而是最起码的"专业化要求"（包括"专业化的态度"和"专业化的训练"）都没有达到。在这样的情况下，基本知识的介绍和基本文献的翻译比起那些大部头的"论著"更有价值。"一旦离开与史料的真正的肉搏和对史实的辩证，任何史学理论的生气都将丧失殆尽，也很难再发挥任何积极作用。没有万能的、放之四海而皆准的史学理论。"其实哲学也如此，没有万能的、放之四海而皆准的哲学理论。"如果中国的知识界，当然首先是中国的日本学界，比如说在日本近现代思想史研究领域，连一些最基础的历史事实知道得都不是很全面，了解得都还只是停留于表面……恐怕连某种能够得到真正认可的理论观点甚至都很难提出，遑论整体上的理论提升。"你的这段话对于哲学界也有很强的针对性，对我来说也恰如其时。

（中略）

我始终认为，方法应该是多样的（这一点我倾向于吴光辉），不能人为地定于一尊。但是在中国当下的学术转型期，讨论方法问题是很有意义的。在哲学界，以前也有很多人喜欢谈方法问题，但都限于空谈（"只说不练"）；现在讨论方法的意义就不同了，是为了在学术转型期为自己寻找合适的道路。（后略）

如杨学功所言，方法应该是多样的，但是抽象地争论是没有意义的，需要着眼研究者各自所面临的实际问题。没有放之四海而皆准的理论，也没有放之四海而皆准的方法。

如前所述，卞崇道曾强调"史学研究者要有现代意识，用现代的观念和方法，照亮历史，使之在现代学术背景下重放异彩，这样的研究才能具有鲜明的时代感"。[①] 这固然是非常有意义的。但需要注意的是，真正能够"照亮历史"的"现代的观念和方法"，对于每一个史学研究者而言，这种"火眼金睛"的获得不可能从天而降，其"灵光"也必然是通过与无数史料"肉搏"之后而炼成的。因此即便获得这种"灵光"，也不能将它视为可以普照世界的"真理"，而必须谦逊地严守其畛域，否则贻害无穷[②]。我相信每一件史料都在呢喃细语，都有自己的思想，但史料本身却不能自行再现或重构历史，而能否倾听到史料的呢喃细语、理解出史料的思想脉络，全凭史家的素养、能力和境界，全凭史家心灵的丰富性和敏感性。历史学是一种倾听、一种体察、一种理解，决非以寻章摘句而尽其能事的。

[①] 卞崇道：《现代日本哲学教化》，吉林人民出版社1996年版，第248—249页。
[②] 王尔敏有言曰："研究历史，近世学界恶习，不就史料史实建树正确基础，徒务凭空创设理论欲求倡为解释之管钥，立定典范之标帜。自是凭恃聪明，假借断识，急求结论，竟图创新。于争奇斗艳之中，为惊世骇俗之言，自然逞快一时，必至贻误后生。"[见王家俭《李鸿章与北洋舰队——近代中国创建海军的失败与教训（校订版）》"序三"（王尔敏），三联书店2008年版。]

§2000—2010年日本思想史研究
相关著作、译著过眼录

一 中文专著

朱谦之：《日本的朱子学》，人民出版社2000年（再版）。

朱谦之：《日本的古学及阳明学》，人民出版社2000年（再版）。

朱谦之：《日本哲学史》，人民出版社2002年（再版）。

朱谦之：《朱谦之文集》，福建教育出版社2002年版。

王金林：《日本天皇制及其精神结构》，天津人民出版社2001年版。

王金林：《日本人的原始信仰》，宁夏人民出版社2005年版。

王金林：《日本神道研究》，上海辞书出版社2007年版。

王守华、卞崇道主编：《东方著名哲学家评传 日本卷》，山东人民出版社2000年版。

卞崇道主编：《哲学的时代课题——走向21世纪的中日哲学对话》，沈阳出版社2000年版。

卞崇道等主编：《东亚近代哲学的意义：中日共同研究》，沈阳出版社2002年版。

卞崇道、王青主编：《明治哲学与文化》，中国社会科学出版社2005年版。

卞崇道：《日本哲学与现代化》，沈阳出版社2003年版。

卞崇道：《融合与共生——东亚视域中的日本哲学》，人民出版社2008年版。

卞崇道：《东亚哲学与教育》，中国社会科学出版社2009年版。

韩东育：《日本近世新法家研究》，中华书局2003年版。

韩东育：《道学的病理》，商务印书馆2007年版。

韩东育：《从"脱儒"到"脱亚"——日本近世以来"去中心化"之思

想过程》，台湾大学出版中心2009年版。

韩东育执行主编：《本体的解构与重建——对日本思想史的新诠释》，上海社会科学院出版社2005年版。

王青：《日本近世儒学家荻生徂徕研究》，上海古籍出版社2005年版。

王青：《日本近世思想概论》，世界知识出版社2006年版。

王青主编：《儒教与东亚的近代》，河北大学出版社2007年版。

孙歌：《主体弥散的空间——亚洲论述之两难》，江西教育出版社2002年版。

孙歌：《竹内好的悖论》，北京大学出版社2005年版。

郑匡民：《梁启超启蒙思想的东学背景》，上海书店出版社2003年版。

郑匡民：《西学的中介——清末民初的中日文化交流》，四川人民出版社2008年版。

刘金才：《町人伦理思想研究——日本近代化动因新论》，北京大学出版社2001年版。

刘金才、草山昭主编：《报德思想与中国文化》（"二宫尊德思想论丛Ⅰ"），学苑出版社2003年版。

郭连友主编：《近世中日思想交流论集》，世界知识出版社2003年版。

郭连友：《吉田松阴与近代中国》，中国社会科学出版社2007年版。

刘岳兵：《日本近代儒学研究》，商务印书馆2003年版。

刘岳兵主编：《明治儒学与近代日本》，上海古籍出版社2005年版。

刘岳兵：《中日近现代思想与儒学》，三联书店2007年版。

刘岳兵：《日本近现代思想史》，世界知识出版社2010年版。

吴光辉：《传统与超越——日本知识分子的精神轨迹》，中央编译出版社2003年版。

吴光辉：《转型与建构——日本高等教育近代化研究》，世界知识出版社2007年

吴光辉：《日本的中国形象》，人民出版社2010年

陈秀武：《日本大正时期政治思潮与知识分子研究》，中国社会科学出版社2004年版。

陈秀武：《近代日本国家意识的形成》，商务印书馆2008年版。

赵德宇：《西学东渐与中日两国的对应》，世界知识出版社2001年版。

王健：《"神体儒用"的辨析：儒学在日本历史上的文化命运》，大象出版

社 2002 年版。

沈仁安：《德川时代史论》，河北人民出版社 2003 年版。

李文：《武士阶级与日本的近代化》，河北人民出版社 2003 年版。

町田三郎、潘富恩主编：《朱舜水与日本文化》，人民出版社 2003 年版。

李卓：《中日家族制度比较研究》，人民出版社 2004 年版。

王晓秋：《近代中国与日本——互动与影响》，昆仑出版社 2005 年版。

龚颖：《"似而非"的日本朱子学——林罗山思想研究》，学苑出版社 2008 年版。

赵刚：《林罗山与日本的儒学》，世界知识出版社 2006 年版。

覃启勋：《朱舜水东瀛授业研究》，人民出版社 2005 年版。

蒋春红：《日本近世国学思想——以本居宣长研究为中心》，学苑出版社 2008 年版。

刁榴：《三木清的哲学研究——以昭和思潮为线索》，社会科学文献出版社 2008 年版。

杨思基：《拨开"物象化"的迷雾：广松涉的马克思主义观研究》，人民出版社 2008 年版。

朴金波：《西田"融创哲学"研究》，吉林大学出版社 2009 年版。

韩书堂：《纯粹经验：西田几多郎哲学与文艺美学思想研究》，齐鲁书社 2009 年版。

肖传国：《近代西方文化与日本明治宪法》，社会科学文献出版社 2007 年版。

钱国红：《走近"西洋"和"东洋"——中日世界意识形成的比较研究》，商务印书馆 2009 年版。

陈涛：《"昭和的教主"安冈正笃政治思想体系研究》，世界知识出版社 2010 年版。

楼宇烈主编：《中日近现代佛教的交流与比较研究》，宗教文化出版社 2000 年版。

何劲松：《近代东亚佛教——以日本军国主义侵略战争为线索》，社会科学文献出版社 2002 年版。

肖平：《近代中国佛教的复兴——与日本佛教界的交往录》，广东人民出版社 2003 年版。

戚印平：《日本早期耶稣会史研究》，商务印书馆 2003 年版。

王宝平主编：《神道与日本文化》，北京图书馆出版社2003年版。

范景武：《神道文化与思想研究》，内蒙古人民出版社2001年版。

王维先：《日本垂加神道思想研究》，山东人民出版社2004年版。

牛建科：《复古神道哲学思想研究》，齐鲁书社2005年版。

刘立善：《没有经卷的宗教——日本神道》，宁夏人民出版社2005年版。

张大柘：《宗教体制与日本的近现代化》，宗教文化出版社2006年版。

杨宁一：《日本法西斯夺取政权之路——对日本法西斯主义的研究与批判》，北京师范大学出版社2000年版。

高增杰主编：《日本的社会思潮与国民情绪》，北京大学出版社2001年版。

冉毅、曾建平主编：《关爱人性，善待生命——池田大作思想研究》，湖南师范大学出版社2003年版。

王屏：《近代日本亚细亚主义》，商务印书馆2004年版。

林少阳：《"文"与日本的现代性》，中央编译出版社2004年版。

步平、王希亮：《日本右翼问题研究》，社会科学文献出版社2005年版。

孙政：《战后日本新国家主义研究》，人民出版社2005年版。

张忠任：《马克思主义经济思想史：日本卷》，东方出版中心2006年版。

米庆余：《近代日本的东亚战略和政策》，人民出版社2007年版。

钱昕怡：《近代日本知识分子的中国革命论》，中国人民大学出版社2007年版。

赵京华：《日本后现代与知识左翼》，三联书店2007年版。

严绍璗：《比较文学视野中的日本文化》，北京大学出版社2004年版。

严绍璗：《日本中国学史稿》，学苑出版社2009年版。

张哲俊：《吉川幸次郎研究》，中华书局2004年版。

刘萍：《津田左右吉研究》中华书局2004年版。

钱婉约：《内藤湖南研究》，中华书局2004年版。

钱婉约：《从汉学到中国学——近代日本的中国研究》，中华书局2007年版。

叶渭渠、唐月梅：《日本人的美意识——物哀与幽玄》，广西师范大学出版社2002年版。

姜文清：《东方古典美——中日传统审美意识比较》，中国社会科学出版社2002年版。

王琢编：《中日比较文学研究资料汇编》，中国美术学院出版社2002年版。

刘立善：《日本文学的伦理意识——论近代作家爱的觉醒》，春风文艺出版社2003年版。

董炳月：《"国民作家"的立场——中日现代文学关系研究》，三联书店2006年版。

陈振濂：《维新：近代日本艺术观念的变迁——近代中日艺术史实比较研究》，浙江古籍出版社2006年版。

王文宏：《生命力的升华——厨川白村文艺思想研究》，吉林人民出版社2003年（2007年重印）。

李强：《厨川白村文艺思想研究》，昆仑出版社2008年版。

薛毅、孙晓忠编：《鲁迅与竹内好》，上海书店出版社2008年版。

戴宇：《志贺重昂国粹主义思想研究》，吉林教育出版社2009年版。

王晓平主编：《东亚诗学与文化互读——川本皓嗣古稀纪念论文集》，中华书局2009年版。

沈国威：《近代中日词汇交流研究——汉字新词的创制、容受与共享》，中华书局2010年版。

二 译著

丸山真男：《日本政治思想史研究》，王中江译，三联书店2000年版。

丸山真男：《日本的思想》，区建英、刘岳兵译，三联书店2009年版。

荻生徂徕：《政谈》，龚颖译，中央编译出版社2004年版。

冈田武彦：《简素的精神——日本文化的根本》，钱明译，西泠印社2000年版。

加藤周一：《日本文化论》，叶渭渠等译，光明日报出版社2000年版。

加藤周一：《何谓日本人》，彭曦、邬晓研译，南京大学出版社2008年版。

加藤周一：《日本文化中的空间与时间》，彭曦译，南京大学出版社2010年版。

古屋安雄等：《日本神学史》，陆若水、刘国鹏译，上海三联书店2002年版。

永田广志：《日本封建制意识形态》，刘绩生译，商务印书馆2003年版。

小森阳一：《天皇的玉音放送》，陈多友译，三联书店2004年版。

富永健一：《日本的现代化与社会变迁》，李国庆、刘畅译，商务印书馆2004年版。

松本三之介：《国权与民权的变奏——日本明治精神结构》，李冬君译，东方出版社2005年版。

《叶隐闻书》（山本常朝口述、田代阵基笔录），李冬君译，广西师范大学出版社2007年版。

中村雄二郎：《日本文化中的恶与罪》，孙彬译，北京大学出版社2005年版。

福住正兄：《二宫翁夜话》，王秀文等译，吉林大学出版社2010年版。

铃木贞美：《日本的文化民族主义》，魏大海译，武汉大学出版社2008年版。

尾藤正英：《日本文化的历史》，彭曦译，南京大学出版社2010年版。

高桥哲哉：《国家与牺牲》，徐曼译，社会科学文献出版社2008年版。

高桥哲哉：《靖国问题》，黄东兰译，三联书店2007年版。

高桥哲哉：《战后责任论》，徐曼译，社会科学文献出版社2008年版。

西田几多郎：《善的研究》，代丽译，光明日报出版社2009年版。

子安宣邦：《东亚论：日本现代思想批判》，赵京华编译，吉林人民出版社2004年版。

子安宣邦：《国家与祭祀》，董炳月译，三联书店2007年版。

子安宣邦：《福泽谕吉〈文明论概略〉精读》，陈玮芬译，清华大学出版社2010年版。

吉野耕作：《文化民族主义的社会学：现代日本自我认同意识的走向》，刘克申译，商务印书馆2004年版。

和辻哲郎：《风土》，陈力卫译，商务印书馆2006年版。

《日本的公与私》（"公共哲学"第3卷），刘雨珍、韩立红、种健译，人民出版社2009年版。

筑岛谦三：《"日本人"论中的日本人》，汪平、黄博译，南京大学出版社2008年版。

会田雄次：《日本人的意识构造——风土 历史 社会》，何慈毅译，南京大学出版社2008年版。

宫家准：《日本的民俗宗教》，赵仲明译，南京大学出版社2008年版。

堀幸雄：《战前日本国家主义运动史》，熊达云译，高士华校，社会科学文献出版社 2010 年版。

义江彰夫：《日本的佛教与神祇信仰》，陆晚霞译，商务印书馆 2010 年版。

本居宣长：《日本物哀》，王向远译，吉林出版集团 2010 年版（《紫文要领》《石上私淑言》《初山踏》的全译及《玉胜间》节译）。

广松涉：《物象化论的构图》，彭曦、庄倩译，南京大学出版社 2002 年版。

广松涉：《事的世界观的前哨》，赵仲明、李斌译，南京大学出版社 2003 年版。

广松涉：《存在与意义：事的世界观之奠基》第 1 卷，彭曦、何鉴译，南京大学出版社 2009 年版。

广松涉：《存在与意义：事的世界观之奠基》第 2 卷，彭曦、何鉴译，南京大学出版社 2009 年版。

广松涉：《唯物史观的原像》，邓习议译，南京大学出版社 2009 年版。

广松涉著、小林敏明编：《哲学家广松涉的自白式回忆录》，赵仲明、刘恋译，南京大学出版社 2009 年版。

望月清司：《马克思历史理论的研究》，韩立新译，北京师范大学出版社 2009 年版。

《21 世纪公共哲学的展望》（"公共哲学"第 10 卷），卞崇道、王青、刁榴译，人民出版社 2009 年版。

竹内好著：《近代的超克》，孙歌编，李冬木、赵京华、孙歌译，三联书店 2005 年版。

安丸良夫：《近代天皇观的形成》，刘金才、徐滔等译，北京大学出版社 2010 年版。

川田稔：《柳田国男描绘的日本——民俗学与社会构想》，郭连友等译，外语教学与研究出版社 2008 年版。

源了圆：《德川思想小史》，郭连友译，外语教学与研究出版社 2009 年版。

铃木范久：《宗教与日本文化》，牛建科译，中华书局 2005 年版。

第三编

中日文化交流史研究的回顾与展望

> 实际上，我是不太赞成轻言交流或比较研究的。因为交流或比较涉及的对象就不止一方，尤其是两个不同的国家、文化之间，甚至东亚或更大范围的交流、比较研究，如果不将关系各方都搞清楚，所见就容易流于表面，比较也难以深入。尤其是翻开中日两国的历史，里面存在着太多似是而非，也存在着太多揪人心肺的片段和点滴，如果没有冷静的理性和足够的定力，甚至健康的心智和温厚的涵养，就擅议交流、比较，往往容易剑走偏锋，甚至误入歧途。

中日文化交流史研究的回顾与展望

——一种粗线条的学术史漫谈*

中日文化交流史这一研究领域，是中日关系史研究的一个分支，既属于日本史学科范围，也属于中国史学科范围。可能正是因为它横跨两个学科，而且文化交流的内容广泛而庞杂，在进行学科综述或学术史整理时，往往没有作为一个独立的课题来进行总结。虽然专门的中国史研究者，未必都涉足中日关系史研究领域，但是许多日本史研究者，在不同的时期，或者研究到一定的程度，往往会关心或直接研究中日关系史中的相关问题。中日关系中，文化交流关系可以说是最持久、最频繁关系，其对日本史的形成与发展，无论是古代还是近现代，影响也最深，因此，日本史研究者关注中日文化交流史是一种顺理成章的事。这方面的研究情况也往往被直接放到相应的断代史和日本哲学、思想、文化、神道、佛教等专题研究的综述中去总结了。[①]

20世纪80年代开始，随着中国社会改革开放的大势所趋，中国的日本研究也进入了一个新时期。在1982年，北京的三联书店、人民出版社分别出版了中国日本史研究会编的《日本史论文集》（共收入24篇论文，其中有5篇是论述中日关系的）和北京市中日文化交流史研究会[②]编的

---

* 本文根据2014年10月24日在浙江工商大学日本语言文化学院王宝平、江静教授开设的"中日文化交流史"课上的讲稿提纲整理扩充而成。载《日本学刊》2015年第2期，刊发时略有删节。

① 参见李薇主编的《当代中国的日本研究（1981—2011）》，中国社会科学出版社2012年版。

② 北京市中日文化交流史研究会成立于1980年，首任会长为周一良，详细情况参见王晓秋的《北京市中日文化交流史研究会的三十年》，收入徐勇、王晓秋主编《中日文化交流两千年：回顾与展望》（北京市中日文化交流史研究会成立30周年国际学术研讨会文集），社会科学文献出版社2013年版。虽然没有全国性的中日文化交流史研究会或学会，但是有成立于1984年的"中国中日关系史研究会"，首任会长为赵朴初。此外有中华日本学会、中国日本史学会、中华日本哲学会等全国性学会，其会员多有从事中日文化交流史研究。

《中日文化交流史论文集》，可以说是这方面的研究者在新时期的首次集体亮相。十年之后，举全国的日本研究者集体之力，出版了两本工具书，即《日本史辞典》（吴杰主编，复旦大学出版社1992年版）和《中日文化交流事典》（刘德有、马兴国主编，辽宁教育出版社1992年版），可以说研究工作在这两个紧密相关又相对独立的学科领域是齐头并进的。虽然在中日文化交流史研究领域，通史性的著作不如日本史方面业绩突出，但在中日文化交流涉及的相关方面所取得的研究成果不容忽视，影响也非常巨大，值得认真总结。这里，鄙人不揣谫陋，愿就手头现有资料，做一种粗线条的学术史整理。

一　中日文化交流史研究的概念与方法

周一良（1913—2001年）

中日文化交流史又称中日文化关系史，周一良先生有一本《中日文化关系史论》的著作（江西人民出版社1990年版），书名虽然叫做"中日文化关系史"，但其中所收篇目也有以中日"文化交流"或"文化交流史"为题的。其"前言"开宗明义，指出"《中日文化关系史论》这本书主要是关于中、日两国之间的历史、文化、政治关系的考察和研究"。

交流与关系两个概念虽然有不同之处，但是正如刘德有所言："中日关系史，从某种意义上说，就是一部中日文化交流史。"① 无论如何，"文化""交流""关系"是该研究领域三个最基本的概念。

先来看看"文化"这个概念。20 世纪 80 年代的"文化热"作为一种历史现象已经成为当代思想文化史研究的课题，中日文化交流史研究的活跃当然也受到该热潮的影响。中日文化交流史研究者对"文化"这个概念也有一些思考。如周一良将文化分为狭义的文化、广义的文化和深义的文化三个层次，认为"文化应当包括一个民族通过长期体力和脑力劳动所取得的物质的、精神的全部成就"，同时，他指出，与这种广义的文化相对，"一般说起文化，就想到哲学、文学、美术、音乐以至宗教等主要与精神文明有关的东西，这可以说是与政治、经济相对而言的狭义的文化"。所谓"深义的文化"，他认为就是"在狭义文化的某几个不同领域，或者在狭义和广义文化的某些互不相干的领域中，进一步综合、概括、集中、提炼、抽象、升华，得出一种较普遍地存在于这许多领域中的共同东西。这种东西可以称为深义的文化，亦即一个民族文化中最为本质或最具有特征的东西"。他用"民族性"这个概念来说明深义的文化的特征。他说："对于一个民族，只了解其政治经济制度当然不够，还要通晓其历史语言，但更重要的，还要了解其文化——不仅狭义、广义的文化，而且要了解深义的文化，亦即一个民族的灵魂深处。研究一个历史时代也是如此。政治事件、经济制度以外，如果对文化了无所知，或者只是具备狭义以至广义的文化方面的知识，而不能从深义上有所了解，亦即不了解这一历史时期的文化特征和精神风貌，这种历史知识也是不完整的。"不同国家或地区之间的文化交流，虽然范围可以很广泛，但是不同层次之间的交流也有不同的特征。周一良概括为："狭义和广义的文化可以相互学习、引进，在对方国家生根发芽、开花结果。而深义的文化，由于是长时期在特定的自然的、历史的和社会的条件下所形成，成为民族精神的结晶，已经近乎民族性的东西，尽管也可以相互交流学习，加深理解，作为参考，（中略）但又不象狭义和广义的文化那样容易移植引进，拿过来化为我有。"②

---

① 滕军等编著：《中日文化交流史：考察与研究》"序"（刘德有），北京大学出版社 2011 年版，第 1 页。

② 以上见周一良《我对中外文化交流史的几点看法》（1986 年），收入《中日文化关系史论》，江西人民出版社 1990 年版，第 17、18、20 页。

20世纪90年代，赵建民在《概论中日文化关系及其思考》中，对"文化"这个概念给出了他自己的定义，即："文化是由人创造的，它是人们生活的种种表现和记录。所谓'表现'，即是人们的思维方式、行为方式、价值判断、心理素质等方面；所谓'记录'，即指自古以来各种学派、教派等创造的各种成分的文化共同体，如日本的神道、中国的阴阳五行学说、中日共有的儒学、佛教等。并将'表现'称作文化传统，'记录'称作传统文化。"进而论述说："传统文化，指具体的存在物，纯属历史范畴，是历史的'物化'；文化传统，指以往融入人们心血的客观存在，是历史的'人化'。说得再具体些，所谓'传统文化'是指外在于人心的一些客观的东西，如器物、典章、制度等，它们是作为一种客体与人相应；所谓'文化传统'是指一种内在于人心的东西，如人的精神、心态等。"① 关于中日文化关系，他认为是既有亲密性，日本文化又有其独创性，从文化传统而言，是同源而异质的关系，强调"对其异质性要予以充分的重视"。只有充分认识到这种不同民族性格形成的历史过程，在相互交往中，彼此扬长避短、取长补短，才能加深相互的理解，增进彼此的友谊。②

再来看"交流"这个概念。首先，如周一良所言，各民族之间的文化交流是历史的必然。而且文化的交流总是相互的，有来有往。他特别注意到这种相互性，"并不是说甲国与乙国，或甲时期与乙时期，都不问时间地点，双方对等地相互交流，而是综观历史长河，在总的收支中，总的时空范围中，中外文化交流是有来有往的"。③ 除了交流的双向性外，还有一个选择性的问题。《唐代中日文化交流中的选择问题》开篇，周一良就这样论述："凡是两个国家或两个民族进行文化交流，在接受的一方必然既有交流的需要，又有适宜的条件和环境，然后交流的成果才能在一段时间里生根、发芽、开花、结果。如果接受的一方条件改变，失去土壤，交流的需要不复存在，则原有交流成果也必然不能长久存在下去。中国与

---

① 见赵建民《晴雨耕耘录——日本和东亚研究交流文集》，上海人民出版社2014年版，第3—4页；参见刘岳兵《开拓中日文化交流史研究的新境界》，《社会科学报》2015年3月19日。
② 同上书，第15—16页。
③ 周一良：《谈中外文化交流史》(1987年)，收入《中日文化关系史论》，江西人民出版社1990年版，第2页。

日本之间的文化交流，也不例外。"① 而这种选择的趋向，"是在社会发展阶段上处于先进的一方，常常吸引后进的一方去向它学习"。或者说"经济文化先进的国家吸引并影响后进的国家"。② 交流的途径或形式，有政府派遣的官方使节、学生的往来、宗教交流、商业与商人的交流、手工业的往来、战争以及随之而来的俘虏和战利品等，这些不仅限于中日两国之间，世界各地区各民族之间的文化交流也同样是这些途径与形式。交流过程中产生的"文化冲突"或"认同"、交流的"输出"与"逆输出"形式，以及"文化孳乳"与"文化反哺"、"反噬"的现象也都是文化交流史的研究课题。

"关系"是一个外延很宽泛的概念。如果一定要仔细比较并区分"中日文化交流史"和"中日文化关系史"这两个研究领域，还是能够看出一些各自的特点。"交流"，给人的动态感更强一些，如交际、流动、流布、移植、影响等。而"关系"，可以是动态的，交流本身也是一种关系，也可以是静态的；可以包括如"交流"那样以共时性为出发点的相互或互动关系，也可以包括通过历时性的比较而得出的有意义的相应关系。而这种相应关系虽然不一定都是本然的史实性的"历史关系"，但其作为研究者所挖掘出来而带有主体创造性的"逻辑关系"，也可以视为广义的"交流史"的研究对象。"关系研究"与"比较研究"常常是紧密联系的，"比较研究"只要可比性论证得充分，其创造性的逻辑关系具有真理性，它就很可能成为一种新的史实，作为历史研究者参与历史创造的见证。交流史的视野与深度如果因此得到拓展，这样的比较研究成果是完全配享"文化交流"的名义的。③

严绍璗从比较文学、比较文化研究的视角来探讨中日关系与交流史，其力图从理论与方法上有所创新的努力，是值得关注的。从提出"如果从发生学的立场来考察，那么，可以说，日本古代文学是一种'复合形

---

① 周一良：《谈中外文化交流史》（1987 年），收入《中日文化关系史论》，江西人民出版社 1990 年版，第 33 页。
② 同上书，第 5 页。
③ 北京大学比较文学博士、北京语言大学教授周阅 2013 年在复旦大学出版社出版了其新著《比较文学视野中的中日文化交流》（张辉、宋炳辉主编"比较文学与世界文学学术文库"的一种），该书书名、版权页与封面皆为上述"比较文学视野中的中日文化交流"，而书脊和扉页上标的书名则是"比较文学视野中的中日文学与文化"，没有将"交流"与"比较"并举。这种"疏忽"，或许正体现了著者或主编是否应该将这两个概念并举的犹豫。

态的变异体文学'"①这一论断,到将"发生学"提升成为一种比较文学研究的基本观念,指出"'影响研究'和'关系研究'的本质,正在于从'文本'的立场上探索文学的成因。因此,当我们把'文学的发生学'作为比较文学的一个新的研究范畴提出来时,事实上,我们是把传统的'影响研究'的学术做到了能接近于它的终极目标的层面上了"。②这是一次理论的升华。"发生学"与"变异体"概念是严绍璗研究中日比较文学、比较文化的理论结晶,他强调其发生学作为"一个解释文学内在生成机制的逻辑系统",是以"'原典实证'构成学术观念和方法论",并且"一切以'可以确证的原典文本'为依据,阐述'文本'之所以成为'这样的文本'的一系列以'文化语境'为'生成场'中多元文化连接的逻辑过程"。③这种观念与方法,对于中日文化交流史无疑具有重要的启示意义。

到21世纪之后,中日文化交流史研究领域在方法论上还有一个常常见到的新概念,那就是所谓"他者认识"。"他者认识"是中国人在日本组织的最大的学术团体"中国社会科学研究会"2003年举行的第15届年度研讨大会的主题,其成果《中国与日本的他者认识——中日学者的共同探讨》由社会科学文献出版社2004年出版。李晓东在"卷首语"中提出,中日之间"为什么双方的往来愈是加深,双方的关系却如同两个日益增大的相斥的磁场那样日益疏远呢?"为此,他谈到选题的缘由,说:"正是出于对两国间的异质性的关注,我们选定了'他者'这样一种视角",同时对"他者"进行了如下解释,即"他者(Others),这个最早作为文化人类学上的术语现在已在各研究领域得到广泛的运用。在讨论中日关系时,这一视角同样有助于促使人们更多地意识到两国间存在着的许多本质上的差异。(中略)这里的他者并不仅意味着对于中国来说的日本,或对于日本来说的中国,而是包含了中日两国以外的第三者和更多的他者,通过这种多元的视角,他者就像一面面镜子照出更为立体、多面的

---

① 严绍璗:《古代中日文学关系史稿·前言》,湖南文艺出版社1987年版。
② 严绍璗:《关于文学"变异体"与发生学的思考》,《中国比较文学》2000年秋季号,见严绍璗著《比较文学与文化"变异体"研究》,复旦大学出版社2011年版,第68—69页。
③ 严绍璗:《比较文学与文化"变异体"研究》,复旦大学出版社2011年版,第69页注释①。

自我与对方，必然有助于中日双方的相互了解与理解。"① 这种"他者认识"的视角在中国研究领域，葛兆光主持的"从周边看中国"的项目最具代表性。"从周边看中国"就是要"借助前后左右多面镜子映照，才能够看清中国的立体形象和细部特征"。② 收集在《从周边看中国》论文集中他的论文《揽镜自照》这个题目的意思，他解释说，"用现在时髦的话来说就是'通过他者认识自我'，这是文化反思的一般途径，如果没有一个有差异的'他者'，也就无法借助差异来认识'自我'"。在文章的结尾提到："在很长的时间里，东方诸国尤其是朝鲜人、日本人和中国人曾经共享过一个来自汉、唐的历史、传统与文化，但是，丰臣秀吉侵朝以及明清易代之后的彼此分道扬镳已经使得几个民族、文化和国家之间渐行渐远。正是这些渐渐发生并滋长的文化差异，促成了彼此互相观看之际的感情变化、价值差异和视角分离，而这种感情变化、价值差异和视角分离，则使得各自通过对方看到了彼此细微却深刻的不同，透过原本一体的'同'和看似细微的'异'，也许更能使彼此看清各自文化，也体味到这些细微的文化差异，是如何经由历史和时间的放大，渐渐演变成当下这种深刻和难以弥合的文化鸿沟。"③ 这一思路，对于我们研究日本、研究中日关系和中日文化交流，无疑大可借鉴。

"他者认识"或"他者意识"在日本研究领域，也引起了很大的反响，卞崇道在晚年的倡导，本人曾详细论及④，此处不再重复。而吴光辉出版的《他者之眼与文化交涉——现代日本知识分子眼中的中国形象》一书，如作者所言，其研究的目的"并不仅仅在于指出中国形象是什么，中国形象究竟如何，更为重要的是要探讨这样的中国形象之背后，究竟隐藏了什么样的日本式思维模式，或者处在了什么样的话语权力之下的问

---

① 中国社会科学研究会编：《中国与日本的他者认识——中日学者的共同探讨》"卷首语"（李晓东），社会科学文献出版社 2004 年版，第 1、2、3 页。
② 复旦大学文史研究院编：《从周边看中国》"序"（葛兆光），中华书局 2009 年版，第 1 页。
③ 葛兆光：《揽镜自照——关于朝鲜、日本文献中的近世中国史料及其他》，复旦大学文史研究院编：《从周边看中国》，第 483 页。
④ 参见本书第二编"中国日本思想史研究的方法论问题——一种学术史的回顾与展望"和第四编中的"未名庐学记：卞崇道及其日本哲学思想研究管窥"。

题。也就是说，这一研究的真正对象与其说是中国，倒不如说是日本"。① 是从"文化交涉学"的立场对中日关系的有益探索。

中国人研究日本文化，要重视同中求异，重视寻求日本"固有精神之所在"，周作人早在六十多年前就有过这样深刻的反省。他说："如只于异中求同，而不去同中求异，只是主观的而不去客观的考察，要想了解一民族的文化，这恐怕至少是徒劳的事。我们如看日本文化，因为政治情状、家族制度、社会习俗、文字技术之传统，儒释思想之交流等，取其大同者为其东亚性，这里便有一大谬误，盖上所云云实只是东洋之公产，已为好些民族所共有，在西洋看来自是最可注目的事项，若东亚人特别是日华朝鲜安南缅甸各国相互研究，则最初便应罗列此诸事项束之高阁，再于大同之中求其小异，或至得其大异者，这才算能了解得一分，而其了解也始能比西洋人更进一层，乃为可贵耳。我们前者观察日本文化，往往取其与自己近似者加以鉴赏，不知特此为日本文化中东洋共有之成分，本非其固有精神之所在，今因其与自己近似，易于理解而遂取之，以为已了解得日本文化之要点，此正是极大幻觉，最易自误而误人者也。"甚至强调："应当于日本文化中忽略其东洋民族共有之同，而寻求其日本民族所独有之异，特别以中国民族所无或少有者为准。"② 这里的"得其大异者"，与"如果就中日间实际存在的着的异同来说，双方之间不仅存在着'大同'，同时也存在着'大异'。如果我们小看、轻视了两国间的'大异'，就不可能实现一种真正意义上的'大同'"。③ 有异曲同工之妙，虽然不知后者"真正意义上的'大同'"所指何谓；而葛兆光谈到的："当我们谈论'中国'和'西方'文化的时候，常常会不自觉地突显彼此的'异'，可是，当我们在谈论'中国'和'东方'的时候，却总是在强调我们的'同'"这种"很奇怪"的现象④，周作人也早就看到了，并且指出"东洋之公产"，"在西洋看来自是最可注目的事项，若东亚人特别是日华朝鲜安南缅甸各国相互研究，则最初便应罗列此诸事项束之高阁"，只有

---

① 吴光辉：《他者之眼与文化交涉——现代日本知识分子眼中的中国形象》，厦门大学出版社2013年版，第147页。
② 周作人：《日本之再认识》（1940年12月17日），钟叔河编：《周作人文类编⑦ 日本管窥》，湖南文艺出版社1998年，第92—93页。
③ 中国社会科学研究会编：《中国与日本的他者认识——中日学者的共同探讨》"卷首语"（李晓东），第2页。
④ 复旦大学文史研究院编：《从周边看中国》，第483页。

"在同中求异，或至得其大异者"，东亚人的相互了解才能"比西洋人更进一层"。

然而如坂本太郎所言，"无论史论多么绚丽，时代一变就会褪色。而作为根本史料的史书能保持不朽的生命"。① 概念和方法，作为史论，虽然重要，但是如没有坚实的史料基础作支撑，也容易流于空论。

二　中日文化交流史研究的现状与课题

在20世纪80年代末就有人概括建国以来的中日文化交流史研究九个方面的主要内容②，21世纪以来，研究的领域越来越宽，课题有增无减。比如经济、法律文化、民俗岁时、教育、文学艺术中的音乐、戏剧各门类等，不胜枚举。李玉的《中国的中日关系史研究——以中日关系史研究论著数量统计为中心》③ 为我们认识这一课题的学术史研究状况提供了有益的参考。

历史上的日本记述、研究著作都可以归入中日关系史领域，现在的日本研究著作将来也亦可作如是观。特别是随着中日之间各种交流渠道越来越广泛，往来愈加频繁，日本研究著作本身几乎可以说就是各自交流的产物。这里对研究现状与课题的归纳不可能是全面的概述，只能是囿于一己之见的粗线条整理，挂一漏万在所难免。

（一）民国时期的中日文化交流史研究及其在新中国的影响

民国时期的中日文化交流史研究状况，可以以1931年和1945为界划为三个阶段，其中抗日战争期间的研究成果最多，与战争相关的内容也最密切。从研究者的立场来看，也非常复杂，有知日派、亲日甚至投日派、抗日派之别。"九一八"事变之前，1930年1月创刊的《日本研究》，其《卷头语》中说：

---

① 坂本太郎：《史書を読む》，中央公论社，1987年"中公文库版"，第228页；见《修史と史学》（坂本太郎著作集第五卷），吉川弘文馆，1989年，第448页。
② 叶昌纲：《建国以来我国中日文化交流史研究述评》，《山西大学学报》1989年第3期。这九个方面是：综合性研究、科技交流史、文学艺术交流史、语言文字交流史、佛教交流史、儒学交流史、革命运动与维新思想的研究、留学生问题研究、有关书籍的研究。
③ 李玉、夏应元、汤重南主编《中国的中日关系史研究》（世界知识出版社2000年版）的第一编总论第二章。

中日两国间在历史上，在地理上，在外交上有如此深长而密切的关系，而日本对于我国内容知道得又如此周详细致，那我们岂可对于他们因为厌恶的心理而不加以注意？还有，日本以一个贫薄的岛国，经六七十年的苦斗，居然能在国际上和列强分庭抗礼，这一点也就很不可小觑。

实在我们早就应该对他们为很周详细致的研究，正如他们研究我们一样；现在已经是迟了，但是愈迟，愈得赶快去做；所以同人不自量力的下一个决心，从现在起一期一期像照相般把日本古今实在的状况贡献于国人眼前！我们采取最严正不偏的态度，纯粹客观的方法；没有别种作用，也不是宣传；总之使我们知道日本的内容，知道真确的内容。①

与这种"决心"相照应，我们可以看到在该刊第一卷第一号到第三号（1930年3月）连续三期的卷首，有一则署"编辑部启"的告示，曰：

本部现着手编印下列三种丛书：
一、日本古籍丛书
所有日本与朝鲜古籍，完全用中国文字写成，除古事记等是日本式的中国文外，其余都是纯中国文，将来都要陆续编印，这是研究日本古代文化的最重要资料
二、日本研究古籍丛书
这是我国关所日本及朝鲜的一切古籍
三、满蒙丛书这是我国关于满蒙的史籍及最近日俄人士调查研究报告
书名陆续发表

如果该刊能够按照这种思路一直办下去，而且这种"决心"能够落

---

① 《日本研究》第1卷第1号，耿素丽选编：《日本研究五种》（共9册），国家图书馆出版社2009年版，第1册，第9页。

实到这三套丛书上，包括中日文化交流史在内的中国的日本研究，大概就不会以如同此后十几年间以应时性的各种"小丛书"唱主角了。事实上，该刊主编陈乐素（1902—1990 年）发表了《〈魏志·倭人传〉研究》（创刊号）及《后汉刘宋间之倭史》（第 2 号）、《日本民族与中国文化》（第 2 号）、《日本古代之中国流寓人及其苗裔》（第 3—5 号连载）、《中国文字之流传日本及日本文字之形成》（第 5 号）、《日本之遣隋唐使与留学生》（第 6—8 号），而其《光绪八年朝鲜李（大院君）案与日朝定约史稿》（第 9—10 号）一文尚未刊完，因为"九一八"事变，国难家仇，促使他的研究方向发生了转变。他力图在研究中探讨国家兴亡的历史和规律，作为救亡兴国的借镜。历史上强邻压境的情况以宋代最为突出，宋史成了他此后的主要研究对象和工作重点。①

上述所列三种丛书中的第二种中，我国关于日本的古籍整理与研究，到半个世纪之后出版的《中日关系史资料汇编》（汪向荣、夏应元编，中华书局 1984 年版）和《中日关系史文献论考》（汪向荣著，岳麓书社 1985 年版）才得以实现。而第一种，即日本古籍丛书，在 20 世纪 80 年代虽然也曾有人建议"中日两国合作复制翻印珍贵之罕见文物典籍"，认为"费用和技术""日本应义不容辞地承担责任"②。而真正开始实现，是在 21 世纪之后，随着 2009 年《域外汉籍珍本文库》及 2012 年《日本汉文史籍丛刊》开始陆续出版，这一编成用汉文写成的日本古籍丛书的夙愿在经历了八十年之后总算有得以实现的希望了。

民国时期的中日关系、中日文化交流史研究在当时的中国和日本、在现在仍然被视为经典著作的，首先当然要算王芸生的《六十年来中国与日本》，就我所知该书至少有以下几种版本：

第一，大公报出版部 1932—1934 年版（七卷本）。

第二，第一种的复刻版：《民国丛书》第三编第 24、25、26 册（七卷本），上海书店 1991 年版。

---

① 陈乐素的生平业绩，参见陈志超《励耘学谱第二代传人陈乐素》（《纪念陈乐素教授诞辰 110 周年学术研讨会论文集》上册，暨南大学古籍所、杭州师范大学国学院、中国社会科学院历史所主办，2012 年 12 月 9—11 日于广州）、常绍温《陈乐素同志的生平和学术》（陈志超编：《陈乐素史学文存》，广东人民出版社 2012 年版）。

② 梁容若：《一个建议》，杨正光主编《中日文化与交流 1》，中国展望出版社 1984 年版，第 5 页。

第三，北京三联书店1979—1982年修订版（八卷本，2005年重印）。

第四，长野勋、波多野乾一编译：《日支外交六十年史》（1—4卷），东京：建设社1933—1936年版。

第五，第四种的复刻版：《日中外交六十年史》（1—4卷），东京：龙溪书舍1987年。

其原版七卷本和修订的八卷本之间，除了史料的增删之外，观点上也有很大的变化。其中最突出的表现在对李鸿章的评价上。简而言之，原版对李鸿章多有同情的理解，甚至有"其慷慨忠愤之气，令人起敬"① 之褒奖之言，而修订版中此类言论全无，代之而起的是一顶"货真价实的卖国贼"② 的高帽子。这评价的变化意义如何，读者当然可以见仁见智，但是从原版到修订版，细心的读者可以感受到两种不同的时代风味。本人曾经指导硕士研究生对这两个版本进行过比较研究，这还是一项值得继续探讨的课题。如果将该书的日文版一并加以比较，恐怕更是有趣。

民国时期的相关研究在今天仍然有影响的，我曾经在别的场合提到过傅芸子的《正仓院考古记》及其《白川集》③，这里就不重复了。这里想要提一提民国期间的梁盛志和后来的梁容若，两者其实是同一个人。梁盛志的著作《汉学东渐丛考》，中国留日同学会1944年出版，该书的主要内容经过汪向荣整理收入梁容若所著的《中日文化交流史论》，该书1985年由商务印书馆出版④。

---

① 王芸生：《六十年来中国与日本》卷二，第十四章"马关议和"之第八节"李鸿章之遇刺"，《民国丛书》第三编第24册，上海书店影印1991年版，第277页。
② 王芸生：《六十年来中国与日本》第一卷"修订导言"，三联书店2005年版，第7—8页。
③ 参见本书第一编中的"'中国式'日本研究的实像和虚像——对中国学界反思自身日本研究得失的一些观察"。
④ 该书封面勒口有作者梁容若简介，封底勒口有该书内容提要。简而言之，梁容若（1904—1997年），1928年毕业于北京高等师范学校，1936年毕业于东京帝国大学大学院，回国后曾任教于河北大学、北京高等师范学校，1948年在台湾创办《国语日报》，并任台湾大学、东海大学教授，1974年退休后客居美国，1981年回国定居，任全国政协委员、北京师范大学客座教授。"梁容若先生是我国中日关系史研究方面的奠基人之一，从三十年代后期以来，不断对这方面的研究有所阐述，有所发明，受到国内外学术界的重视。尤其对明末清初流寓日本人士的研究，如辨明戴笠为两人等，贡献颇著。"《中日文化交流史论》的内容与意义，提要曰："现综集先生数十年来所撰有关两国文化交流史方面论文，并由其同志汪向荣先生担任编选增补，以明三十年代后期以来，我国在中日关系史研究方面的大概。"汪向荣（1920—2006年），也是我国中日关系史、中日文化交流史领域的著名学者，其著作除了上文提及的之外，还有《日本教习》《古代中日关系史话》《中世纪的中日关系》（与汪皓合著）等。

从《汉学东渐丛考》之"弁言"可窥本书之大概及作者的研究态度，兹摘录如下：

一、本书所谓汉学，乃泛指中国学术文化。（后略）

二、本书所收论文可分为四类，一为撮录改编东土学者专著或论文，务求严谨，一以适于国人阅读，一以参入鄙见，如《唐秘书监晁衡事辑》《山井鼎与七经孟子考文》等篇是。一为根据搜求之资料，自撰论文，重在详人所略，阐蒙昧之史迹，如《李竹隐海外讲学考》《五代日僧巡礼五台之遗物》等篇是。一为钩稽勘合东西史料文献，正往哲时贤撰著之失，如《明季两戴笠事迹考》《梁任公著朱舜水年谱补正》等篇是。一为全译日本学者论文，如附录诸篇是。

三、史之真善美本为一事，鉴往知来，可资观感者惟真实之史实为然。本书整理铨次中日文化交通史实，惟在求真，故于谬悠之神话，浮诞之传说，有意之夸饰，无稽之想像，均所不取，文情枯涩，或所不免，然于镕裁群言，昭为信史之境地，虽不能至，心向往之。

四、本书所收论文虽译著参半，而精力所萃，实在新资料之搜求，新问题之提出。家本寒素，时方多故，凡所营谋，百不一遂。然即其所见，有北京图书馆、东京图书寮、内阁文库、东方文库之孤本，有静嘉堂文库、蓬左文库、苦雨斋之逸书。痴庵藏金，曾供论定，鲁学拓石，亦资勘研。澳门得竹隐之详传，宇治见黄檗之遗文。一篇之成，淹历岁年，一事之异，访之万里，广赖机缘，才成丘壑，劳倍功半，限于才力，世有达者，悯而教之。

五、自著及改编诸篇，引用文献，必注出处，或在篇末，或附文中，撰著既非一时，体例未能画一。翻译各篇，则尊重原文，不敢擅为增删，即鄙见不同，亦未附入赘论。惟于原文纪年附注日本皇纪之处，则全易为中国纪年，既资对照，亦便国人。

六、（略）

七、对于鼓舞协助我从事此方面研究之辻善之助博士，周知堂李草痴瞿兑之诸先生，敬谨致感。本书结集刊行全出钱稻孙先生之善意，承瞿兑之先生寿普暄先生宠赐序文，一并铭谢。[①]

[①] 梁盛志：《汉学东渐丛考》"弁言"，中国留日同学会，1944年，第5—6页。

从以上各条看，无论是从其史观还是研究者的勤勉、严谨、谦逊的学风、规范的学术写作，在今天都仍然是值得学习的。其研究成果的意义，如瞿兑之[①]的序文所言，"宋明末造，志人仁士行遁海东者踵趾相接，于是圣贤义理纲常名教之精蕴益与彼邦固有之教化互相浚发，其关系视形而上之文献尤为重要。世人于朱舜水之讲学多已耳熟能详，而不知外此有李竹隐陈元赟戴笠诸人，其事迹向来散见诸书，无人为之贯串，晦而不彰者多矣。今而后举中国文化向外流播之线索与夫中日两国文化互相影响之迹兆研求而会通之，诚明乎得失而达于世变者所当有事也。梁君盛志致力于此，历有年岁，然遍搜彼我两邦文献以求唐宋以还两国名贤往来之踪迹，显微阐幽，批郤导窾，疏通证明而纲举目张焉。（中略）兹汇次而总为一书，曰汉学东渐丛考，其不灭无疑焉"。[②] 而寿普暄的序文说："治中日交通史者，东土不乏名家，自木宫泰彦辻善之助等之书出，其事迹之彰彰在人耳目者，固已灿然秩然，国人译读其书，夙所推重，独惜无搜求吾国文献以相印证，裨补疏失，为学术上之诤友者。梁君此书虽寥寥十余篇，然如李竹隐戴笠延长经筒等，皆东土学者从未引用之文献，阐微烛幽，其为创获无论矣。"[③] 读其书，乃知此言并非过誉。

如该书中《宋末李竹隐海外讲学考》，确实为一重大发现。文章结尾说："若竹隐之浮海，实为缁徒外华人传理学于扶桑之第一人。其声施虽不如朱舜水，而耿介之操，贞固之节，遭际艰屯，流离转徙，无时无地，不以淑世淑人为念，则二人初无二致。此亦学术史上一重要公案，故望海内外博雅君子，匡余疏失，俾能究明真相，传为定论也。"[④] 此问题发现之经过，作为一种经验谈，对初学者亦不无启发意义，特录其原文后之自述（1942年12月2日）于此。曰："余治中日交通史，欲以中土文献弥补东籍之疏，故于沿海各省方志，留意翻检。二年前曾于广东通志见过洋乐事，检之东籍无证，初以为齐东野语。后由瞿兑之先生养和室随笔知屈大均广东新语亦记此事，乃为《理学东渡与李用》一短文，刊于国立编

---

① 瞿宣颖（1893—1973年）：瞿鸿机（1850—1918年）之子，字兑之，抗日战争时期在北京任伪职时改名瞿益锴（为《汉学东渐丛考》作序，即署此名），抗战后号蜕园，以示悔改之意。其相关情况与著述，参见寻霖、龚笃清编著《湘人著述表（二）》，岳麓书社2009年版，第1242页。

② 瞿益锴：《汉学东渐丛考》"序一"，见《汉学东渐丛考》，第2页。

③ 寿普暄：《汉学东渐丛考》"序二"，见《汉学东渐丛考》，第3页。

④ 梁盛志：《汉学东渐丛考》，第74页；梁容若：《中日文化交流史论》，第185—186页。

译馆馆刊一卷一期，依据寡薄，仅提示此问题之轮廓而已。其后承澳门友人寄示《宋东莞遗民录》，竹隐在国内关系文献，因以大明。复由《甲子夜话》及《本朝高僧传》辨圆传，知博多宋人与歌舞伎关系，因重订为本篇。今所待者惟海外遗迹遗事之发现耳。"① 此后再很少人提到李竹隐的事，即便提到，也认为李竹隐到日本就算是事实，也是个例外②。尽管如此，还是期待着能有新的史料发现。

该书除了于史料发掘、遗物考证方面有其独创之外，且"鉴往知来"，在史迹疏跋中也自有作者一种所"信"的寄托在。如其在《空海入唐求法记》的篇末感叹："惠果以大唐三代国师，抚异域游僧为法嗣，与水户侯尊亡明寒儒朱舜水为宗师，其卓识幽怀，均可以感天地泣鬼神。而空海所以符期许，舜水所以答尊礼者，莫不卓然可传。余既记朱舜水事，因复诠次空海求法始末，以告世之重师道者。"③ 而在《圆仁与其〈入唐求法巡礼行记〉》一文的最后又写道："自圆仁等归，而日本之遣唐使遂不复至，而唐亦自此衰矣。周公修德，而越裳氏来，文化领导，岂易言哉。"④ 既然是文化交流，交流双方或多方，首先要保有对文化尊重的卓识幽怀，而要想争取到文化的领导地位，需以"修德"为先。1984年底身在美国的梁容若在为自己即将出版的《中日文化交流史论》所写的"自序"中说："五十年来，我想从历史研究上加强两大民族间的深刻认识。'取人为善，与人为善'，推进共同繁荣，以求合作之道。"在这重视"修德"这一点上，可以说是前后一贯的。

由汪向荣选编的《中日文化交流史论》一书，不仅从大处可见著者对中日关系脉络的把握，而且在一些细微处也显示著者深厚的国学素养。比如对太宰春台《产语》的评价，特别是对诸桥辙次《大汉和辞典》的意见，提出了23条，除了其中第19、20、22这三条积极肯定的评价外，其余20条都是指出其具体错误之处，如将民国时期的胡适视为嘉庆进士胡培翚之子等，遗憾的是该辞典的修订者未见到此文，所提的问题在1984年的修订版中几乎都没有订正。虽说瑕不掩瑜，但是如梁容若所言，

---

① 梁盛志：《汉学东渐丛考》，第74页；梁容若：《中日文化交流史论》，第75页。
② 王勇2001年11月9日在日本驹泽短期大学佛教研究科的讲演《鑑真来日のなぞ》，参见 http://www.geocities.jp/jiangnankejp03/jiang_yan/08.htm。
③ 梁盛志：《汉学东渐丛考》，第26页；梁容若：《中日文化交流史论》，第149页。
④ 梁盛志：《汉学东渐丛考》，第57页；梁容若：《中日文化交流史论》，第172页。

"有些讹误的发现订补,中国学者远比日本学者为容易"①,"日本的汉学界,如果能多和中国的读书人联系,一定事半功倍,相互有益处"。② 希望像《大汉和辞典》这样的伟业在再修订的时候能够参考这些意见,或者能够集中日学者之力一同进行,一定不仅可以精益求精,而且可以增进友谊,成为中日文化交流的新的壮举。

《中日文化交流史论》的出版,还具有方法论的意义,也不容忽视。汪向荣在该书的"后记"中充分肯定本书的意义,指出"在中日关系史这一学科作为历史科学的分支而起步时,本书的出版将作为其标志而载入史册"。同时汪向荣在这里明确地阐述了学术与政治的关系、研究与翻译的关系,其作为中日关系史研究的方法论的论述,也同样将载入史册。他说:"研究从属于当前政治,而不是学术性的探讨,使过去中国对中日关系史、文化交流史的研究都和政治相呼应,没有形成一种独立的学术,以致进步不快。要使中国对日本的研究脱颖而出,必须先消除这种原因,使之成为一种独立的学术研究。"强调了学术研究的独立性的重要。同时,关于研究者的立场问题、研究与翻译的关系问题,他主张:"中日关系史跟其他历史学科一样,都必须是作为中国史学工作者的研究的学科,应该有自己的立场、观点,和日本史学工作者的研究中日关系史并不一样,结论可以相同,立场和观点却不会一致。因为这样,过去我国也翻译出版了一些日本学者的著作,但不能代替我们自己的研究。这是我在研究中日关系史方面的基本论点,虽然半个世纪来经历的道路坎坷不平,可是我不想,也不会改变我年轻时的论点。"③

话又说回来,学术和政治的关系,如汪向荣在"后记"中又提到的那样:"学术研究不可能和政治没有关系,学者也并不生活在真空环境中,因此说要学术研究完全不受政治影响是不可能的。"他说:"不过总还有人把学术研究和政治区别开,在一定程度上尊重和支持学术研究的独立性。"④ 学术研究受政治的影响,汪向荣早年求学于京都帝国大学东洋史学科,1944年就出版有《中日交涉年表》,对于丙午(1966年)之痛

---

① 梁容若:《评诸桥辙次著〈大汉和辞典〉》,见《中日文化交流史论》,第369页。
② 梁容若:《评神谷正男著〈产语研究〉》,见《中日文化交流史论》,第341页。
③ 汪向荣:《梁容若著〈中日文化交流史论〉后记》(1984年12月25日),见《中日文化交流史论》,第420、421页。
④ 同上书,第420页。

的记忆,从其所记述的"所存图书资料,包括所有笔记和全部卡片,均已毁于丙午"。"丙午以后十年中,没有可能接近日本书刊"① 等文字可见一斑。在海峡的另一方,1967 年台湾知识界因"梁容若事件"即所谓"文化汉奸得奖案"闹得沸沸扬扬,对此大陆学界虽然很少有人提及②,但是由一次学术评奖而引发包括胡秋原、徐复观等文化名人参与的"中国文化与汉奸""文章与气节""文学与政治",乃至"民族思想与历史文化、国家生存的关系"的大讨论,作为一种历史现象,自然有不少值得反思的地方。③ 仅就刊登在 1941 年由日本的国际文化振兴会编、日本评论社出版的《日本文化的特质——纪元二千六百年纪念国际悬赏论文集》上的梁盛志的获奖论文《日本文化与中国文化》而言,可以讨论的地方也不少。但是至少有以下几点值得注意:

第一,无论这次悬赏论文征集活动的评委是谁,作为当时日本文部省、外务省、情报局等政府机构协助下进行的一项国际文化活动,其目的和效果,如该活动的主办方所总结的那样,都是为了达到"汇集世界的声音来高呼'拯救世界之道在于日本精神的实践,世界新秩序的根底必在日本精神!'"④ 日本当局不仅在 1938 年发布了《国家总动员法》,动员日本国内一切力量为战争服务,而且力图动员全世界可以动员的力量来为其宣扬日本文化服务。无论给这种活动涂抹上怎样的文化或学术的色彩,都无法掩盖其服务于侵略战争的本质。

第二,无论是以何种方式或渠道参加的这次征文活动,并且文章获了奖、作者领了奖,作者就应该对自己的行为负责、对署有自己名字的文字

---

① 汪向荣:《中日关系史资料汇编·前言》,汪向荣、夏应元编:《中日关系史资料汇编》,中华书局 1984 年版,第 3 页。
② 古远清在《纪弦在抗战时期的历史问题》(《书屋》2002 年第 7 期)中提到一句"……台湾作家梁容若于 1967 年 11 月 11 日获台湾中山学术文化基金会的文学史奖后,被人检举为梁容若即当年的文化汉奸梁盛志,为此闹得沸沸扬扬,还编了一本《文化汉奸得奖案》的小册子"。其《胡秋原:不怕开除党籍的统派》一文中有一节为"痛斥文化汉奸在台借尸还魂",较详细介绍了此事件,见古远清《几度飘零:大陆赴台文人沉浮录》,广西师范大学出版社 2010 年版,第 115—117 页。
③ 参见刘心皇编《文化汉奸得奖案》,台湾:阳明杂志社,1968 年。2014 年大陆出版的《徐复观全集·论文学》(九州出版社)中收录了与此事有关的《回给王云五先生的一封公开信——有关中山文化学术基金董事会的审查水准问题》和《文学与政治》两篇,可以参考。
④ 《日本文化に関する国際懸賞論文募集事業報告》,国际文化振兴会编:《日本文化の特質》,日本评论社,1942 年再版,第 428 页。

负责。无论作者的主观意愿如何，这一行为在客观上的效果可以说是服务了那场侵略战争。如果没有这种觉悟，至少可以说是一种政治上的糊涂。

第三，从该获奖文章中言及"通晓（中日）两国语言文章的人每日增多，著作者一旦拿起笔就会立即影响两国关系，对此要如何以虔敬之心从事才好？"① 来看，作者在当时应该是具有这种觉悟的。就是说作者当时是意识到自己的言论的效果的。当然，即便如此，我们也要对获奖文章本身进行分析。总的感觉是作者在"衷心祈愿日本文化升华为世界文化"②、理解"建设东亚的新秩序"③ 的前提下，从文化交流的角度对中日双方提出了劝告乃至批评，甚至对"日本人在私生活及社会上都有秩序、政治上公明这些方面极少影响到中国"④ 表示遗憾。其对日本接受中国留学生在态度与制度上的批评、对日本的中国研究的缺陷及"中国通"的缺乏历史素养因此对中国现实的理解仅仅停留于表面的批评，以及对中国人在日本研究与理解方面缺陷的批评都很有针对性，在现在看来甚至也不失其启发意义。但是这已经是另一层面的问题了。比如几乎同样的对日本在接待中国留学生的态度与制度方面的批评意见也出现在作者后来对实藤惠秀的著作《中国人日本留学史》的评价⑤中，我们对这样恳切而有见地的书评，当然是应该给予高度评价的。

近代中日关系非常复杂、敏感，在这一研究领域，政治与学术的关系也是如此，不能不谨慎从事。有时候，你以为自己是在很"学术地"探讨问题，却没有意识到已经陷入了某种政治漩涡。这样再想洗刷，就为时已晚。在大敌当前、民族危亡之际，只要能够鼓舞士气、克敌制胜，如《征倭论》就有其积极意义，而你这时要以所谓其"不重视客观地研究日本"来批评其"媚俗"，就是不识时务。作为研究者不能在政治上犯糊涂或犯错误，这是一个很好的经验教训。

（二）20世纪八九十年代的中日文化交流史研究

八九十年代中日文化交流史研究水平，可以由两套在日本学界也引起

---

① 梁盛志：《日本文化と支那文化》，国际文化振兴会编：《日本文化の特質》，第30页。
② 同上书，第19页。
③ 同上书，第23页。
④ 同上书，第29页。
⑤ 梁容若：《评〈中国人日本留学史〉》，收入梁容若的《中日文化交流史论》中。

了很大反响的丛书来代表。这就是80年代末在东京六兴出版社出版的十三卷本"东亚中的日本历史"丛书和90年代在中日两国分别出版的十卷本"中日文化史交流大系"。

关于十三卷本"东亚中的日本历史"的编辑出版经过，该丛书的组织者王金林有比较详细的记述，此事本身也是当代中日文化交流的一件美谈，作为史料，详细引用如下：

1984年五六月间，我受别府大学邀请，参加该校的史学科成立20周年纪念会。在会上我作了《关于邪马台国的若干问题》的学术报告，提出来北部九州的邪马台与畿内地区的"前大和国"并存说，引起了媒体和学界的关注。六兴出版社据此约我写一本以邪马台国为中心的专著。1986年初，我的《古代の日本——邪馬台国を中心として》出版，日本学界对此有较好的评价。有鉴于此，六兴出版社萌生了由中国学者撰著一套日本历史丛书的想法，1986年11月，六兴出版社编辑部长福田启三受天津社会科学院之邀请访问中国。期间，他与天津社会科学院方达成如下协议：一是在天津社会科学院主持下，由中国学者撰写一套多卷本的日本历史；二是相关具体的操作委托王金林执行。这样，我以天津社会科学院日本所副所长和中国日

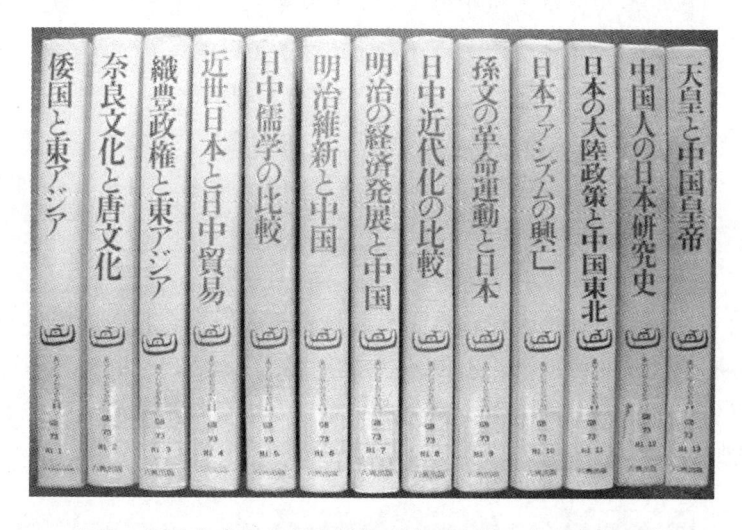

1988—1989年东京六兴出版社"东亚中的日本历史"13卷

本史学会秘书长的双重身份，进入具体操作。出版社关于选题的要求是，不要纯粹的日本历史选题，选题应突出中日之间政治、经济、文化关系史，以及能充分反映中国的日本史学界观点的选题。关于具体撰稿人的选定，出版社全权委托我方的决定。但天津社科院则作了限制，即本院和天津的撰稿人人数应该有相应的保证。根据最后确定的选题，可聘15名撰稿人，除去天津社科院4名，南开大学3名，留给外地的名额是8名。这8人既要与他的研究领域相吻，又要考虑完成选题的可能性。最终根据研究专长和选题相吻合的原则，在北京聘请了5人，沈阳聘请了3人。长春、沈阳、北京、上海的不少挚友、同仁，没能入聘，时至今日，我仍感到歉意。

这套丛书共13卷。各卷名及作者如下：

第1卷　《倭国と東アジア》（沈仁安）

第2卷　《奈良文化と唐文化》（王金林）

第3卷　《織豊政権と東アジア》（张玉祥）

第4卷　《近世日本と中日貿易》（任鸿章）

第5卷　《日中儒学の比較》（王家骅）

第6卷　《明治維新と中国》（吕万和）

第7卷　《明治の経済発展と中国》（周启乾）

第8卷《日中現代化の比較》（马家骏、汤重南）

第9卷　《孫文の革命運動と日本》（俞辛焞）

第10卷　《日本ファシズムの興亡》（万峰）

第11卷　《日本の大陸政策と中国東北》（易显石）

第12卷　《中国人の日本研究史》（武安隆、熊达云）

第13卷《天皇と中国皇帝》（沈才彬）①

由王金林出访日本，在日本学界雁过留声之后，在日本出版界和中日学术界有识之士的协助下，引出一队展示中国日本史研究的整齐雁阵，飞越中日历史的天空，成为中日文化交流史上一道值得纪念的风景。对这套书的积极意义，论者多有提及，此处不再赘述。

---

① 王金林：《20世纪80年代中国的日本史研究与学会活动》，收入李玉主编《新中国日本史研究的回顾与展望》，天津古籍出版社2012年版，第230—231页。

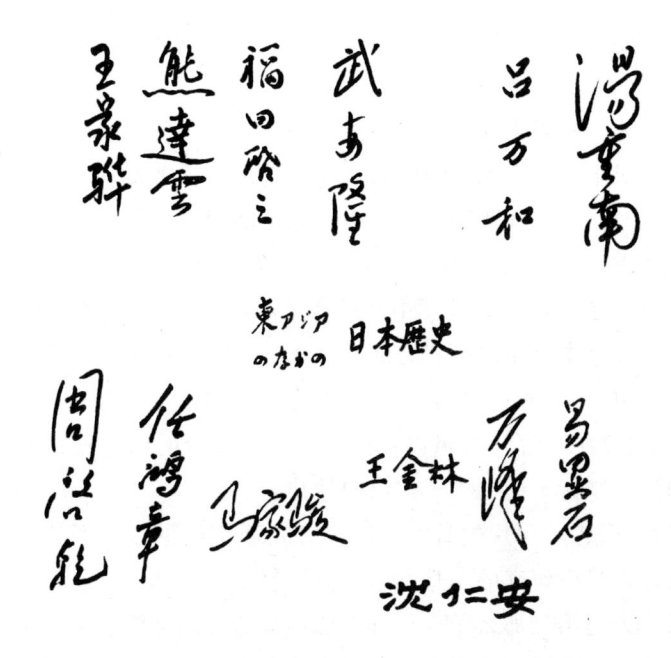

东亚中的日本史作者编者签名　　（王金林先生收藏）

日本学界对这套丛书所给予的极大关注，从日本的历史学研究会[①]集中新锐研究者来为这套丛书撰写书评，并于1990年6月一并刊发在其会刊《历史学研究》（No.607）上可见一斑。一共80页的这期刊物，从第30页到第53页（以下只注页码），按照其刊登的次序，分别是笠原十九司对第12卷[②]、关和彦对第2卷、鹤田启对第4卷、伊东贵之对第5卷、石井宽治对第6卷、铃木邦夫对第7卷、铃木邦夫对第8卷、藤井昇三对

[①] 历史学研究会，是日本具有代表性的民间历史学研究团体。1932年12月成立，其前身是1931年2月东京帝国大学史学科的少壮派结成的同仁组织"庚午会"。1933年11月会刊《历史学研究》创刊，第二次世界大战中一度停刊，战后研究会又开始活跃，会刊亦复刊。主张"于科学的真理之外，不承认任何权威"，强调"学问的完全独立与研究的自由"，力图排除国家、民族的偏见而追求"民主主义的、站在世界史立场的""科学的历史学"。战后，远山茂树、藤原彰、永原庆二、中村正则等中国学界熟悉的历史学家曾任该研究会委员长。

[②] 联系上述关于学术与政治的关系，笠原十九司在论及该书中对周作人"缺乏民族的骨气"，在日本帝国主义侵略中国时沦为"罪恶的帮凶"的这种严厉批评时，感叹："在像周作人这样杰出的日本文学研究者被卷入悲剧的历史状况下（当然是日本人使之卷入的），不可能指望对日本文化有真正理解的日本研究有什么进展。"（《历史学研究》1990年第6期，第36页。）

第9卷、伊藤悟对第10卷、小林英夫对第11卷的书评。日本学者的评论意见和提出的问题，在今天看来也仍然具有启发意义，值得我们很好地总结和反思。

概括起来，有以下几点值得注意。

第一，对十三本书选题力图从总体呈现中国学者对从原始、古代到现代日本各个时代的研究成果的努力表示肯定的同时，提出从标题上看，第1、2卷是原始、古代史，中世史一册也没有，就跳到了第3卷的《织丰政权与东亚》了。认为这是"中国学者日本历史观的反映"，也"反衬出日本学界对中世中日交涉史研究的现状"。关和彦的这种意见，写在对王金林的书评中。二十年之后，王金林的《日本中世史》上下卷的出版（昆仑出版社2013年版），可以看做是对这一评论的回应吧，也体现了作者从善如流、坚持不懈和勇于担当的精神。

第二，"参考、引用的日本古代史研究著作很少。这不是王氏个人的问题，而是古代史研究的中日学术交流体制层面的问题。与日本的古代史研究者每个人还不是那么积极、自觉地从事这方面交流有关。从组织上和个人方面都有必要留意这一点，以寻求研究成果的共享的体制进而充分地进行交流。"（第38页）具体而言，比如对第4卷的书评中提到："作者推算自清朝将台湾收入掌中以后到幕末，从长崎输入的日本铜约为3亿3000万斤，而这个推算作者在该书中只有引用了其自身的论文。"（第39页）

第三，学术概念、用语的使用上，尚有待进一步推敲和思考。如评者对将"王朝"这个概念放到地名"奈良"和国名"唐"上进而并列起来作书名提疑问，并且提出将奈良文化作为唐风文化、平安文化作为国风文化是否具有一般性的问题。（第38页）在论及《近世日本与中日贸易》时，提出因为作者对"锁国""海禁"这样的核心概念缺乏具体分析，因而对当时两国贸易的特质及中日关系的认识就难以深入。（第40页）

第四，研究方法方面，特别是关于比较研究，对于第5卷，评论者强调进行思想的比较研究时要注意"比较双方都具有抽象度很高的思想体系，而且只有设定特定的视角来加以分析，这样的比较才具有某种有效性。而在这一点上，在日本未必存在汉代儒学或中国朱子学可匹配的体系性的思想，这就是本书的比较给人稍稍觉得有拘泥于字句异同的印象的原因之一"。评论者紧接着指出："就像作为本书研究对象的中日两国儒学实际上存在着影响的关系,对这样两种思想进行比较时,最为重要的是应该注意其在接受之际出现的冲突和变化,特别是对研究像儒学这种具有很强的社会性的思想时,就不能单纯地停留于思想的理论层面,如渡边浩的《近世日本社会与汉学》(东京大学出版会,1985年)所描绘出的那样,其引起冲突与变化的社会、历史条件的差异,进而如本书作者自身也提到的'中日儒学社会机能的差异'(第350页),这些侧面应该着力加以考察。然而本书给人的感觉只是停留于比较思想表面的异同。""将具有不同社会历史背景的思想家的思想,从其相关的背景中抽取出来加以比较,从而断定谁先进之类的这种态度,大可怀疑。""如作者在终章中所言,儒学具有在周边诸国被接受的普遍性,但同时也有其产生于中国社会、文化中的非普遍性、特殊性,这是其传向周边诸国发生变化的很大原因。因此在比较中日儒学之际,两方面的情况都必须研究,而作者有将重点放在其普遍性、共通性上之嫌,觉得夸大了儒学思想对日本的影响。特别是以古代文献中所见的儒学语汇,就直接断言具有单纯的文饰以上的思想上的影响,是要慎重的。而且,对明治维新之后的国家主义意识形态、国民道德、作为武士道变形的军人精神等,也不能用儒学之名加以统括。作者的态度,如果斗胆用失敬的说法的话,不能不说是一种大国主义的想法吧。评论者认为在进行思想的比较之际,双方分别存在的情况自不待言,在现实交涉的情况下,在警戒陷入风土决定论或日本特殊论的同时,与着眼于两者的共通性相比,在理解其思想及其社会背景的基础上,关注其异质性,会更加有效。"(第41页)如此种种,强调在进行比较研究时要注意双方具体的社会历史条件的不同,与普遍性、共通性相比,更应该注意其异质性,这些说法在方法论上都是很有参考价值的意见。

但是,评论者此时关于中国儒学对日本的影响,如书评中所言:"尤其在古代,儒学对日本人而言,如津田左右吉所说的那样,是'文字上的知识'(《中国思想与日本》,岩波书店,1938年,第163页)吧"(第42页)①。可见津田左右吉的影响之深。王家骅曾经回应过这种批评,他说:"战后日本成为经济大国后寻求文化大国地位,许多思想家支持津

---

① 津田左右吉的原话是这样的:"不存在儒教日本化了的事实,儒教这么说还是儒教,是中国思想,是文字上的知识,没有渗透到日本人的生活。因此,认为日本人与中国人由儒教而接受共通的教养创造共通的思想的想法,完全是愚昧的。"(见《中国思想与日本》,岩波书店,1938年,第162—163页。)

田，将中国及朝鲜对日本的影响矮小化。作为一个中国学者，有责任梳理儒家思想对日本文化的影响，还历史本来面目，我以为儒学到日本，发生一定变异是有可能的，但与中国总还是属于同一种属的。就象蒙古马到其他地方，变成矮脚马，但终究还是马而非驴。我想以实证材料证明儒学对日本的政治、法律、道德、宗教、文学、史学及当代日本社会的影响。否认这些影响，是非历史主义的。"① 中日学者对中日关系史研究中的许多问题，都还存在着各种不同的意见，这些不同意见的背后，既有方法论上的不同，也有立场上的差异。方法论的不同，是可以通过讨论来达成彼此的共识的；立场上的问题，往往难以相互融通，但是通过讨论至少可以加深彼此的理解。我们相信，王家骅的遗著《中日儒学：传统与现代》，无论是在方法上还是在立场上，对于我们今天理解中日思想文化关系，都还是很有借鉴意义的。

对这套丛书，日本学者还提出了许多很有意义的问题与意见，如对明治维新的"不彻底的资产阶级革命"性质的分析过于抽象和简略，对从攘夷到开国的具体历史过程研究有待深入（第45页），在孙文的对日观上需要警惕"个人崇拜的历史解释"及力戒将"孙文偶像化的倾向"（第49页），对日本法西斯主义的批判及其兴亡过程的叙述无论是从理论上还是从其内在发展的逻辑上都还有待加强研究（第50—51页），围绕东北问题如果将中日两国的侵略与抵抗运动放到国际形势的大背景下考察将更加全面（第53页），等等。如他们指出的那样，其中许多问题，在日本学界同样存在。而这些问题在今天看来，是否依然具有参考价值或启发意义，相信大家看过之后各有所感。

这套十三卷本的"东亚中的日本历史"丛书，虽然是以"日本历史"命名的，但是每一册如上所述或通史性地或断代地都贯穿了相应时期的中日关系或相关问题的比较研究，因此可以说"也反映了中国学者研究中日文化交流史的成果"②，同时也可以看出日本史研究与中日文化交流史

---

① 王家骅、钱茂伟、章益国：《儒学与中日东亚文化——王家骅教授访谈录》，《历史教学问题》2001年第4期，另见王家骅《中日儒学：传统与现代》，人民出版社2014年版，第325页。

② 王晓秋：《中日文化交流史的特点、分期和研究概况——中国学者所见之中日文化交流史》，王晓秋、大庭修主编：《中日文化交流史大系［1］历史卷》"序论一"，浙江人民出版社1996年版，第24页。

研究的紧密关系。而大张旗鼓地以"中日文化交流史"命名的标志性著作，则是90年代中后期由中国的浙江人民出版社和日本的大修馆书店出版的十卷本中日文版的"中日文化交流史大系"（日文版为"中日文化交流史丛书"）。这套书是由中日两国学者共同编辑、撰写而成，因此"文化交流"的意义与形式，可以说体现得更加充分。

这套"大系"的内容及宗旨，中方主编周一良在"序"中指出："本书宗旨——阐明文化交流自来是双向的、相互影响的。"而内容"涵盖面比较广，计十个方面：历史、法制、思想、宗教、民俗、文学、艺术、科技、典籍、人物，不愧大系之称。""由这十个门类可以看出中日两国文化交流时代之久，方面之广，相互影响之深，相互关系之密。世界上几乎任何两国之间都难以比拟。"① 关于这套书的学术意义，有人评价说"《大系》的问世，标志着具有中国特色的'日本学'正趋成熟，在中日文化交流史领域已能与国际学术界平等对话"。② 而其学术史意义，体现在每卷的序论中，从各卷序论对相关专题的交流与研究状况的概述中可以获得很多有益的学术史信息。"在《大系》的基础上，再搞一部简明扼要的单卷本通史"③ 的建议迟迟难以实现，可见在中日文化交流史领域"简明扼要的单卷本通史"的撰写难度之大。

这个时期，除了这两套丛书之外，各种专著当然也有不少。而影响较大的，近代方面有王晓秋的《近代中日文化交流史》（中华书局1992年版），古代方面有王金林的《汉唐文化与日本古代文化》（天津人民出版社1996年版）。其具体内容与其他著作，限于篇幅，就不在此展开论述了。

(三) 21世纪中日文化交流史研究的盛况

21世纪中日关系、中日文化交流史研究的盛况，可以从以下几个方面来梳理。

1. 通史性著作

2001年高等教育出版社出版了王勇的专著《日本文化——模仿与创

---

① 周一良：《〈中日文化交流史大系〉序》（1994年9月15日），《周一良集》第四卷《日本史与中外文化交流史》，辽宁教育出版社1998年版，第547、548页。
② 王平：《简评〈中日文化交流史大系〉》，《日本学刊》1998年第1期。
③ 同上。

新的轨迹》，该书虽然书名和章节都没有打上"中日文化交流"的标签，但是我想也可以作为一本中日文化交流史来阅读。其写作意图如"前言"所记："通篇以'模仿与创新'为主线，聚焦于生成日本文化之内外因素的交互作用。"① 那么，如何解释这"内外因素的交互作用"呢？他在"结束语"中作了精练的回答，即："从中国传来文明的种子，在日本的土壤中生根、发芽、开花、结果，与当地的花树草木和谐相处，烘托出蔚为壮观的文化景观"②。值得一提的是，王勇也是上述"中日文化交流史大系"工程的发起者之一。关于这一点，该丛书的策划张宪章在"中文版编后附志"中这样记述："首先应予记载的，是杭州大学王勇教授和日本国际日本文化研究中心中西进教授的倡议之功。1990年秋二位教授首倡是议，揭开了这一工程的帷幕。"③ 当时还不到40岁的王勇，之所以具有这种号召力，除了出于对"中日交流史"研究的热忱之外，学术事业的组织能力当然也得到了充分的证明。而他个人的学术事业也从研究"遣唐使"出发到提出"书籍之路"，再到2014年成为国家社科基金重大项目"东亚笔谈文献整理与研究"的首席专家，其"交流史"视野与深度不断拓展，其所在的浙江大学日本文化研究所和浙江工商大学日本文化研究所以及现在的东亚研究院，也一直是中国中日文化交流史研究的重镇。

"在《大系》的基础上，再搞一部简明扼要的单卷本通史"，这种愿望首先以高等学校教材的形式得以实现了，这便是2011年北京大学出版社出版的滕军主持编写的《中日文化交流史：考察与研究》。该书是滕军在北京大学担任"中日文化交流史"通选课13年的教学成果结晶。该书以人物交流为主线叙述中日文化交流从秦汉六朝、隋唐、晚唐五代北宋、南宋元代、明、清前期六个时期的发展脉络，其中附有对中日相关史迹的实地考察报告，这种以实际行动"续写新的中日文化交流史"的做法，不仅增加了现场感和可读性，而且可以为对中日文化交流史有兴趣的读者提供向导和知识的普及。而六篇综述，即中日文字、文学与书籍的交流、

---

① 王勇：《日本文化——模仿与创新的轨迹》"前言"，高等教育出版社2001年版，第1页。

② 同上书"结束语"，第396页。

③ 张宪章：《中文版编后附志》（该文附于中文版"大系"每一卷之后），王晓秋、大庭修主编《中日文化交流史大系［1］历史卷》，第381页。

艺术的交流、建筑的交流、科技的交流、民俗的交流，则主要是对上述"大系"的概括与提炼（中日建筑的交流综述主要参照了张十庆的《中日古代建筑大木技术的源流与变迁》，天津大学出版社2004年版），这样就可以以专题的形式为正文中以人物为线索所未能涵盖的交流史内容给予补充。阅读该书，读者既可以得到中日文化交流史的总体面貌，又能够领会以人物为中心的主要脉络，还可以感受到众多鲜活的史迹。应该说这是一本独具匠心、引人入胜的好教材。

具体领域的通史性著作，值得注意的有日本汉文学、汉学、中国学方面的研究成果。如陈福康的《日本汉文学史》上中下三卷，上海外语教育出版社2011年出版；李庆的《日本汉学史》共五部，第一部《起源和确立（1868—1918）》、第二部《成熟和迷途（1919—1945）》、第三部《转折和发展（1945—1971）》、第四部《新的繁盛（1972—1988）》、第五部《变迁和展望（1989—）》，2010年全帙五卷由上海人民出版社一并出版；严绍璗的《日本中国学史稿》，2009年作为阎纯德、吴志良主编的"列国汉学史书系"的一册由学苑出版社出版。其他如郭蕴静和周启乾的《中日经济关系史》（上下，昆仑出版社2012年版）、季羡林和汤一介主编的《中华佛教史》中杨曾文所著的《中国佛教东传日本史卷》（山西教育出版社2013年版）、冯立昇的《中日数学关系史》（山东教育出版社2009年版）、孙玉明的《日本红学史稿》（北京图书馆出版社2006年版）以及较早出版的王桂等编《中日教育关系史》（山东教育出版社1993年版）、刘起釪的《日本的尚书学与其文献》（商务印书馆1997年版）、秦永章的《日本涉藏史——近代日本与中国西藏》（中国藏学出版社2005年版），等等，这些著作在相关领域都有开创之功，值得关注。

如何在十三卷本"东亚中的日本历史"和十卷本的"中日文化交流史大系"以及大量先行研究的基础上，撰写一本超越木宫泰彦的《日中文化交流史》[①]的综合性的学术专著《中日文化交流史》来，仍然是中国学者尚需努力的目标。

2. 史料整理

史料整理研究，如上所述，汪向荣积数十年之功的著作《中日关系史资料汇编》和《中日关系史文献论考》在20世纪80年代出版，他校

[①] 木宫泰彦：《日中文化交流史》，胡锡年译，商务印书馆1980年版。

注的《唐大和上东征传》、《日本考》（与严大中校注）也收入"中外交通史籍丛刊"，由中华书局出版，其学术史意义可谓功莫大焉。

80年代以来，出版了不少影印的资料集。如1985年杭州古籍出版社精装影印出版《小方壶斋舆地丛抄》（全二十册），该丛书（清）王锡祺编，分初编、补编、再补编各十二帙。光绪三年（1877年）开始编辑，二十三年编刊完成。广辑清代地理著作1366种，亦收录关于日本、朝鲜、东南亚及英、俄等欧美各国的研究、介绍及见闻著作。日本方面的，有傅云龙的《日本疆域险要》《日本沿革》《日本河渠志》《日本山表说》《日本风俗》，黎庶昌的《游日光山记》《游盐原记》《访徐福墓记》，陈其光的《日本近事记》，王韬的《扶桑游记》《日本通中国考》《琉球问归日本辨》，王之春的《东游日记》《东游琐记》，等等。

日本学者实藤惠秀积毕生精力收集晚清民国时期中国人的日本研究著作，其中"东游日记"达二百余种，至今收藏在东京都立图书馆实藤文库。随着国内学者对"东游日记"学术价值认识的提高和研究的推进，"浙江大学日本文化研究所（原杭州大学日本文化研究所）自一九八九年成立起就将东游日记作为研究的主要课题之一"，王宝平主编的"晚清中国人日本考察记集成"影印出版了《教育考察记（上、下）》（吕顺长编著，杭州大学出版社1999年版）后，此"集成"改名为"晚清东游日记汇编"，后又影印出版了黄遵宪的《日本国志》（上海古籍出版社2001年版）、《日本政法考察记》（刘雨珍、孙雪梅编，上海古籍出版社2002年版）、傅云龙的《游历日本图经》（上海古籍出版社2003年版）、《中日诗文交流集》（王宝平编，上海古籍出版社2004年版）。此外，王宝平还编著有《日本典籍清人序跋集》（上海辞书出版社2010年版），张明杰主编的"近代日本人中国游记"丛书（中华书局2007—2008年出版），为这一领域的研究提供了系统的基础史料。

近年来，名人书简的整理颇有声色。如张小钢编注的《青木正儿家藏中国近代名人尺牍》（影印且活字标点，大象出版社2011年版）、李廷江编著的《近代中日关系源流：晚清中国名人致近卫笃麿书简》（影印且活字标点，社会科学文献出版社2011年版）、小川利康和止庵编的《周作人致松枝茂夫手札》（影印，广西师范大学出版社2013年版）等。这些书信原件的整理出版，对于深化近代中日关系、中日文化交流史的研究无疑具有重要的意义。如周作人1937年12月7日给松枝茂夫的信，其中说道：

> 六月中曾为国闻周报写一小文，说明了解"日本精神"之难，截至今日只能自白曰不懂，盖吾人平日所称为日本文化而加以赞叹解说者实在只是东亚共有文化之一色相，因此吾侪汉人亦觉得能了解，此种研究可以为治国故（中国学）者之助，却与了解日本民族完全无用，鄙人以前所知之百一即属此方面，近日知其无益，故不愿再以此自欺欺人也。鄙意欲知日本国民精神须从神道下手，此处不敢牵涉"祭政一致"等大道理，乃只是就"お祭り"为主的民间信仰说，鄙人直觉的感到日华两族最殊异者乃在宗教的情绪，如"神凭"这种事实在汉族今已几乎全无矣。但鄙人自信是出于儒家的人，对于宗教完全隔膜，"祭り"等事虽有兴味，实觉无入门研究之希望耳。数年前曾将文学店关门，今于卢沟桥事件之前又将日本研究店闭歇，可谓得时，此后谈东方文化者将如雨后之菌矣。以后作何事尚无计较，此一年乃在翻译，将希腊人自著神话翻译成汉文，本是多年宿望，于今得达亦是大好事也。妄谈希勿见笑，此上松枝先生座右。①

信中提到的《国闻周报》的"小文"即《日本管窥之四》。这封信对于我们理解周作人从"管窥"之后到前文提及的1940年底写的《日本之再认识》之间的思想情绪的关系就很有帮助，如日本文化中"东亚共有文化之一色相"对于"了解日本民族完全无用"的说法与他后来强调的应该于"同中求异"是一致的。另外如"鄙人自信是出于儒家的人"，"今于卢沟桥事件之前又将日本研究店闭歇，可谓得时"等自白，对于理解当时周作人的心绪都是很好的材料。近代以来中日文化交流史研究中许多细致的工作还有待深入，书信、日记、笔谈②等基础史料的挖掘整理，无疑对于推进这方面的研究大有裨益。

虽然我们在史料的整理方面已经做了不少工作，但是总体上看还是显得有些零散，还不系统。值得庆幸的是，我们的日本研究界还有一批有识

---

① 小川利康、止庵编：《周作人致松枝茂夫手札》，广西师范大学出版社2013年版，第32—35页。

② 如刘雨珍编校的《清代首届驻日公使馆员笔谈资料汇编》（上下），天津人民出版社2010年版。

之士具有强烈的原典意识，这里又不得不再次提到王勇，他在 2007 年 5 月 1 日写的《〈中日关系史料丛刊〉总序》中说：

> 纵观中国的日本学研究，从 20 世纪 70 年代步入正轨，虽然在局部出现领先世界的亮点，但整体水平尚未跻身国际前列。究其原因，学术空气浮躁，二手资料泛滥，很少有人潜心建构基础的工作。有鉴于此，我所创建以来，坚持每周一次的读书会活动，逐字逐句研读中日关系原始史料，毕十三年之功完成《中国正史日本传新注》（三卷）后，重心转向日本的汉文典籍，拟整理出一批涉及中日关系的重要文献，为日本学研究打下基础。
>
> 这套书收录的范围，既包括日本人撰录的典籍，如《日本书纪》、《续日本纪》、《唐大和上东征传》、《邻交征书》、《异称日本传》、《善邻国宝记》等；也涵盖中国人撰著的典籍，如《延历僧录》、《日本考略》、《吾妻镜补》等；同时考虑采择一些资料汇编，如《佚存东瀛的唐代诗文》、《日本典籍中的清人序跋》、《四库全书中的日本史料》等。当然，这些仅仅是笔者现在想到的，具体选择何种书目，规模扩大抑或缩小，则要因人而定、审时变通了。①

这套"中日关系史料丛刊"已经出版了一种，即《邻交征书》，但是自 2007 年之后，未见该丛书的第二种出版，虽然也知道有的选题已经另行出版，作为序文中提到的"读书会"的亲历者，也作为"原典意识"的共鸣者，衷心希望这套"丛刊"不要因为"审时变通"而打乱计划。

3. 文献学研究

严绍璗编著的《日藏汉籍善本书录》（全三册，中华书局 2007 年版），在其个人而言，积二十年之功而成此巨著，不仅可以成为他的"墓志铭"②，而且，在中日文化交流史的文献学研究领域中也的确具有里程

---

① 王勇：《〈中日关系史料丛刊〉总序》，[日]伊藤松辑，王宝平、郭万平等编：《邻交征书》，上海辞书出版社 2007 年版，第 2 页。

② 严绍璗在该书的"后记"中说："'我想让它成为我的墓志铭吧！'是的，二十年的生涯，不敢有多大的夸张，但好像进行在地狱的通道中，它凝聚着我的理念和劳作，多少有点'涅槃'的感觉。"《日藏汉籍善本书录》下册，第 2169 页。

碑的意义。我想，也许在今后很长一段时间内，这一领域的一项重要工作就是如何使其更加完善和丰富。可喜的事，这种完善的工作已经开始有人在切切实实、扎扎实实地做了。比如黄仕忠所著《日本所藏中国戏曲文献研究》（高等教育出版社2011年版）就专门有一节为"《日藏汉籍善本书录》散曲戏曲部分正误"。黄著对《书录》第三册中的"散曲之属"与"南北曲之属"（第2039—2061页）进行复核，发现不少问题。其结论是"只有大约百分之十五的条目，编著者曾经查阅过原书（存有两个以上版本时，有时还只查核了其中一个版本）"。认为其"存在问题的条目所占比例明显偏高"，并分析指出："目验原书比例过低，抄自不同的目录、书志，凭感觉予以单列或归并，没有再复核原藏者目录，没有用同类古籍善本书目加以印证，这些都是造成《书录》错误频见的原因"。①无论黄著所言是否属实，一部四百余万言的皇皇巨著，出现一些错误在所难免，也瑕不掩瑜，但是其提出的问题，作为一种方法和态度，不仅对于我们完善和丰富这个里程碑而言，就是对一般的文献学、书志学，进而一般的历史研究而言，也具有重要的指导意义。

对中日汉籍文献交流的专题研究，在90年代比较有影响的如王勇主编的《中日汉籍交流史论》（杭州大学出版社1992年版），到21世纪，这种分门别类的书志书目工作还有人在做，如苏桂亮、阿竹仙之助合编的《日本孙子书知见录》（齐鲁书社2009年版），刘毓庆、张小敏编著的《日本藏先秦两汉文献研究汉籍书目》（三晋出版社2012年版），胡宝华编著的《20世纪以来日本中国史学著作编年》（中华书局2012年版）等，这些著作是否经得起逐条目验原书的复核，也还有待检验吧。而1946年已经编成的《中国甲午以后流入日本之文物目录》这部珍贵文献，在2012年由上海的中西书局正式出版，其"非常重要的文献价值、学术价值和非同寻常的历史意义和现实意义"②，当然自不待言。

除了书志书目的研究编纂之外，综合性的文献学研究，也有值得关注的成果。如"日本《论语》古抄本综合研究"作为北京大学中国古文献研究中心的重大项目2009年在刘玉才教授的率领下成功立项，该项目

---

① 黄仕忠：《日本所藏中国戏曲文献研究》，高等教育出版社2011年版，第280页。
② 徐森玉主编，顾廷龙、谢辰生、吴静安、程天赋编：《中国甲午以后流入日本之文物目录》（卷一～卷三），中西书局2012年版，"出版说明"，第7—8页。

"致力于深入梳理日本《论语》古抄本的传承源流,探究其文本变迁状况,并与中国通行版本进行文本比勘,施以文献学综合研究"。为此影印出版了日本《论语集解》的三个典型抄本:"三十郎盛政传抄清家点本"、"青莲院本"和"林泰辅本",分别撰有解题并附有校勘成果。① 此外还集中翻译介绍了日本学者高桥智的研究成果②,并组织了专门的学术研讨会③。像文献学这么"奢侈的"学问能够在中日文化交流史研究领域不断推进,或许也是国力强盛、研究者开始能沉静下来的一个表现吧。

4. 各种比较研究与专题研究

近代中日文化交流史研究的代表人物王晓秋,2012年出版了一本《东亚历史比较研究》,该书的前言"历史比较研究的意义和方法"既有很强的针对性,又很有普遍的指导意义,值得一读。他说:"历史的比较研究并非随意把两个历史现象拿来就可以作比较研究。它必须要遵循可比性的原则,也就是一般应属于同类型或同层次的历史现象才可以作比较,比如同样是改革、革命、农民战争,或同样是政治家、思想家、军事家等,或者至少是比较的双方之间存在着某种联系或关系。因此在运用比较历史比较研究方法时,一般首先要确定可比性的主题,然后分别研究可比各方的特点、过程和根本属性,再比较其异同,从同中求异,异中求同,进而寻找历史现象之间的联系、本质和规律。""东亚各国的历史既有许多共同性,又有不少差异性,还有不少关联性,从中可以找到大量比较研究的课题,而且也是东亚各国文化学术发展以及政治、经济、外交、国际关系等方面现实的迫切需要。"④ 这些话,简明扼要,已经把道理讲得很通透。

中日比较的确有许多题材可以研究,实际上这方面的成果也很多。如前所述,六兴出版社的十三卷本,"比较"可以说几乎是每一卷中或明或暗的主题。此后在哲学、文化方面,如李威周编著的《中日哲学思想交

---

① 高桥智解题,吴武国、林嵩、沙志利校勘:《影印日本〈论语〉古抄本三种(三十郎盛政传抄清家点本〈论语集解〉、青莲院本〈论语集解〉、林泰辅旧藏本〈论语集解〉)》(全三册),北京大学出版社2013年版。

② 高桥智:《日本室町时代古抄本〈论语集解〉研究》,杨洋译,北京大学出版社2013年版。该书还影印大阪府立图书馆1931年编印的《论语善本书影》作为附录。

③ 刘玉才主编:《从抄本到刻本:中日〈论语〉文献研究》,北京大学出版社2013年版。

④ 王晓秋:《历史比较研究的意义和方法》,王晓秋:《东亚历史比较研究》"前言",北京大学出版社2012年版,第3页。

流与比较》（青岛海洋大学出版社 1991 年版）、李甦平的《圣人与武士——中日传统文化与现代化之比较》（中国人民大学出版社 1992 年版）、王中江的《严复与福泽谕吉——中日启蒙思想比较研究》（河南大学出版社 1991 年版），等等，到 21 世纪之后这方面的研究成果更多，如徐水生的《中国哲学与日本文化》（中华书局 2012 年版）、周见的《近代中日两国企业家比较研究：张謇与涩泽荣一》（中国社会科学出版社 2004 年版）、李卓的《中日家族制度比较研究》（人民出版社 2004 年版）、钱国红的《走近"西洋"和"东洋"——中日世界意识形成的比较研究》（商务印书馆 2009 年版）、张中秋的《中日法律文化交流比较研究——以唐与清末中日文化的输出与输入为视点》（法律出版社 2009 年版）、孟祥沛的《中日民法近代化比较研究——以近代民法典编纂为视野》（法律出版社 2006 年版）、刘晓峰的《东亚的时间——岁时文化的比较研究》（中华书局 2007 年版）、王小林的《汉和之间：王小林自选集》（上海人民出版社 2014 年版）、张永广的《近代日本基督教教育比较研究（1860—1950）》（上海社会科学院出版社 2012 年版），等等，不胜枚举。而比较研究要做到——既有宏观的文化视野，又有精细的心理分析；既有不露痕迹的理论提炼，又有亲历现场的鲜活体验；既有抽丝剥茧的历史叙述，又时刻关注当下的时代状况；——这很不容易，但是，王敏的《汉魂与和魂——中日文化比较》（世界知识出版社 2014 年版）就力图做到这些，该书是基于她从事中日文化交流的丰富的切身经验和敏锐观察，加上其生花妙笔，可以说是一本难得的雅俗共赏的佳作。

专题研究方面的成果涉及的领域之广、数量之多，更是令人眼花缭乱。就我比较熟悉的领域而言，如郑匡民的《梁启超启蒙思想的东学背景》（上海书店出版社 2003 年版）、《西学的中介——清末民初的中日文化交流》（四川人民出版社 2008 年版）、尚小明的《留日学生与清末新政》（江西教育出版社 2003 年版）、吕顺长的《清末中日教育文化交流之研究》（商务印书馆 2012 年版）、杨继开的《清末变法与日本——以宋恕政治思想为中心》（上海古籍出版社 2010 年版）、朱忆天的《康有为的改革思想与明治日本》（上海人民出版社 2011 年版）、张玉萍的《戴季陶与日本》（北京大学出版社 2014 年版）、赵京华的《周氏兄弟与日本》（人民文学出版社 2011 年版）、董炳月的《"国民作家"的立场：中日现代文学关系研究》（三联书店 2006 年版）、沈国威的《近代中日词汇交流研究

——汉字新词的创制、容受与共享》（中华书局 2010 年版）、郭连友的《吉田松阴与近代中国》（中国社会科学出版社 2007 年版）、王守华和王蓉的《神道与中日文化交流》（河北人民出版社 2010 年版），等等，都各有闪光之处。还有王维坤的《中日文化交流的考古学研究》（陕西人民出版社 2002 年版）、江静的《赴日宋僧无学祖元研究》（商务印书馆 2011 年版）、陈小法的《明代中日文化交流史研究》（商务印书馆 2011 年版）、朱莉丽的《行观中国——日本使节眼中的明代社会》（复旦大学出版社 2013 年版）以及前述汪向荣的相关著作，等等，近代以前中日文化交流史的研究与纯粹的日本古代史研究相比，要活跃得多。

中日之间的相互认识，最近成为学界比较关注的课题。日本的中国认识，比较有影响的如杨栋梁主编的六卷本《近代以来日本的中国观》（江苏人民出版社 2012 年版）。此外有吴光辉的《日本的中国形象》（人民出版社 2010 年版）及其前述《他者之眼与文化交涉——现代日本知识分子眼中的中国形象》、谭建川的《日本教科书中的中国形象研究》（北京大学出版社 2014 年版），反过来，中国人的日本认识，有汪向荣的《古代中国人的日本观》（上海古籍出版社 2006 年版）、彭雷霆的《近代中国人的日本认识（1871—1915）》（社会科学文献出版社 2013 年版）等。

三 中日文化交流史研究的前景与展望

研究文化交流史，现在有一个比较好的环境，2014 年 9 月 24 日，国家主席习近平在人民大会堂出席纪念孔子诞辰 2565 周年国际学术研讨会暨国际儒学联合会第五届会员大会开幕会并发表重要讲话，指出："人类已经有了几千年的文明史，任何一个国家、一个民族都是在承先启后、继往开来中走到今天的，世界是在人类各种文明交流交融中成为今天这个样子的。推进人类各种文明交流交融、互学互鉴，是让世界变得更加美丽、各国人民生活得更加美好的必由之路。"强调"正确对待不同国家和民族的文明，正确对待传统文化和现实文化，是我们必须把握好的一个重大课题"。[①] 与文化交流相关的研究课题在国家社科基金重大课题中的比例也

[①] 习近平：《在纪念孔子诞辰 2565 周年国际学术研讨会暨国际儒学联合会第五届会员大会开幕会上的讲话》（2014 年 9 月 24 日），《光明日报》2014 年 9 月 25 日第 2 版。

在增大，希望大课题能够真正出现大成果。

在中日文化交流史研究领域，近年涌现出了不少优秀的成果，其中有两件事尤其值得称道。第一，是2006年由中日两国领导人就启动中日两国学者之间的共同历史研究达成共识之后，双方组建了研究团队开始进行研究，就所确定的共同研究题目，交换意见、充分讨论、各自表述，到2010年1月公布了第一阶段的研究报告。这份"根据政府间协议共同进行历史研究的成果"于2014年由中国的社会科学文献出版社和日本的勉诚出版社出版，其意义如中方首席委员步平所言："关注中日关系发展的读者可以同通过双方学者的研究结果进行分析比较，更加深入到历史问题的深层，使得双方在历史认识问题上的相互理解得到提升。"[1] 相信这两卷研究报告（古代史卷和近代史卷）不仅对于促进今后中日相互理解具有建设性的意义，而且这一事件和文本也为交流史和比较研究提供了新的素材。

第二，朱舜水研究的集大成者、台湾大学教授徐兴庆在出版了资料集《新订朱舜水集补遗》（台湾大学出版中心2004年版）和专著《朱舜水与东亚文化传播的世界》（台湾大学出版中心2008年版）之后，又在日本德川博物馆（馆长德川真木）的大力协助下，组织大陆和台湾学者从2012年开始实施"水户德川家旧藏·儒学关系史料调查"计划，据报道称，在2013年9月5日晚于该馆举行的史料调查报告会上公布了所发现南明政权鲁王1653年给朱舜水的敕书[2]。作为此调查计划的成果，已经出版了两册《日本德川博物馆藏品录》，即第一册《朱舜水文献释解》（德川真木监修，徐兴庆主编，上海古籍出版社2013年版）和第二册《德川光圀文献释解》（德川真木监修，徐兴庆主编，上海古籍出版社2014年版），并且以徐兴庆和辻本雅史为责任编辑在2014年9月发行的《季刊日本思想史》第81号出版了题为《朱舜水与东亚文明：水户德川家的学问》的特集。这些资料与研究成果不仅对于推动中日文化交流史具有重要的意义，而且它本身就是海峡两岸和日本方面文化交流的宝贵见证和重大收获。写到这里，又想起民国时期梁盛志批评梁启超的《朱舜

---

[1] 步平、[日]北冈伸一主编：《中日共同历史研究报告（古代史卷）》"出版序言"（步平），社会科学文献出版社2014年版，第4页。

[2] 今井俊太郎：《南明政権魯王が1653年に送付朱舜水宛て勅書発見　徳川ミュージアム所藏史料報告会「一級品の文物」》，《茨城新聞》2013年9月7日。

水先生年谱》"详略失宜""择焉不精",且谱中对许多"注意舜水事实者所欲之问题","或语焉不详,或略未涉及",并分析其原因在于"作者于其著述之流传,未事考索,仅据最晚出之中国刊本,则亦未审也"。最后在文章的结尾感叹:"以著者之博雅,并久寓日本,而本篇之凭藉乃如是贫乏,亦可异也。"[1] 朱舜水,这一中日文化交流史研究领域中备受瞩目的人物,经过多少代人的努力之后,其新的全集与年谱的面世或指日可待了。由此,联想到这一领域中还有多少类似的大大小小的课题有待于我们去进一步努力挖掘呀。

实际上,我是不太赞成轻言交流或比较研究的。因为交流或比较涉及的对象就不止一方,尤其是两个不同的国家、文化之间,甚至东亚或更大范围的交流、比较研究,如果不将关系各方都搞清楚,所见就容易流于表面,比较也难以深入。尤其是翻开中日两国的历史,里面存在着太多似是而非,也存在着太多揪人心肺的片段和点滴,如果没有冷静的理性和足够的定力,甚至健康的心智和温厚的涵养,就擅议交流、比较,往往容易剑走偏锋,甚至误入歧途。因此,我认为,目前我国中日文化交流史研究最大的课题仍然是史料的整理和史实的挖掘与考辩的问题。史实清楚了,道理终究自然会明白。发掘未知史实的重要性自不待言,辩析许多常识中的史实性错误,尤为不易。最近在调查津田左右吉的论著与思想在民国时期的影响时,就发现岛山喜一的著作《渤海史考》翻译成中文(陈清泉译,1929年上海商务印书馆初版)之后,却以津田左右吉作为该书作者在中国学界流行竟一直无人察觉[2]。类似的情况或许还不少。澄清史实本身,当然不仅需要"与史料肉搏"的考据的硬功夫,也可见"著书者之心术"即研究者"史德"之高下。"秽史者所以自秽,谤史者所以自谤"[3],是否已自觉或不自觉地为某种外在目的或既成理论所动,不可不时时自省。至于当前我们的研究中有哪些具体的不足,要对此进行系统而深入的分析,或许需要有一个参照系——如中国台湾、日本,甚至西方学界的相应状况——来比照观察才更有说服力,这个工作在这里只能留作前景展望中的课

---

[1] 梁盛志:《梁任公著朱舜水年谱补正》,收入《汉学东渐丛考》,第115—125页;又见梁容若《中日文化交流史论》,第222—230页。
[2] 参见刘岳兵《中译本〈渤海史考〉的作者》,《读书》2015年第4期。
[3] 章学诚:《文史通义》卷三内篇三史德,见章学诚著,叶瑛校注《文史通义校注》(上),中华书局1985年版,第219页。

题了。

在展望前景的时候,我想到的首先还是沉潜下来,回到各自的原典、回到彼此的原典。请允许我抄录一段中日文化交流史研究的前辈学者周一良教授的告诫,来与大家共勉,并结束这次漫谈。他这样说:

> 有志于研究两个国家关系的历史或者文化交流的青年,我觉得应当具备一个先决条件,就是对两国之中的一方(当然能够对双方更好)的历史或文化具有比较深入的研究或素养。只是在有了这样一个基地或说据点的情况下,再来探讨这一国和另一国的历史关系,研究这一国和另一国之间的文化交流、相互影响,才能够比较具体深入,言之有物,才能探索出相互关系(政治、经济、文化等各个方面)中某些带有规律性的东西。(中略)如果不深入某一方,浮在两国具体历史之上来侈谈关系或文化交流,恐怕是不容易取得好成绩的。[①]

[①] 周一良:《中日文化的异与同》(1984年),见《中日文化关系史论》,第39页。

第四编

中国日本思想史研究典型个案分析

中国的日本思想史研究是否可以说已经形成了一种学术传统？其状况与问题如何？我想这是一个值得探讨的问题。这一研究领域奠基者的自述（如朱谦之的《七十自述》）及本领域代表性学者的研究综述（如卞崇道和王家骅的相关文章），固然可以为我们思考这一问题提供某些线索，要客观而准确地把握这一问题，还必须对这一研究领域的论著进行全面的梳理，并且将其与同时代中国社会及学术环境的发展状况联系起来考察。

中国日本思想史研究30年[*]

中国的日本思想史研究是否可以说已经形成了一种学术传统？其状况与问题如何？我想这是一个值得探讨的问题。这一研究领域奠基者的自述（如朱谦之的《七十自述》[①]）及本领域代表性学者的研究综述（如卞崇道和王家骅的相关文章[②]），固然可以为我们思考这一问题提供某些线索，要客观而准确地把握这一问题，还必须对这一研究领域的论著进行全面的梳理，并且将其与同时代中国社会及学术环境的发展状况联系起来考察。由于篇幅的限制，这里只能以点带面地谈谈我的粗浅看法。

如果将新中国成立之后的20世纪五六十年代视为中国日本思想史研究的奠基时代，那么最近30年来的研究，应该说就是在此基础上的继承和发展。具体而言，改革开放之后的八九十年代是承前启后的过渡时代，进入21世纪之后，该领域的研究有了新的发展和突破。如果以十年为界将最近三十年分为三个时段，在每一时段选择一本有代表性的日本思想史研究著作，王守华、卞崇道的《日本哲学史教程》（山东大学出版社1989年版）、王家骅的《儒家思想与日本的现代化》（浙江人民出版社1995年版）和韩东育的《日本近世新法家研究》（中华书局2003年版）三本书，我认为可以分别代表这三个十年的研究特色和成果。

因为中国日本思想史研究的开拓者、奠基者朱谦之和刘及辰两位先生

---

[*] 载《日本学刊》2011年第3期。

[①] 即《世界观的转变》（第二十四、二十五节有详细讲述），载《朱谦之文集》第一卷，福建教育出版社2002年版。

[②] 卞崇道：《日本哲学研究四十年》和《90年代中国的日本哲学研究刍议》（两篇文章均收入其《现代日本哲学与文化》，吉林人民出版社1996年版）；王家骅：《中国における日本思想史研究の現状と問題意識》（《中国－社会と文化》第7号，1992年6月）、《中国的中日思想交流史研究》（严绍璗、源了圆主编：《中日文化交流史大系［3］思想卷》"序论"，浙江人民出版社1996年版）。

都是哲学家，这直接影响到中国的日本思想史研究，在很长一段时间内都是以哲学思想为主要研究对象。王守华、卞崇道在1988年春写的《日本哲学史教程》"后记"中说道："我们的恩师北京大学教授朱谦之先生和中国社会科学院哲学研究所研究员刘及辰先生是我国研究日本哲学的老前辈，朱先生现已作古，刘先生今也迎来鹤寿之年。是他们像辛勤的园丁，教我们以做人，哺我们以知识。如果说我们今天能够作点工作，完全应该归功于他们。"[①] 从这段话里我们不仅可以体会到他们的师生情谊，也可以看到中国日本哲学思想史研究薪火相传的历史。该书在继承前人研究成果的基础上，对日本哲学思想的总体特征和在一些具体问题的论述上虽然有所创新，但是我们也可以看出在该书的许多论述及方法论上都留下了明显的时代烙印。比如研究日本哲学思想的目的是什么？应该如何研究？如何处理好学术研究与政治形势的关系？等等。研究日本的哲学思想，如果其主要目的并不在于将日本哲学思想这一研究对象本身作为"他者"来认识，也不注重通过"他者认识"来深入地认识自我，而只是强调要服务于某种意识形态化的理论，这样，研究日本哲学的目的本身就被"异化"了；这样，日本哲学史的发展规律搞得再清楚，也只能成为某种理论的注脚而不可能成为独立的学科。同时也不可否认，这部具有明显过渡时代色彩的著作在破除对马克思主义的简单化、片面化和公式化理解与运用方面，也具有十分重要的意义。30年来，王守华和卞崇道一直是中国的日本神道研究和日本近现代哲学思想研究的引领者。

20世纪90年代，王家骅（1941—2000年）以儒学为切入点的日本思想史研究是当时这一领域的代表性成果。他谈到自己研究的初衷时说："战后日本成为经济大国后寻求文化大国地位，许多思想家支持津田（即津田左右吉），将中国及朝鲜对日本的影响矮小化。作为一个中国学者，有责任梳理儒家思想对日本的影响，还历史本来面目。"[②] 因此出版了《中日儒学之比较》、《儒教思想与日本文化》以及《儒家思想与日本的现代化》等系列成果，旨在辨析日本儒学的特色，并以实证材料证明儒学对日本的政治、法律、道德、宗教、文学、史学及当代日本社会即日本现

---

① 王守华、卞崇道：《日本哲学史教程》，山东大学出版社1989年版，第524页。
② 钱茂伟、章益国：《儒学与中日东亚文化——王家骅教授访谈录》，《历史教学问题》2001年第4期。

代化的影响。我将其《儒家思想与日本的现代化》作为 90 年代的代表作，是出于以下三点考虑：第一，它代表了当时中国日本思想史研究者一种共有的问题意识，那就是要探讨日本现代化成功的原因，并希望通过自己的研究而为中国的现代化服务，这种"经世意识"在中国的日本研究中非常明显。第二，当时国内的中国传统文化研究呈现出新的气象，中国现代新儒学研究兴盛一时，思想界甚至出现了一种"文化保守主义思潮"。日本思想史研究者以自己的研究成果对国内思想界作出回应，《儒家思想与日本的现代化》是一个恰逢其时的代表作。第三，该书体现了作者的研究特色和方法论的自觉，是这个领域的标志性成果。简而言之，他提倡从经济、政治、社会组织、教育等层面，多层次地综合考察儒家思想与现代化的关系的观点；提倡哲学与历史相结合的思想史研究方法，即不仅要重视"从学理从价值坐标系统进行考察"的哲学的方法，作为历史工作者，他强调也该"从功能坐标系统进行考察"，即"不单单根据概念、范畴、推理而进行逻辑评价，而要把儒家思想看成一个不断发展的流，放于具体的历史情景中，进行个案考察"。这些提示与主张，不仅是他个人的研究心得，也具有普遍的指导意义。

如果说王守华、卞崇道的著作是继承和发展朱谦之等奠基者在日本哲学思想研究方面的代表性成果，那么王家骅的著作可以说是进一步拓展和深化朱谦之的日本儒学研究的代表。近十年来，日本思想史研究出现了新人辈出、研究成果精彩纷呈的可喜局面，而独列《日本近世新法家研究》作为代表，也是出于以下考虑：第一，为探讨日本现代化起源提供了一种新思路。这种新思路，一言以蔽之，就是强调江户时代的徂徕经世学派完成了日本近世史上"脱儒入法"的全过程，并形成了一个全新的思想流派，即"日本近世新法家"，韩东育认为，正是"经由'脱儒入法'而从原始法家学说中寻出的基本原理及从中蝉蜕而成的'新法家'理论，确已奠定了近世日本迈向近代日本的东方式思想基盤"。而"明治维新的一举成功，与'脱儒入法'运动的展开和'新法家'的出现，可谓关系重大"。由此他找到了被丸山真男"有意回避、无视甚至屈抑"的"法家学说在日本早期近代化中的重大意义"[①]。第二，将日本的思想史资源引入到对中国现代化走向的探讨中。韩东育从研究徂徕学出发，强调"法家

[①] 韩东育：《日本近世新法家研究》"散论一"，第 373、374 页。

的近代转换意义"和旗帜鲜明的"新法家"主张,在当代思想界甚至他很快就被视为与李泽厚、成中英具有同等地位的思想家①,被视为中国当代思想界与现代新儒家并称的"新法家"代表。其苦心塑造出来的"徂徕形象"及其竭力阐发的徂徕经世学派的思想,因为浸透了他强烈的现实关怀,其思想史的研究也自然抹上了一层具有当代意义,且反映其个性特色的浓厚的经世色彩。第三,以该书为发端,从其此后的系列研究成果中可以看出一种新的日本思想史研究范式正在形成。他后来的日本近世思想史研究中特别注意强调日本儒学者接受朱子学,其出发点并不仅仅是为了"祖述"或弘扬朱子学及其所代表的中国文化,而在很大程度上,是利用朱子学的哲学观为日本寻找"主体性"和"利用朱子学的历史观为日本寻找'正统性'"。②也就是说,日本儒者学习中国文化,是为了使日本完全从中国的影响下独立出来,使日本成为一个与中国完全对等的具有主体性的存在,以便从理论上彻底地完成了对中国的对象化、相对化。这种努力,借用韩东育的话,可以说正是日本儒者"'道统'的自立愿望"的表现,也是儒学日本化的一个重要标志。韩东育这方面的研究,突破了朱谦之、王家骅日本儒学研究偏重中国儒学对日本的影响的思维定势,力图从日本思想史的内在逻辑出发,揭示日本儒者"习儒"与"脱儒"的辩证关系,进而寻找"脱儒"与"脱亚"的内在联系,日本思想史研究的一种崭新范式可以说在这里已经初见端倪。③

用三本书来综述三十年的日本思想史研究,虽然挂一漏万,但也可窥见一斑。其中前二十年的情况,所列卞崇道与王家骅的研究综述已有详细介绍,不再赘言。近十年来的情况,寡闻所及,有如下几种值得注意的新气象④。第一,研究领域拓宽了,比如对日本近世的国学,不仅出版了本居宣长的研究专著,而且本居的著作也开始有了中译本;比如对日本文学(文艺)思想的研究,或者由文学的视角而进入日本思想史研究的成果非

---

① 宋洪兵:《解读当前儒学研究新动向》,《史学理论研究》2004年第2期。
② 韩东育:《从"脱儒"到"脱亚"——日本近世以来"去中心化"之思想过程》,台湾大学出版中心2009年版,第63页。
③ 参见王明兵、王悦《从"中国原点"到"东亚史学"——韩东育教授学术足迹考察》,《社会科学战线》2010年第11期。
④ 对于这些"新气象",本人在《中国的日本思想史研究30年综述》的结尾处有所展开。参见李薇主编《当代中国的日本研究(1981—2011)》,中国社会科学出版社2012年版,第473—474页。

常可观；在日本经济思想史、教育思想史、法制思想史、宗教思想史、中日思想交流史等领域都有研究成果。第二，一些著名的中国思想文化研究者开始涉足日本思想史研究领域，如葛兆光、陈来、汪晖等都发表了重要论著，可见日本思想史在中国思想界的影响在逐渐增强。同时他们的研究成果对日本思想史研究有何启发？如何在更大的视域中思考日本问题？这些都是值得我们思考的。第三，研究者的个性特色逐渐鲜明。比如有些研究者重视"经世意识"，有些则重视"原典意识"。两者如何很好地结合，以避免各失偏颇，这不仅需要研究者有方法论的自觉，更加需要扩大视野，提高自身的人文素养。而这些方面，中国日本学研究的奠基者能够给我们许多智慧和启迪。在这种意义上，我们的日本思想史研究还是应该接着朱谦之讲。

新世纪的神道研究及其他

——《日本的宗教与历史思想——以神道为中心》编者的话*

以"神道与日本文化"为书名的集子，国内已经有两本，一本放在"日本思想文化研究丛书"中①（以下简称"第一集"），一本放在"日本社会文化研究丛书"中②（以下简称"第二集"）。还有一本日文的《中国的神道研究》③（以下简称"第三集"）。这本《日本的宗教与历史思想——以神道为中心》可以算是第四本"以神道为中心"研究日本文化的集子，它的特点如其书名所示，侧重的是"日本的宗教与历史思想"方面。编这个集子的原委，及其与前面三本集子的关系，事关新时期中国的日本神道研究学术史发展历程，我觉得有必要，也有责任和义务对此进行一些必要的说明。

读研究生的时候我的专业是中国哲学，没有想到自己后来会专门从事日本研究；从事日本研究之后，很长一段时间也没有想到要研究日本神道。从不起眼的个人经验谈起虽然觉得惶恐，但是学术发展的历史，和一般的历史发展一样，不就是许多起眼不起眼的人物因缘际会交织而成吗？我对日本神道感兴趣是从 2001 年到浙江大学日本文化研究所工作以后开始的。到任后不久，王勇所长口谕，任命我为该所"日本哲学思想研究室主任"，这是我在大学里从事学术工作的第一个"官职"，虽然没有红

---

* 刘岳兵主编《日本的宗教与历史思想——以神道为中心》，天津人民出版社 2015 年版。
① 王宝平主编：《神道与日本文化》，北京图书馆出版社 2003 年版。
② 崔世广主编：《神道与日本文化》，中国社会科学出版社 2012 年版。
③ NPO 法人神道国際学会企画、王勇＋中国浙江工商大学日本文化研究所編集：『中国における神道研究——日本思想文化研究論文コンクール受賞作品より』（神道国際学会設立 15 周年記念出版），東京：有限会社国際文化工房発行，2009 年 10 月。

头文件的任命书,但我非常珍惜,甚至激动地写进了我第一本日本研究著作的"作者自述"中。当时该所与日本的神道国际学会合作,有两个主要的项目,即举办"日本思想文化讲座"和每年一次全国范围的"日本思想文化优秀论文评奖活动"。而为了这两项活动,神道国际学会理事长梅田善美先生(1933—2010年)和夫人梅田节子女士几乎每年都要来杭州两次,这两项活动的开展和梅田夫妇的接待工作,当然就是我这个"研究室主任"的责任了。关于国际神道学会及梅田善美先生在新时期中国的日本神道研究这个学术舞台上的重要作用,上述"第一集"和"第三集"中都有相关文字介绍[①],而这两本集子都是由上述优秀论文评选活动中获奖的有关神道研究的成果结集而成的。这些文章中,至少我在浙江大学工作的三年间(2001年8月至2004年8月)的那些获奖论文,其中每一篇从募集、初选、送审,到最后发奖,我都亲历过(其中一部分收入"第一集")。神道这时对我而言虽然只是一种"事务性的工作",但是通过这种工作,我除了获得了一些相关的基本知识之外,还直接接触到了日本的神道研究者、神道理解者、以神道为媒介的社会活动家,甚至以前连想都没有想到过的神社的宫司(相当于佛教寺院的住持)等神职人员,而且知道有些宫司同时也是大学的教授。当然最大的收获,是在与梅田夫妇的交流过程中我们建立的深厚友谊。特别是这位不吃鱼而爱吃肉、爱喝红酒、性情温厚、具有长者风范的梅田先生,说不清他是以一种什么魅力吸引了我,与他们在一起,我感到自然、没有什么隔阂,非常通透。

与梅田夫妇的深厚友谊,没有因为我工作的异动而中断,反而在我2004年调回南开大学之后得到了进一步的发展,并且在王勇教授的促成下,开出了新的花朵,这就是从2009年开始与神道国际学会合作在南开大学日本研究院开办"日本思想文化讲座"。5月19日举行了讲座的开讲仪式,明确了本讲座的宗旨在于加深对日本思想文化的理解,促进中日学术交流,从而深化中国学界对日本思想文化的研究,计划讲座的内容以"神道文化"为主,期待以此能够使听众对日本神道的思想文化背景与内涵有比较全面和客观的了解。天津社会科学院的王金林先生做了第一讲

---

① 此外,王宝平的追悼文章《中国の神道研究の立役者——梅田善美先生》(载日本思想文化研究会编《日本思想文化研究》第4卷第1号的"梅田善美先生纪念特集",浙江工商大学日本文化研究所所长王勇编,2011年1月)对此有具体的说明。

"神道在日本思想文化史上的地位",呼吁年轻的日本研究者重视日本神道研究。通过主持这一讲座,受到老一辈日本研究者的感化,我开始觉得应该将神道研究作为一项事业来做。

同年10月27日,梅田夫妇来南开大学日本研究院访问,并以"神道在日本人生活与宗教中的作用"为题,通过图片和影像资料,夫唱妇和,给我们带来了一场通俗易懂、深入浅出的精彩报告。报告会之后,李卓院长授予梅田善美先生"南开大学日本研究院顾问教授",授予梅田节子女士"南开大学日本研究院客座研究员"的称号。我以为这样的报告以后每一年都可以听到,当时我向梅田先生提出想在五年之后为本讲座出一本论文集的构想,得到了梅田夫妇的赞成。万万没有料到的是,与梅田先生的这次离别竟成永诀。2010年11月29日,最通透的这位日本朋友,梅田善美先生去世了。从梅田夫人那里传来这一噩耗,几乎令人难以置信。就在两个月前的9月19—20日,在梅田先生和王勇教授的推荐下,我第一次以研究者的身份参加神道国际学会举办的国际学术活动("神道国际学会第三回专攻研究论文发表国际大会")时,梅田夫人还乐观地告诉我们梅田先生的病情正在康复之中。梅田先生参与创设的南开日本思想文化讲座刚刚起步,我本人也因为受其启发与感化而刚刚萌发神道研究的专业兴趣,因为梅田先生的离世,我们的忘年之交的意义也超越了个人之间友谊范畴而具有了某种学术史的性质,正是这种超越使得个人的兴趣转变成了一种对学界的责任。对这种超越寄予最深切的同情与理解的,不是别人,正是梅田夫人。梅田夫人决定设立"南开大学梅田善美日本文化研究基金"(简称"南开大学善美基金")的义举就是最好的说明。2013年6月4日梅田节子夫人与南开大学签署的《南开大学梅田善美日本文化研究基金章程》中记载:

  日本友人梅田节子根据其丈夫、原国际世界语协会副会长、原神道国际学会理事长、已故梅田善美先生的遗愿,决定将其部分个人财产用于资助日本文化研究,设立了"梅田善美日本文化研究基金"。
  梅田夫妇(以下称捐资者)基于对南开大学日本研究院及该院刘岳兵教授的长年的信赖,以推进南开大学日本研究院的日本思想文化研究为目的,从"善美基金"中给南开大学日本研究院捐赠一千三百万日元。

南开大学理解捐资者的意愿，在校内设立"南开大学梅田善美日本文化研究基金"（以下称"南开大学善美基金"），设置管理委员会。

这本《日本的宗教与历史思想——以神道为中心》，就是在"南开大学善美基金"的资助下得以出版的。

这本文集中的作者，大多是上述2009年讲座开设五年来的报告者，这里所刊载的论文，有些是在当时的报告基础上修改扩充而成，有些是应编者请求，报告者所提交的与神道有关的学术论文。其中郑显文、江静两位先生的论文选自"第三集"《中国的日本神道研究》，这里的中文版是两位先生亲自提供的。我与张大柘先生虽然至今尚未有谋面之缘，但是很早就有联系。记得是在2005年，某辑刊委托我组织一个"东亚宗教"方面专栏的稿子，我知道张先生是日本神道研究的专家，便辗转通过电话找到张先生，这篇稿子就是那时候得到的，后来该文收入其大作《宗教体制与日本的近现代化》（宗教文化出版社2006年版）中。现征得张先生同意，收入本集，留作纪念。神道国际学会原会长薗田稔教授的论文曾收入上述"第二集"的《神道与日本文化》，因为作者在本讲座的报告内容基本相同，征得作者和译者同意，再次收入本集。本人的论文是上述"神道国际学会第三回专攻研究论文发表国际大会"文章的母版，初次在此领域亮相，再放在这里，敝帚自珍吧。其扩展版也收到上述的"第二集"中了。

十八篇论文，经过整理编辑，依次分为"特稿"（1篇）和如下三个栏目："神道与日本思想文化综论"（4篇）、"神道的历史原典与基本概念论"（7篇）、"神道思想文化史论"（6篇）。其中，中国学者（包括在日本任职的）论文11篇，占60%强。在本讲座或本集编辑过程中，中国学者或其论文的选择，我们有比较大的主动性或计划性，能否反映或代表中国学界的日本神道研究水平，请读者评定。目前中国的神道研究，从研究方法同时也是学科分野来看，大而言之可分为两种类型，一种是侧重从哲学思想方面进行研究，王守华先生是其代表。有论者在总结新时期以来中国的日本神道研究的特征时，将"神道哲学思想研究是贯穿始终的主线"放在第一位。[1] 这样的总结自有其道理，本集有幸约得王守华先生的

---

[1] 牛建科：《中国的日本神道研究30年综述》，李薇主编：《当代中国的日本研究（1981—2011）》，中国社会科学出版社2012年版，第383页。

大作《我的日本神道研究之心路》，作为"特稿"置于卷首，其珍贵的学术史意义自不待言。此外，我觉得还有一种类型也值得重视，那就是侧重从历史学的角度进行的研究，王金林先生是其代表。当然这两个侧重面是不可截然分开的，一些从事日本思想史研究的学者希望综合两者之长，尚处在艰难的范式转换的途中。但无论如何转换，基本的史料、原典解读都是研究的出发点，只有走好这坚实的第一步，包括神道在内的中国的日本研究才能开出新生面。来自日本的学者中，有一部分是国际神道学会派遣的，当然也有我们自主邀请的。不管是哪种方式，希望在这里所有的论文能够相互补充、相得益彰，融合成为一个整体。当然这只是编者的愿望，做得如何，只能由读者评定。为了便于读者理解，还编入了吉川弘文馆《国史大辞典》中的两个相关词条："天皇"（家永三郎）和"神社"（薗田稔）。译者对相关词条内容做了详细的注释。

以上主要是对书名《日本的宗教与历史思想——以神道为中心》中的副标题"以神道为中心"的说明，这是本书的主体部分。

这本集子还有一个配角，即"小特集：史学史与日本思想文化"，也希望能够引起读者的注意。编辑的初衷是有感于中国日本史研究界对日本史学史（尤其是日本古代史学史）研究基础的相当薄弱。这种薄弱，与我们日本史研究的整体水平也不无关系。应该看到，在介绍、翻译日本史学史的著作方面，北京大学历史系的日本史学研究者功不可没[1]，如沈仁安、林铁森翻译的坂本太郎的著作《日本的修史与史学》（北京大学出版社 1991 年版）、王新生等翻译的永原庆二的著作《20 世纪日本历史学》（北京大学出版社 2014 年版）。近年来，一些研究生也开始以日本史学史作为研究对象来选择自己的研究方向，这是可喜的信息。在百年之前，内藤湖南就在京都大学开设了"中国史学史"的课[2]。据说中国一些大学近年来不仅日本史专业开设了"日本史学史"的课，而且有的学校在中国史学科也开设了涉及"日本史学史"内容的课程。一百年的距离虽然遥远，但毕竟我们也已经起步了。这个"小特集"里收录的两篇文章都是

---

[1] 早在 1964 年商务印书馆作为"内部读物"已经出版了北京编译社翻译的《日本史学史》（[日]历史学研究会·日本史研究会编"日本历史讲座"第八卷，东京大学出版会，1958 年）。

[2] 内藤乾吉在《内藤湖南〈中国史学史〉例言》中说："著者在大学曾经前后三次讲授'中国史学史'。从京都大学现在尚存的授课题目来看，第一次讲授是在大正三年至四年（1914—1915）"。内藤湖南：《中国史学史》，马彪译，上海古籍出版社 2008 年版。

中国史学研究者论中国史学对日本的影响，一篇是中国学者的最新成果，一篇是80年前日本学者的旧作。对照之下，不知读者有何感想。实际上，这个小特集之所以收录这些稿子，完全是出于编辑的方便。

2008年南开大学历史学院中国史学史专业的乔治忠教授带领孙卫国教授和我申报教育部人文社会科学重点研究基地项目"中国、日本及朝、韩史学发展比较研究"（项目批准号：08JJD770097），成功立项。我被委任收集和整理日本史学史相关资料，这对我而言完全是一个陌生的领域。之所以阅读和学习《神皇正统记》、翻译中山久四郎的论文也有这样一个背景。乔老师还要求完成一篇至少五万字的"日本史学史概论"性质的文字，要高水平地完成这项工作，即便给三五年的时间能静下心来专门从事，也未必能做得好。编者之所以不揣浅陋，将什么都算不上的部分读书笔记拿出来刊登，只是想告诉读者：哦，还有人在关心这一领域。如果能为这方面的专家树一个值得批评的靶子以打破长期的寂寞，能为摸索中的独行者提供一点继续前进的正能量，或者能够为正在苦于选题的青年学子提供一种参照甚或能够引起某种兴趣的话，那还有什么顾忌的呢？或者我们在不久的将来可以出一本以日本史学史唱主角的特集，那么今天的配角中哪怕有一个小丑，又有什么关系呢？宋成有教授痛感"日本史研究最急切的任务之一，是尽快推出史学理论和研究方法论的研究著作"，感叹"由中国学者撰述的中国日本史研究的史学理论和方法论的学术著作，至今依旧是千呼万唤不出面"。并紧接着指出："在今后较长的时期内，这个课题依然会既是一个寂寞的学术空白点，也是一个富矿深藏的创新点。"① 这是一个在日本史这块园地耕耘了几十年的值得尊敬的长者的深情告白，决不可当耳旁风等闲视之。中国日本史研究目前面临两大瓶颈，即史料的瓶颈和理论的瓶颈。两者不能分治，必须兼攻。原典意识的强化和方法论的自觉，只有打成一片，才能别开生面。宋先生这里强调的是后者，而如何去开采这个"富矿"，我想史学史或许是一条捷径。理论或方法本来就是历史地形成的，还原的过程也是启新的过程。人为地剥离，则两败俱伤。不光是日本人自己怎么研究日本的历史，中国人研究日本史的历史、西方人研究日本史的历史，都是探讨日本史研究理论创新或方法论

---

① 宋成有：《中国的日本史研究理论与研究方法演进30年综述》，李薇主编：《当代中国的日本研究（1981—2011）》，中国社会科学出版社2012年版，第500页。

自觉的抓手。

　　最后，还有一点需要说明。这实际上是自己给自己下套，我想了很久，还是决定这样做。大家肯定也已经注意到了，这个集子还有一个名字，叫《日本思想文化史研究　初集》。既然叫"初集"，当然就期待着有"续集"。我在给"南开大学善美基金"管理委员会成员的信中这样说过：在目前的体制下，论文集虽然什么业绩也谈不上，但是从学术发展的长远眼光看，只要编得好（包括选题与文章质量等），相信自有其意义在。而且，从回报捐资者的角度而言，在纸质的正式出版物显著位置有所标示，也是一种最有效且乐于接受的方式。这种眼下业绩上的"无用功"，我觉得可以不定期、但有计划地做。这一想法得到了大家的赞同或默许。要"编得好"，谈何容易呀！既然想"不定期、但有计划地做"，当然也希望这个"续集"不要拖得太久。

同情及其界限

——重读王家骅的《儒家思想与日本文化》*

王家骅的《儒家思想与日本文化》出版之后，便有许多评论文章见诸海内外报刊，在日本思想史学界，引起了较大的反响。最近又喜闻该书荣获国家教委人文社会科学研究优秀成果二等奖，无疑是再一次对它的肯定。此著问世已五年有余（其间王家骅又有新著《儒家思想与日本的现代化》[①]出版），近日重读，仍然颇受启发，掩卷之余，脑海中无意中跳出"同情及其界限"这个题目。

王家骅（1941—2000 年）

---

* 收入徐静波、胡令远主编《东亚文明的共振与环流》，上海社会科学院出版社1996年版。刊出时署名"惠琴"，而工作单位和职称不知何故印成了"华东师范大学历史系教授"。

① 王家骅：《儒家思想与日本的现代化》，浙江人民出版社1995年版。

记得历史学家陈寅恪先生曾强调,读书人应该对前人之著书立说"其持论所以不得不如是之苦的孤诣表一种同情,始能批评其说之是非得失,而无隔阂肤廓之论"。当代哲学家方克立先生在谈到以一种什么心态来研究现代新儒学时,讲了三句话,即"同情地了解,客观地评价,批判地超越",可以说这也是对思想史研究的三种境界或层次的精辟概括。而"同情"是基础,不能同情地了解就很难达到后面两个层次。可见"同情"是每一个严谨的学者都应具备的一种基本素质。

我国目前对日本思想（包括日本儒学）和文化的研究,可以说基本上还是处于"同情地了解"的阶段。在《儒家思想与日本文化》出版之前,国内这方面的研究尚不多见。此著在揭示日本儒学的特点与兴衰历程,及其对日本文化的广泛而深刻的影响等方面都作出了前所未有的贡献。全书分上下两篇,上篇:儒学在日本的兴衰;下篇:儒家思想对日本文化的影响。有人认为,作者在此前两年即1988年于东京六兴出版社出版的《日中儒学的比较》,是该书上篇的日文版,这种看法只注意到两者的相似处,而忽略了作者思想的发展与深化,是很不精确的。

在《儒家思想与日本文化》中,作者通过详细分析儒学与佛教传入日本的不同命运与日本人精神生活的历程,为我们提供了一把了解日本思想与文化的重要钥匙,即在该书第二章阐明的日本人的"多维价值观模式"。他特别提醒"应看到日本人或日本文化的这种多维价值观模式在日本古代即已出现端倪"[①]。他接着解释这种多维价值观模式的特点是:"不是只用一个价值标准来衡量所有的信仰与价值观,而是用多方向的价值标准来衡量。在日本人看来这些异质的信仰和价值观在说明世界时都是有效的,只不过有效用的范围不同。""日本人并不拘泥于不同信仰和价值观在理论上的差异,而更为注意这些信仰和价值观的功用。'有用即有价值'这种非理论的实用主义正是日本人多维价值观模式的来源。"（第42页）进而把"有用性"作为日本民族多维价值观的核心,认为"以'有用性'作为文化价值判断与取舍的基准,这一民族文化特性的形成,与日本文化自身的发展史有着不可分割的联系"（第161—162页）。这种联系我们可以通过作者对日本神道这一原生形态的民族宗教同儒、佛等其他

[①] 王家骅:《儒家思想与日本文化》,浙江人民出版社1990年版,第42页。本文以下引用该书时仅标页码。

宗教与思想的关系的论述得到印证。

　　作者认为日本神道的理论化过程，是与佛、儒等外来文化在日本的影响的强弱消长息息相关的。他形象地比喻说："日本人就像不断追求时髦的少女，哪种外来宗教或思想在日本流行且影响强烈，他们就给神道'木偶'披上哪种理论时装。"（第336页）因而，神道的理论化过程不是思想积累的过程，而是一个浅薄的不断变换色彩的过程，要在不同阶段的神道理论中寻找一贯性的思想，实在是十分艰难而又成效甚微的事（第336—337页）。对于神道这种日本民族宗教的剖析，我们可以充分地理解日本文化的特点，那就是"文化对日本民族来说，始终只是手段，而未像中国那样成为需要维护其纯洁性的目的。日本民族正是以'有用性'为准则不断摄取与利用多元的外来文化，从而形成其民族文化的"（第162页）。这是作者深入日本文化内部，自家体会得来的真髓。作为了解日本文化的一种视角，无疑是十分宝贵的。

　　值得注意的是，作者在该书第四章"儒家的全盛和日本化（江户时代）"的结尾，分析中日两国同样面临西方近代文化的挑战和民族危机时，认为日本儒学家之所以能"主动地从异质文化中吸取滋养，对传统社会的经济、政治、文化结构进行自我更新与转化。而且他们适应西方挑战提出合理对策的速度要比中国快得多"（第161页），其原因即在于以"有用性"为核心的"日本民族的多维价值观似乎发生了重大作用"。与之相反，"同时代的许多中国士大夫却不是以'有用性'作为价值判断基准"。作者对中国士大夫不识时务，未能"正视""中国传统文化已逐渐失去效用的现实"（第162—163页）而像日本儒学家那样充分认识到"有用性"的价值，感到扼腕痛惜。这，仿佛就是该书通过比较中日儒学发展，探索中国现代化步履维艰，滞缓落后的思想根源时得出的结论。这一结论对于我们同情地了解中日现代化的不同命运与进程，也是很有启发意义的。

　　这里我们且不去细数中国儒家思想中"经世致用"的传统，也不急于评价笼统地以"有用性"作为价值判断的基准是否能够成为指导中国现代化道路的精神原则，不妨再看看作者在本书中对儒家研究所持的基本的方法论原则。

　　在本书的自序中，作者明确指出："对儒家进行反思，自然应归结于优劣价值判断。"而价值判断优劣的标准是什么呢？他认为"价值判断的准确与否完全取决于是否尽可能全面地了解了活生生极其丰富的历史真相"。纵观全书,作者对日本儒学兴衰史的活生生且极其丰富的历史真相的同情了解,其目的都是要对其在不同时期所表现的特点进行功能地评价。功能地评价就是进行优劣价值判断,其标准就是考察其"有用性"。这种方法明显地与他所阐释的日本的多维价值观模式那种"非理论的实用主义"有某种契合之处。

如果说这种方法在他的《日中儒学的比较》中还是不自觉的、隐在的话,那么在本书的运用则更加明确与娴熟。比如对镰仓·室町时代成为禅宗附庸的儒学的论述,便认为"禅僧们兼习与传布宋学怀有明显的功利主义目的,而禅僧们的这种功利主义态度必然限制他们对宋学的理解与研究"(第60页)。上杉氏和北条氏等武将之所以扶植、保护足利学校,也不能仅仅归因于他们喜好文事,更重要在于足利学校培养的学生符合他们的需要。(第72页)再如作者认为:日本儒学得以独立和朱子学受到尊崇,不仅是藤原惺窝和林罗山等儒者个人思辨努力的结果,也不独是江户幕府的将军德川家康等人的好学(如某些日本学者所说),实际上主要是因为日本社会历史发展的需要,尤其是幕藩统治者的需要。(第88页)"这是因为朱子学以富于思辨性的理论形态,论证了现世封建秩序的合理性"(第90页)。再如日本的阳明学,作者认为"其思想渊源虽是中国的王阳明思想,而且在本体论和认识论上也无超出王阳明思想的新创造,但由于日本阳明学所处的社会历史条件不同",因而"更多地表现了否定现存制度规范性和重视社会行动的倾向,在社会变革中发挥了有益的社会功能"(第127页)。同样以此方法分析古学派的思想,得出了"所谓的日本传统思想与文化是具有两重性的,它既缓滞了传统社会向近代社会变革的步伐,又内驱地成长出近代思想要素,不断地适应与引导已经开始的社会变革。简单地将传统文化与近代化对立起来观点,认为传统文化只会阻碍近代化进程的观点,都是片面的认识"(第142页)的结论。这些结论和论述,从历史的横断面看,都是颇有说服力的。

除了对于这种方法的娴熟运用之外,书中在对一些具体问题的分析上也更加深刻了。比如在对日本朱子学分化迅速以及分化后较多学者转化为唯物主义的原因进行考察时,就不仅仅停留在有些日本学者提出的这是由于日本人利用文化接受国的地位而实现了所谓的"思想上的节约",而是进一步提出"这与中日两国有无科举制度和儒学者的社会职业不同或许有关",还更深入地从日本民族文化心理方面探究原因(第 110—112 页)。再如对日本儒学的总体特征的把握,也是深入地从对理、知、诚、忠、孝、经、权等基本范畴的对比分析中得出自己的观点。总而言之,上篇较之前著更为成熟,即使单独出版,也不失其理论意义与存在价值。何况还有下篇。

对于此书的成就已毋须赘言。此时掩卷长思,不禁对作者呕心沥血在浩如烟海的史籍中吹沙捡金,从而探寻出一条日本儒学与文化发展的清晰脉络的探索精神深为感佩。不过,对作者以日本思想文化固有的特点为原则来评价日本的思想文化甚至以此作为比较研究的方法的思路,若仔细推敲起来,也感到仿佛还有进一步改进与更新的必要。我们对研究对象"同情地了解"所获得的结论,当然应该成为我们思想评价的基础。因为只有"入乎其内",才能窥其堂奥。但是,如果把同情地了解所获得的结论作为评价和批判的标准,即只能入乎其内而不能出乎其外,也是比较危险的。对于理论思维并不十分发达的日本来说,这一点显得尤为紧要。

王家骅的认识也在发展。我们欣喜地看到,他在新著《儒家思想与日本的现代化》中已经注意到这一点。他已不再把反思儒学简单地"归结于优劣价值判断",而认为应该具体地分析儒家的某一价值或观念,在什么时代、在何种情况下,具有怎样的性质和功能。这无疑是一种前进,或称之为对自我的突破;也是对同情的界限的突破。

对于理论工作者而言,同情不是无限的,它有自己的界限。这又使我想到了改革开放以来,理论界曾流行的所谓"人伦危机和由此带来的困惑是现代化过程的必然产物",在现代化初期"道德滑坡"在所难免等种种论调。我们走有中国特色的现代化道路,当务之急必然寻求对经济发展与人的发展由于资本本身的局限所呈现的二元对立的解决办法,对社会进步与道德衰落的代价做具体的分析,而不能不负责任地把所有疑惑都推给一个抽象的"历史必然性"。这种姑息与纵容正是缺乏同情心,缺乏责任感的表现。奥地利作家茨威格,早在《同情的罪》中就特别强调同情是一把两面有刃的刀,这不能不引起我们的警觉。

在对日本的思想与文化有了比较充分的了解之后,我们跳出日本来研究日本,怎么样?

未名庐学记：
卞崇道及其日本哲学思想研究管窥[*]

未名庐是卞崇道先生（1942—2012年）在写序跋时常用的书斋名。其名称由来虽不得而知，然卞先生为学之执着，有诗为证："废寝忘食三十年，凝思伏案著新篇；红烛殆尽未封笔，书稿欲将带入天。"此诗作于2009年5月26日，即发现直肠癌后将要进行手术的前一天[①]。其精神真可以称得上是鞠躬尽瘁，死而后已！手术之后健康稍有恢复，就又一如既往地投入到教学、参加读书会、出席国际学术会议、撰写论文、出版新书等学术活动中，致使顽疾复发，在最后的著作《日本的思想与近代哲学》出版后两个月，即2012年12月31日，永远离开了我们。"活到老，学到老，至老方恨学识薄；学到老，做到老，老时反倒更忙了；要做的事情千千万，人间世事何时了？——人了事亦了。"其

---

[*] 载《日本问题研究》2013年第3期"纪念卞崇道先生专栏"。"编者按"曰：
中国社会科学院哲学所研究员、原中华日本哲学会会长卞崇道先生于2012年12月31日逝世，享年70岁。卞先生的逝世，是中国日本学研究的重大损失，也是本刊的重大损失。在本刊转型发展的重要时期，卞先生不顾病痛折磨，积极为本刊的发展出谋划策，不仅亲自组织专栏，而且将自己的得意之作惠赐本刊发表，大大提高了本刊的影响力。为了铭记卞先生对中国日本学研究和本刊所作的贡献，我们与南开大学日本研究院刘岳兵教授商议，特刊出此纪念专栏。本栏收录4篇文章，即刘岳兵教授的《未名庐学记：卞崇道及其日本哲学思想研究管窥》、王会社长的《卞崇道与〈日本问题研究〉的学术因缘》、吴光辉教授的《卞崇道与京都学派哲学研究》、陈化北主任的《卞崇道与日本哲学思想读书会》，其内容或综合性论述卞先生在日本哲学思想研究领域的地位和贡献，或专题性论述卞先生在日本哲学某一方面的研究业绩，或历史地记述卞先生在组织民间学术沙龙、领导民间学术交流的事迹。作者都与卞先生有长期的亲密交往并曾得到卞先生的提携与鼓励，他们或活跃在日本哲学思想研究的最前沿，或担任着国家国际文化交流的重任，相信这一组文章将会有利于学界了解卞先生其人其学。如文中所言，我们纪念卞先生，"就是要学习他永不停息的探索精神；认清他在学术史上的地位、缅怀他的引领之功，就是要继承他的遗志，有效地推进中国日本哲学思想研究向更高水平迈进。"

① 卞崇道：《东亚哲学与教育》，中国社会科学出版社2009年版，第346页。

晚年这种时不我待的紧迫感，透支了他的元气，耗尽了他的心血。卞先生背负着中国日本哲学思想研究一个时代的探索与迷茫、光荣与梦想离开了我们，在当代中国日本哲学思想研究的学术发展进程中留下了浓墨重彩的一笔。他的存在对中国日本哲学思想研究领域的意义，将会随着时间的流逝而日益显明。

2010年12月16日卞崇道教授（右）在南开大学日本研究院讲演

卞先生常常称自己只不过是中国日本哲学思想研究领域"过渡时代的人物"。他为了传递好自己手中的"接力棒"，不仅兢兢业业地在教书育人、学术交流、学会组织等方面做好承前启后的工作，而且"其与时俱进的旺盛的理论创造力使他的学术生命青春永葆，在新世纪又成为新生代日本哲学思想史研究队伍的一员，继续引领和推动着中国日本哲学思想史研究的发展"。[①] 我们纪念卞先生这位中国日本哲学思想研究领域中"过渡时代的领军人物"，就是要学习他永不停息的探索精神；认清他在学术史上的地位、缅怀他的引领之功，就是要继承他的遗志，有效地推进中国日本哲学思想研究向更高水平迈进。

---

① 刘岳兵：《中国的日本思想史研究30年综述——以方法论为中心的考察》，李薇主编《当代中国日本研究（1981—2011）》，中国社会科学出版社2012年版，第462页。

一 新的历史时期日本哲学思想史学科基础的坚定夯实者

相对于中国日本研究的其他学科,新中国成立之后的日本哲学思想研究者是幸运的。在日本史学界从总体上而言还在引进日本和苏联研究成果的时候,朱谦之先生的《日本的朱子学》(三联书店1958年版)、《日本的古学与阳明学》(上海人民出版社1962年版)和《日本哲学史》(三联书店1964年版),及其主持编译的《东方哲学史资料选集 日本哲学》的"古代之部"和"德川时代之部"(分别于1962年12月、1963年2月由商务印书馆出版),还有刘及辰先生的《西田哲学研究》(商务印书馆1963年版)、《京都学派哲学》(光明日报出版社1993年版),这些著作从基本的理论框架和基础史料方面为我国的日本哲学思想史学科奠定了基础。① 那些无视和不尊重新中国日本学研究起步阶段的这些基础性工作意义的言论,不论是出于对相关学术史内在逻辑的一知半解与似懂非懂的所谓"了解"有意为之,或是纯然缺乏起码的学术涵养的肆意妄言,都是不负责任的轻佻之举。

1989年出版了由朱谦之和刘及辰的弟子王守华、卞崇道合著的《日本哲学史教程》(山东大学出版社,以下简称《教程》),这本新时期中国日本哲学思想研究的"起步之作",虽然不能说"完全归功于"两位奠基者,但是其基本框架和整体思路,可以说基本上是对上述著作的沿袭和综合。因为上述著作流播不广,《教程》的确具有应急和补缺之功。当然,我们也不能忽视《教程》的贡献。其贡献至少有两点:第一,明确地将神道哲学思想写入了日本哲学史。这也成为王守华先生此后主要的学术研究领域。第二,对明治以来一直到战后的日本哲学思想发展的轨迹进行了重新整理,大幅度地增补了战后"日本现代哲学"的内容。这一部分成为卞崇道先生此后主要的学术研究领域。《教程》以明治维新(1868年)和第二次世界大战结束(1945年)为界,将日本哲学思想明确划分为古代、近代和现代三个阶段,该书也由这三编构成,分别描述了日本封建意识形态的维护、解体的过程,近代的启蒙思想及唯物主义与唯心主义的斗

---

① 参见刘岳兵《朱谦之的日本哲学思想研究》,《日本学刊》2012年第1期。

争，日本独创哲学"西田哲学"的特点，马克思主义哲学的传播与发展以及战后种种非马克思主义哲学思潮等。《教程》作者接过奠基者的接力棒，进一步夯实了中国日本哲学思想研究的学科基础和研究范式。即便在今天，我们的研究工作在很大程度上仍然受惠于这一基础。卞崇道先生作为新的历史时期这一基础的夯实者，也回答了新时代对日本哲学思想研究者提出的问题，并且为了适应新时代的需要，提倡应该运用新的研究方法。

在改革开放之前，人们所学习到的马克思主义，都认为哲学史就是唯物主义与唯心主义斗争的历史，与之相适应，强调"日本哲学史是日本的唯物主义哲学的胚胎、发生、发展的历史，是以唯物主义思潮为主，不应该强调'宗教的及道学的性质之优越'为其主要特征"。[①] 这种思维定式也可想而知。到改革开放之后的新时期，为了适应加强现代化建设的社会形势的需要，从不同的侧面探讨日本现代化的成功经验成为许多中国日本学研究者的一个自觉使命。比如王守华致力于探讨神道思想的现代意义，王家骅则着力研究儒家思想与日本现代化的关系，而卞崇道1987年6月在《文化·中国与世界》创刊号上发表了《日本现代化与日本哲学》一文，试图从日本近现代哲学发展过程探讨其与日本现代化的关系，并总结出哲学现代化的两条道路，即"一是积极吸取外来文化，以丰富自身的思想，提高自身的思维能力；二是努力使自身的传统思想现代化"。同时，结合中国的实际，指出"我们今天面临的哲学现代化的任务，也就是在现时代如何实现马克思主义哲学自身现代化的问题"。[②] 而卞崇道这方面的思考集中体现在他的《日本哲学与现代化》中。在该书中探讨了"日本现代化模式的文化特质"，认为日本"创造了一种由东西文化融合而形成的具有日本民族文化特色的综合型现代化模式"。"近百年来日本文化所建设的是一条由西洋主义到东洋主义、到东西文化融合的道路。即在通过全盘西化与日本主义的论争之后，认识到必须兼取东西文化之长，进而融为一体，才能建构出适合于现代日本社会的民族文化。对此具有自觉意识并进行积极探索的，是一批兼具东西文化知识的有卓识的思想

---

① 朱谦之：《日本哲学史》，人民出版社2002年版，第466页。
② 卞崇道：《现代日本哲学与文化》（该书第六章为"日本现代化与日本哲学"），吉林人民出版社1996年版，第204页。

家。"① 而重新演绎、追寻这些思想家的探索之旅，正是该书主要研究的内容。其研究的目的，当然不只是为研究日本而研究日本，其关注的终点在亚洲、在世界。他强调在将来的发展中，无论是世界上哪个国家，"都必须把世界看作一个有机整体，并在这一整体关系中确立自身的恰当位置"，这样才能实现自身乃至整个世界的和平、协调发展；强调"新世纪的亚洲现代化必须以承认并尊重他者为思想原理，努力创造全球人类共生的新秩序"。②

正是因为卞崇道先生关注的是"现代日本思想文化发展的经验具有超越日本的普遍意义"，而这种普遍意义他认为就在于"东西文化的融合，将是亚洲国家文化现代化建设的一条必经的共同道路"。③ 这种将日本、亚洲和世界紧密联系起来的思考自然是出自一个人文学者的现实关切，这种现实关切，可以说是卞先生那一代学人的共同特征，也是卞先生本人的一贯坚持。在这种深切的关怀与广阔的视野下，卞先生提出了一种研究日本哲学思想的新方法。即"树立他者意识，站在他者立场，客观地认识、研究日本思想文化"，主张"超越中日两国的域界，从东亚视域乃至全球视域来认识日本或中国的思想文化，则是构建 21 世纪东亚哲学的前提。我想，只要东亚哲学家拓宽视野，共同努力，就能够为建设和谐东亚、和谐世界提供坚实的哲学基础"。④ 比如对西田哲学的研究，卞先生就主张"把西田哲学置于'世界'这一场域中，通过与西方哲学（或与东方哲学内部）展开对话来揭示西田哲学的现代意义"⑤。在思考日本的哲学传统时，卞先生特别检出西田几多郎对"哲学"的理解，即："哲学只要具有了我们生命的逻辑性的自觉的意义，那么它就必然是民族的。英国存在了英国的哲学，德国存在了德国的哲学，法国也必然存在了法国的哲学。"对此卞先生解释说："基于这一理解，中国有中国哲学，日本则有日本哲学。之所以存在了各自的哲学，是因为西田主张，哲学并不是单纯的逻辑性的操作或者单纯的文献研究，而是'生命的逻辑性的自觉'。西田认为，所谓'生命'，具体而言，就是指通过'语言'来感知、

---

① 卞崇道：《日本哲学与现代化》，沈阳出版社 2003 年版，第 27 页。
② 同上书，第 35—36、332 页。
③ 卞崇道：《融合与共生——东亚视域中的日本哲学》，人民出版社 2008 年版，第 165 页。
④ 同上书，"前言"，第 3—4 页。
⑤ 卞崇道：《西田哲学研究的当代意义》，《日本问题研究》2010 年第 2 期。

思考、表现事物的我们所有的生存活动。自觉地实现这样的人的活动、人的存在方式，对它加以概念性的把握，这也就是哲学。"基于对"哲学"的这种理解，他强调："重新认识日本人的人生观、世界观的历史传统，并从哲学基础上对之进行客观地认真地探求是我们当代进行日本研究的崭新课题。"① 这可以视为卞先生对中国日本哲学思想研究者留下的学术遗言。

"他者意识""东亚视域""现实关切""历史传统"，不只是作为一种理念，而且贯彻到卞先生的研究工作和人生践履之中。研究日本，仅仅知道日本是无法认清日本的，不具备认识"他者"的知识基础，没有对东亚历史传统的相关事实的具体了解，"他者意识""东亚视域"也难以落到实处。卞先生对中国哲学"合法性"讨论的关注，对中国思想史研究中"思想考古"研究方法的期许②，甚至最后还埋头于中国哲学思想研究，并发表了关于荀子礼乐思想的论文③，卞先生的这种动向，当然是出于对自己坚信的理念的实践，同时，对于新世纪成长中的日本哲学思想研究者，在一定意义上我认为也具有示范的意义。

二 高层次中日哲学思想研究学术交流事业的杰出组织者

为了加强中国日本哲学思想研究者与日本同行的交流，开阔我们的视野，提高我们的研究水平，卞崇道先生作为这个领域中国方面的领军人物，在中日哲学思想研究学术交流事业上投入了极大的热情、倾注了极大的心血。卞先生的朋友，除了熟悉其"研究者"的一面之外，亦莫不为其干练的办事能力和杰出的组织能力折服。卞先生之所以热衷于学术交流，是因为他是把交流活动本身视为研究工作的一部分来做的。

首先，他对学术交流有着明确的理性认识，强调有效的交流需要建立一种"相互主体性关系"。对于通过交流而达到异质文化相互理解的问

---

① 卞崇道、林美茂：《对谈：日本哲学的成立、意义与展望》，《日本问题研究》2012 年第 1 期。
② 卞崇道：《东亚哲学与教育》，中国社会科学出版社 2009 年版，第 315、320 页。
③ 卞崇道：《试论荀子礼乐思想的当代意义》，《浙江树人大学学报》第 12 卷第 3 期（2013 年 5 月）。

题,他认为:"既然是异质文化,相互间必然有摩擦与矛盾。接触与对话则是解决摩擦与矛盾的手段。接触就是交往亦即交流。"接着他将对异质文化的认识问题上升到哲学的高度来把握,指出:"对于异文化的认识与理解同科学理性主义中的认识与理解不完全相同,因为在文化中包含有创造该文化的主体性的感情,而移入感情的意义极容易被误解。因此,在这里就需要建立一种相互主体性的关系,即进行表达的主体同进行意义理解的主体之相互主体性的关系。换言之,为了理解异文化中象征性表达的意义,我们有必要深入了解物化了该意义的具体性的东西,如制度、语言、劳动生产物、文物等,以至有可能的话,在基本方面参与对该意义形成过程的了解。这样,我们才能通过对对方文化的准确把握,达到正确理解对方的目的。这里的相互主体性关系也就是作为今人的我们如何能与先人在思想、心灵上达到交流、对话的问题。"① 这里所探讨的"相互主体性关系"问题,不只是一个认识论的问题,也是一个广义的存在论的问题,可以从解释学、现象学等方面来阐发。这不是本文的任务,也不是三言两语能够讲得清楚的。但是有一点是可以肯定的,即卞先生从事交流事业,在事务方面虽然也耗费了其大量的精力,而这种精力作为其生命的一部分,从存在论意义上说,无疑也已经融入他理解日本文化的"相互主体性关系"之中。

实际上,在1999年9月的一次中日国际学术会议上,卞先生对中日哲学交流对话的历史与意义就进行了系统的思考和梳理,发表了论文《面向21世纪的中日哲学对话》②。我曾经在分析《日本哲学史教程》的"过渡时期特征"时,引用该书"绪论"中有关研究目的的论述后这样评价:"研究日本的哲学思想,其主要目的并不在于将日本哲学思想这一研究对象本身作为'他者'来认识,也不在于通过'他者认识'来深入地认识自我,而是为了服务于意识形态本身。这样,研究日本哲学的目的本身就被'异化'了。"③ 这篇《面向21世纪的中日哲学对话》发表在

---

① 卞崇道:《东亚哲学与教育》,中国社会科学出版社2009年版,第321—322页。
② 此文首先发表在《日本研究》2000年第1期,收入崔新京主编的《面向21世纪的中国东北与日本国际学术研讨会论文集》(辽宁大学出版社2000年版)。后来作为附录收录在卞崇道所著《融合与共生——东亚视域中的日本哲学》(人民出版社2008年版)一书中,收录该书时对最初发表的论文略有修改和删节。
③ 刘岳兵:《中国的日本思想史研究30年综述——以方法论为中心的考察》,李薇主编《当代中国日本研究(1981—2011)》,中国社会科学出版社2012年版,第449页。

《教程》出版十年之后，十年之后，卞先生对研究日本哲学思想的目的有了明确的新的认识。在这里，他非常自信地表示："不言而喻，中国的日本哲学研究目的很明确。从一般层面上说，我们研究日本哲学，是要从深层次上认识、理解日本（包括日本人），从而为中日两国人民的相互沟通搭起文化桥梁。从理论层面上说，我们研究日本哲学，是要汲取日本哲学研究中的优秀成果，作为重构中国现代哲学的思想资源。"[①] 就是说交流对话的目的，就是要进行自身的哲学创造，就在于"中日学者携手共建现代东方哲学"。而当务之急是首先要通过交流与对话，"把中国哲学和日本哲学纳入共生的中日文化关系整体之中考虑"，从而"建立共生的中日哲学关系"。[②] 所谓"共生的中日哲学关系"，卞先生特别指出有如下要点：其一，以承认异质的中国文化与日本文化的存在为前提；其二，中日哲学具有对等性与互补性；其三，通过对话即交流，达到相互理解；其四，共生与融合。并对共生与融合作了简明扼要的解释，即："融合不是两种文化的凑合、混合，它是指某一主体文化在与异文化接触与碰撞中，以自身为基础，既扬弃它文化又扬弃自身，并在此一过程中把它文化中的长处吸纳并融于自身之中。共生则主要指异文化间的关系亦即存在状态，它并非意味着消灭现存的民族文化而创造第三种文化。恰恰相反，它在承认文化冲突的同时，提倡多元文化的存在和文化的多元发展。"[③] 而共生与融合这种观念与理想，可以说也正是卞先生关于文化对话与哲学思想的集中体现。

一般的研究者都或多或少、或自觉或不自觉地会进行一些学术交流活动。交流活动的乐趣大多也不过是以文会友而已，或许较少有人对对话交流本身进行如此认真的哲学解读。这正是卞先生能够成为高层次中日哲学思想研究学术交流事业的杰出组织者的根本原因。

当然，能够组织高层次的中日哲学思想研究学术交流，这当然与他在中国日本哲学思想研究领域的指导性地位是分不开的，同时也得益于他与许多日本学界优秀的哲学家或哲学研究者保持了良好的交流关系或深厚的友谊，如竹内良知、铃木正、船山信一、中村雄二郎、藤田正胜、高坂史

[①] 卞崇道：《融合与共生——东亚视域中的日本哲学》，人民出版社2008年版，第320页。
[②] 同上书，第323、325页。
[③] 卞崇道：《面向21世纪的中日哲学对话》，《日本研究》2000年第1期。

朗,等等。中国的日本哲学思想研究者中恐怕很少有人没有得益于卞先生所组织的中日哲学交流活动,相信每个人都会有各自不同的经历值得细细回味。

三 胸怀全局并及时总结学科发展、关心青年一代成长的循循善诱的引领者

卞先生作为新时期以来日本哲学思想研究的引领者,其引领的方式在我看来至少有两点最令人感动。第一,是能够在关键的时候及时地以综述的形式总结学科的发展状况,研究存在的问题,提出发展的方向。第二,是对青年一代循循善诱的鼓励和鞭策。

卞先生是我所知道的发表日本哲学思想研究学科发展综述文章最多的学者之一。按照发表的时间顺序,主要有:

《日本哲学研究四十年》,北京日本学研究中心编:《中国日本学年鉴1949—1990》,科学技术文献出版社1991年版。

《90年代中国的日本哲学研究刍议》,《日本学刊》1992年第5期(以上两篇均收入其《现代日本哲学与文化》,吉林人民出版社1996年版)。

《现代中国的日本哲学研究》,2001年9月参加中日共同研究"东亚近代哲学的意义"国际学术研讨会时于9月26日在"日本哲学史论坛"公开讲演会上作的讲演。收入卞崇道、藤田正胜、高坂史朗主编的《中日共同研究 东亚近代哲学的意义》,沈阳出版社2002年版。

《中国における日本思想史の研究》,收入其论文集《日本の思想と近代哲学》,学苑出版社2012年版。

《中国的日本哲学研究30年综述》,李薇主编《当代中国的日本研究(1981—2011)》(中国哲学社会科学学科发展报告),中国社会科学出版社2012年版。

这些文章,虽然难免有重复之处,但是,其学术史意义不容忽视。我曾经在回顾中国日本思想史研究探讨"方法多元化的自觉"时,大段地

引用了上述《90年代中国的日本哲学研究刍议》一文中的相关段落[①]，就不再重复了。这里我们想听听在卞先生逝世前一个月刊出的最后一篇综述《中国的日本哲学研究30年综述》中对学界存在的问题所敲响的警钟。话题正好可以接着上述"方法多元化的自觉"讲，他说，进入21世纪后我们的研究方法虽然"显示多元性、多样化的特点"，紧接着话锋一转，郑重地指出："但是，我们也不得不遗憾地说，中国学者迄今还没有确立具有自身特色的研究日本哲学思想史的方法论。"继而，他指出了我们的研究中存在的如下两个重要问题：

> 首先，我们的"主体意识"尚不够突出。这也是我们为什么要研究日本哲学思想史的问题。过去，我们从哲学的层次上研究"日本现代化"和"日本文化的特质"，自觉性、目的性较强，但就日本哲学自身问题的深入研究尤其是在如今趋向于"东亚"或"全球化"等更为宏大的理念之际，我们却未能通过史料的发掘与整理，建构起日本哲学的基础理论，与日本乃至世界哲学界开展平等的对话。其次，"对话立场"的问题。我们的研究者颇受"和而不同"的趋同意识的影响，在头20年的研究中，大多是站在了"趋同"的立场去建构一个中国思想的"延长线"，江户时代的儒学研究大多如此；后来，我们开始注重"不同"即同中求异，寻求日本自身的思想特质。但总体看批判意识还是比较薄弱，尤其是欠缺立足自身根本立场的批判意识。所谓"对话立场"的问题，也就是需要我们带着一种怀疑的目光，把日本哲学置于东西哲学这一大的场域中，以"知识"的坐标轴的建构为目标去展开对话，深入对话。在这一点上，我们尚需努力。[②]

这里所提出的研究者的"主体意识"和"批判意识"的问题，不仅是日本哲学思想研究领域的问题，也可以说是整个日本学研究领域，乃至整个人文学科都存在的普遍性问题。可贵的是他不是泛泛而谈，而

---

① 刘岳兵：《中国的日本思想史研究30年综述——以方法论为中心的考察》，李薇主编《当代中国日本研究（1981—2011）》，中国社会科学出版社2012年版，第451页。
② 卞崇道：《中国的日本哲学研究30年综述》，李薇主编《当代中国日本研究（1981—2011）》（中国哲学社会科学学科发展报告），中国社会科学出版社2012年版，第370—371页。

是很有针对性。这对于深化日本哲学思想研究,无疑具有重大的指导性意义。

我们再来看一个个案——他对中国学界西田哲学研究的评价问题。

关于卞先生与西田哲学的关系及其对西田哲学的看法,2009年12月4日,他为藤田正胜的《西田几多郎的现代思想》中译本写序,其中有一段一目了然的独白,他说:"我在研究日本近现代哲学的三十余年中,始终把以西田哲学为母胎的京都学派哲学作为重点,向上追溯到德川时代末期至明治初期西方哲学的引进而开启了日本的哲学研究和哲学创造活动,向下延伸到战后直至当下的日本哲学。在梳理和研究近现代日本哲学思想史的过程中,我深切地感受到西田几多郎哲学思索的深度,体悟到西田哲学是日本哲学的真正代表的含义。"[①] 后来他在这篇序文的基础上,写成《西田哲学研究的当代意义》一文,发表在《日本问题研究》2010年第2期上,这是他对西田哲学所达到的最终认识和体悟。如该文所言"日本有哲学,其代表非西田哲学莫属",或者"欲知日本哲学,须从西田哲学始",甚至在论述西田哲学的现代意义时强调:"西田几多郎与其同时代的西方现代哲学大家们怀有共同的现代哲学的问题意识,并且从与西方文化异质的东亚文化的视角思考与回答同样的问题,在某些问题上做出了比西方同行更为杰出的贡献"[②],等等。

卞崇道先生对西田哲学的认识也经历了一个变化、发展的过程。择其要者而论,大致经过了如下几个阶段:

第一,"不能真正把握和理解"其"真谛"。[③]

第二,沿袭刘及辰先生对西田哲学的理解。[④]

[①] 卞崇道:《〈西田几多郎的现代思想〉序》,藤田正胜:《西田几多郎的现代思想》,吴光辉译,河北人民出版社2011年版,第1页。

[②] 卞崇道:《西田哲学研究的当代意义》,《日本问题研究》2010年第2期。

[③] 卞崇道:《〈西田几多郎的现代思想〉序》,藤田正胜:《西田几多郎的现代思想》,吴光辉译,河北人民出版社2011年版,第1页。

[④] 《日本哲学史教程》(1989年)中有关西田哲学的论述。卞崇道在《日本哲学研究四十年》中也明言:"作为一本'教程',该书博采中外学者的研究成果,特别继承了先辈学者朱谦之和刘及辰的研究成果(如《教程》第九章是根据刘及辰的《西田哲学》一书编写,第十章第一、三节,第十一章第三节是根据《京都学派哲学》一书编写),这是勿庸讳言的。"(卞崇道:《现代日本哲学与文化》,吉林人民出版社1996年版,第215页。)

第三，对刘及辰先生的西田哲学论全面肯定。①

第四，从方法论上对刘及辰先生的西田哲学论提出补充和批评。②

第五，对西田哲学的现代意义和世界意义的认识不断加深。③

卞崇道先生对西田哲学认识的变化，同他对三木清的哲学思想的认识深化④一样，可以说也是国内哲学界风云变化的一个缩影。无论是整体的学科走向还是某个具体哲学家的研究，他都站在时代的前列，成为指示着日本哲学思想研究发展方向的风向标，是本学科名副其实的引领者。

青年一代的日本哲学思想研究者中，只要与卞先生有过交往，恐怕很少有人没有得到卞先生的提携、鼓励和鞭策。同样，相信每个人都会有各自不同的经历值得细细回味。

卞先生离开了我们，他的名字镌刻在中国日本研究史和中日文化交流史上、镌刻在年轻一代学人的心中，他化作了一颗星星，继续激励和引导我们前行。

---

① 卞崇道在《日本哲学研究四十年》中评价刘及辰的《西田哲学》时说："这部书规模不大，却极具学术价值。"（卞崇道：《现代日本哲学与文化》，吉林人民出版社1996年版，第219页。）

② 如2009年8月卞崇道在评述台湾学者吴汝钧的相关研究时指出："综观半个多世纪中国人的日本哲学研究，有关京都学派哲学的研究著作，大陆只有《西田哲学》（刘及辰著，1964年）、《京都学派哲学》（刘及辰著，1995年）。由于受到大陆马克思主义意识形态的影响，此两本著书只止于梳理京都学派部分哲学家的思想，并按照马克思主义的观点进行批判，把整个京都学派哲学定性为资产阶级哲学。其他一些论文也都带有浓厚的意识形态色彩，而缺乏深入的学术分析。"（卞崇道：《吴汝钧先生的学术人生》，《东亚哲学与教育》，中国社会科学出版社2009年版，第308页。）

③ 卞崇道在《日本哲学与现代化》（沈阳出版社2003年版）中提出西田哲学的现代意义，但是分析简略，将西田与西方哲学家比较时也只是说道："西田以自己的方式，与胡塞尔、海德格尔一样，力图超越主客对立的认识论模式。"（该书第206页）到2010年的《西田哲学研究的当代意义》一文，如正文中所述，强调西田"在某些问题上做出了比西方同行更为杰出的贡献"。

④ 参见刘岳兵《中国的日本思想史研究30年综述——以方法论为中心的考察》，李薇主编《当代中国日本研究（1981—2011）》，中国社会科学出版社2012年版，第452—454页。

"日本马克思主义"：
民国时期中国学界回望*

21世纪十年来，"日本马克思主义"再次引起学界关注，从南京大学张一兵教授主持的"广松哲学系列"翻译到清华大学韩立新教授主持的"日本马克思主义译丛"，他们表示其共同的目的，就是想向中国学术界，主要是向国外马克思主义学界推荐一个新的学术前沿领域。虽然他们对这一领域的命名不一样，或曰"日本马克思主义"，或曰"日本新马克思主义"，但都是指20世纪60年代日本出现的以广松涉、望月清司和平田清明等人为代表的一个新的马克思主义研究群体，张一兵主张用"日本新马克思主义"这一称呼，是为了突出自觉地把自己区别于"苏联东欧马克思主义"以及日本正统马克思主义"教义体系"即日共马克思主义学者的学说的重大意义。① 而韩立新明确主张"日本马克思主义"作为一个独立的马克思主义流派，诞生于20世纪60年代，并总结出日本马克思主义的三个特点：即重视文献考证和原始文本解读的"学术性"、横跨多种学科领域的"综合性"以及丰富和敏锐的"时代感觉"，呼吁"尽快在我国确立起一个日本马克思主义范畴"。② 由此，学界也开始关注："日本马克思主义"能否在我国的马克思主义研究中像"西方马克思主义"那样，构成一个独立的学术范畴？

日本马克思主义在21世纪中国学界引起关注，这与中国学界在新的

---

* 载《读书》2012年1月号。发表时有删节。本文根据2011年5月7日在华中师范大学召开的"东亚文化交涉学会"第三届年会上本人的报告《民国时期中国的日本思想研究——以马克思主义为例》修改而成。

① 张一兵、韩立新：《是"日本马克思主义"还是"日本新马克思主义"？——关于日本马克思主义的学术定位的对话》，《中国社会科学报》2010年3月25日、4月6日。

② 韩立新：《"日本马克思主义"：一个新的学术范畴》，"日本马克思主义译丛"总序，北京师范大学出版社2009年版。

历史时期认识到马克思主义研究需要深化、需要从原始文献出发加强学术性研究等动向是紧密联系的。实际上，中国的马克思主义在形成时期，很大程度上就受到了日本马克思主义的影响。日本马克思主义在中国并不是一个新名词，上述对 20 世纪 60 年代出现的日本马克思主义的特点的总结，事实上也适应于此前半个世纪就出现的日本马克思主义，比如对原典的重视，日本的马克思主义者从 1927 年到 1935 年由改造社翻译出版了 27 卷本《马克思恩格斯全集》。由于二战之前马克思主义在日本作为一种"反抗的哲学"而受到帝国主义的打压，所谓"日共马克思主义"常常处于分化状态，很难说什么是日本正统马克思主义"教义体系"，到二战结束之后才"作为一种理论和意识形态"在日本取得合法的地位。回顾一下民国时期中国学界所受日本马克思主义的影响及其对它的批评，不仅有助于我们理解中国马克思主义的形成，而且对于认清民国时期中国学界对同时代日本思想研究的状况也不无裨益。

1926 年 6 月 6 日《觉悟》(《民国日报》副刊) 上发表汉俊《研究马克思学说的必要及其我们现在入手的方法》一文，其中提到 (书名后的数字为引者所加)：

> 在我们中国，现在关于马克思学说的书很少，我们将所有的照易难的次序分别列出来罢：
> 关于全豹的：
> 一、近世经济思想史论 (河上肇著、李培天译) [1]
> 二、共产党宣言 (马格斯、安格尔斯合著，陈望道译) [2]
> 关于唯物史观的：
> 一、唯物史观解说 (郭泰著、李达译、中华书局发行) [3]
> 二、经济史观 (塞利格曼著、陈石孚译) [4]
> 三、社会主义与进化论 (高畠素之著、夏丏尊、李继桢合译，新时代丛书社) [5]
> 四、达尔文主义与马克思主义 (新时代丛书社) [6]
> 关于阶级斗争的：
> 一、阶级斗争 (柯祖基著、恽代英译、新青年社发行) [7]
> 关于经济学说的：
> 一、马克思资本论 (马尔西著、李汉俊译) [8]

二、工钱劳动与资本（马克斯著、袁让译）〔9〕

三、马克斯经济学说（柯祖基著、陈溥贤译）〔10〕，此外还有高畠素之著李达译的社会问题总览〔11〕，和生田长江、本间久雄合著周佛海译的社会问题概观〔12〕里面，也有关于马克思学说的部分叙述，也可以作我们研究的参考。

上面提到12种书籍，其中〔1〕〔5〕〔11〕〔12〕四种的作者是日本人，占了三分之一。再仔细调查，其中〔8〕是上海新文化社1920年出版的，转译自日本人远藤无水翻译的《通俗马格斯资本论》（东京：文泉堂1919年出版），〔10〕是上海商务印书馆1922年出版的，乃转译自高畠素之的日译本《马克思资本论解说》（东京：大镫阁1920年版）。〔2〕〔3〕是参照堺利彦的日译本翻译的。该文作者李汉俊（1890—1927年）是中国共产党的创始人之一、中共一大的代表，1921年7月23日，中国共产党第一次代表大会就是在上海法租界李汉俊的家里召开的。他曾经留学日本，毕业于东京帝国大学，在日本接受了马克思主义，是早期中国马克思主义理论家的重要代表。由于与陈独秀、张国焘在一些问题上的意见分歧，他后来虽然脱离了中国共产党，但是如上文标题所示，仍然坚持主张研究马克思学说的必要。由上文可见，在20世纪20年代，日本马克思主义的理论著作对中国的马克思主义的形成起到了极大的作用。

中国共产党早期革命活动家施复亮（1899—1970年），对介绍日本马克思主义著作也有重要贡献。他1920年6月在上海参加起草党纲，参与筹建中国共产党，并成为中国共产党最早的党员之一。不久，施复亮留学日本，担任东京共产主义小组负责人。1922年他也加入了国民党。国民革命失败后，1927年8月，施复亮宣布退出中国共产党。之后他作为民主人士从事教育与文化工作，抗战胜利后，积极参与"民主建国会"的筹建。他翻译了高畠素之的《马克斯学说概要》（1922年）、《资本论大纲》（1930年），河上肇的《马克思的理想及其实现的过程》，栉田民藏的《唯物史观在马克思学上的位置》[①]，有山川均的《资本制度浅说》（1926年）、《辩证法与资本制度》（1929年）、《工会运动底理论与实际》（1930年），石滨知行的《唯物史观经济史 中册 资本主义经济史》（1929

[①] 以上两篇收入范寿康等译著的《马克思主义与唯物史观》，商务印书馆1923年版。

年)，福本和夫的《社会进化论：社会底构成及变革过程》(1932 年)，永田广志的《现代唯物论》(与钟复光合译，1937 年)，等等。他的翻译是有选择的，主动的，由一个共产党员、一个马克思主义者而演变成一个"单纯的革命的国民党员"，是否与当时日本马克思主义的影响有关，也是一个值得研究的问题。

　　李达 (1890—1966 年) 在译介日本马克思主义著作方面也功不可没。除了上面提到的《唯物史观解说》(中华书局 1921 年版)、《社会问题总览》(中华书局 1921 年版) 之外，他还合作翻译有《马克思主义经济学基础理论》(河上肇著，昆仑书店 1930 年版)、《社会科学概论》(杉山荣著，昆仑书店 1929 年版) 等著作，以及山川菊荣的《劳农俄国之结婚制度》《劳农俄国底妇女解放》，佐野学的《俄国农民阶级斗争史》等论文发表在《新青年》上，对促进马克思主义在中国的传播起了积极作用。

　　在 20 世纪二三十年代，中国对日本马克思主义论著翻译出版得最多的大概要数河上肇的著作，如温盛光译的《马克思主义经济学》(1928 年)、陈豹隐译的《经济学大纲》(1929 年)、周拱生译的《唯物论纲要》(1930 年)、巴克译的《唯物史观的基础》、郑里镇译的《唯物史观研究》、江半庵译的《唯物辩证法者的理论斗争》(1931 年)、江伯玉译的《马克斯主义经济学大纲》(1932 年)、邓毅译的《社会主义经济学》(1936 年)，等等。除了上面提及的之外，值得注意的还有佐野学的《无神论》(林伯修译，1929 年)、《唯物论的哲学》(巴克译，1930 年)，堺利彦的《辩证法的唯物论》(吕一鸣译，1927 年)，河西太一郎、猪俣津南雄、向坂逸郎的《马克思经济学说的发展》(萨孟武、樊衷云、陶希圣译，1929 年)，平野义太郎的《法律与阶级斗争》(萨孟武译，1930 年)，猪俣津南雄的《金融资本论》(林伯修译，1928 年)，户坂润的《科学方法论》(谭吉华译，1935 年)，永田广志的《科学的历史观》(阮均石译，1937 年)，大森义太郎的《唯物辩证法读本》(罗叔和译，1934 年)，等等。日本马克思主义重要派别代表人物的著作，几乎都有中译本。还直接从日译本或参照日译本转译了一些马克思主义的经典著作，比如前面提到的《共产党宣言》，程始仁根据河上肇的辑本编译的《辩证法经典》[①]，

[①] 上海亚东书局 1930 年版。

恩格斯的《费尔巴哈论》①《反杜林论》②等。

　　中国马克思主义形成过程中，除了中国社会自身的因素之外，日本、苏联和欧美马克思主义三方面因素的影响、特色及其具体作用如何，还是一个有待深入研究的问题。这个问题，杨瑞六（1885—1966年）早在1920年8月就提到。他说："今不数年，而马克思之名喧传于全国。上自所谓名士，下至初级学生，殆无不汲汲于马克思学说之宣播。其原因果何在乎？岂有此俄国多数党之胜利有以影响于我国之思想界乎？抑西欧工党社会党之活动直接传布于我国之青年学子而后波及于全国之人心乎？两者均不似也。俄国之革命虽哄动全世界，且据报告所传，中国工人有在俄组织军队者，有组织工党者，然窃观今日学界所用以鼓吹之文字，似不自俄国直接输入而来。此固易解，因国人习俄文者不多，俄国革命之真象且不易了解，而况乎革命之原因与其动机乎？至于西欧工党社会党之活动，固欧战停止后惹人注目之事，而当战时，则均闻其无声也。即最近事实亦不若我国鼓吹之甚。岂耶稣死于小亚而生于欧洲乎？或释迦死于印度而生于中日乎？我不信传播如是之速也。或以为我国近来每事取自日本，社会主义亦不过其一例耳。此说或可征信，盖日本近年来鼓吹社会主义，可谓空前大活动。"③ 由此可见，至少中国马克思主义形成初期，日本的影响是非常巨大的。中国学界在接受和吸收日本马克思主义的同时，与日本学界在1927年之后开始围绕明治维新及日本资本主义性质进行论争几乎同步，中国学界也开始出现了关于中国社会性质、中国社会史的论战，力图运用所学的马克思主义理论来分析中国的具体问题，或者认为马克思主义理论不适合中国的实际。而值得注意的是在1927年中国社会性质论战展开之前，以《孤军》杂志为阵地，以留日学生特别是京都帝国大学河上肇的中国学生，如杜国庠、王学文、萨孟武、周佛海、郭心崧为核心，从1923年到1925年进行长达两年之久的"经济政策讨论"④。经过讨论，在理论上出现了分化，加上国民党的高压政策，一些早期的中共党员也出现了"转向"。当然这种转向与以佐野学等为代表的许多日本共产党员在20

---

①　彭嘉生参考佐野文夫的日译本译出，上海南强书局1929年版。
②　吴黎平据俄、日两种译本译出，1931年由上海江南书店出版。
③　杨瑞六：《马克思学说评》，载《太平洋》第2卷第7号。
④　参见三田刚史《留日中国学生论马列主义革命——河上肇的中国学生与〈孤军〉杂志》，《徐州师范大学学报》（哲学社会科学版）2005年9月。

世纪30年代出现的"转向"有很大的不同，但是如果加以比较研究，也有耐人寻味之处。

当然，当时中国学界对日本马克思主义的介绍也有各种不同的立场，甚至不乏批评之声。比如有站在向日本学习的立场上介绍包括马克思主义者在内的日本当代思想家的，也有想通过介绍日本当时思想界的代表人物来推测将来日本的走向和前途的。前者如郑里镇的《介绍日本现代思想评论家》[1]，其介绍的目的，是有感于"日本自维新以来，为时不过数十年，而已列入一等强国，与欧美先进各国争雄。虽曰全系战胜我国及俄国之成果，然其各种科学文化之发达，实有不可轻视者。……反视我国，其如何乎？我国所谓大学问家也，有价值书也，既寥寥可数，而副其实者，更少中又少，良可叹息。倘不急起直追，实事求是，借镜他人，取长补短，国家前途，殊为危险。日本现代之思想家评论家，容有尚不及欧美之进步，然较诸我国，实远出于其上。"其中介绍福本和夫时，指出他"为马克思主义之一主张者。其著作有《唯物史观与中间派史观》、《社会之构成与变革之过程》、《经济学批判之方法论》、《无产阶级之方向转换》、《理论斗争》等。其个人杂志《马克思主义旗下》已发行至六号，氏又为《马克思主义》杂志之一指导论客"。提纲挈领而且能够动态地把握其最新状况。

后者如高宗武以记者身份发表的《日本思想界最近代表人物》[2]，介绍了自己所关注的8位人物：佐佐弘雄、河上肇、大山郁夫、长谷川如是闲、山川均、土屋乔雄、有泽广巳、小船信三、高田保马。他认为"日本的社会，现在如何的变化，以及将来要走入如何的途径"，"当可由现在几位支配日本一般社会的思想家身上，推想出几分来"。如他介绍河上肇，一方面对他作为"研究马克思主义之极有权威者"充满敬意，说"他的唯物史观的讲义，把日本青年学子的热血，沸腾起来，一时日本青年中之醉心马克斯主义者，因之多讴歌河上博士"。指出"现在我国陈豹隐先生所译的《经济学大纲》，或者可以说是博士在此二十年中所研究出来之结晶品"。另一方面也提及河上肇"博士与大山郁夫因劳农党的问题决裂之时，大山公然批评他说：'河上生平，都是书本工作，重理论而漠

---

[1] 《新声》1930年第1、3—4期合刊、第5期连载。
[2] 《中央时事周报》1932年第1卷第5—9期连载，以下所引均出自该文。

视实际，此其所以不能和我们合作的最大原因。'记者对于博士的批评，与大山氏的意见大同小异。博士今后的生命，恐怕依旧脱不了书本生涯。反动思想的风暴一过之后，博士仍旧不失其为日本思想界中心人物的地位，这是我敢预断的"。而在介绍"攻击马克斯学说之小泉信三"时写道："他平日与土方成美、高田保马两博士站在共同战线，努力于批评马克斯的经济学，他们的意思想从理论方面克服马克斯经济学，以维持其现存的布尔乔亚经济学，但是虽以他们天生的聪明，和经年累月的努力，结果终不能移动如妖怪般可恐憎的马克斯经济学理论的毫发。在反方面来说，就是证明布尔乔亚经济学的破绽，同时是表现他们之无能力，这是我们很值得注意的一回事。"

此外，还有站在"三民主义"的立场上，分析日本马克思主义的成因、特点及其善导的方法。陈彬龢的《日本思想界的危机》一文，是他在上海东亚同文书院的讲演而由江汇益笔记，分两次刊于《新纪元周报》1929 年第 8 期和第 10 期。在第 10 期中我们可以看出他对日本社会主义思想与马克思主义思想的概括性分析。他说："现在日本的流行思想是什么，那不消说自然是社会主义了。"接着他分析社会主义思想产生的原因，"在大战前后，日本的经济方面，已经逐渐趋于资本主义化；国内生产机关，发生为少数资本家独占的现象。至于政权，亦在军阀官僚的掌握内。资本家往往与政府狼狈为奸，因此政府所制定的法律，都与资本家有利，使富者愈富，贫者愈贫，造成社会不平的畸形状态。社会主义的思想，遂于此勃然而兴了"。而他明确指出所谓日本思想界的危机，就是指社会主义。他说目前日本的社会主义思想有左倾的倾向，赤色倾向逐渐明显。他认为："我们不能怪日本青年们信仰马克斯主义，我们应该怪日本容纳这种主义的思想和条件。所以问题的症结所在，并不是怎样的压迫马克斯主义的发展，而应该是怎样的从理论上求一可以相代的新信仰，一面满足社会改造的理论体系，一面安排国家建设的实际方针。"最后他表示："鄙人敢'不揣冒昧'地向各位介绍敝国孙中山先生的三民主义，这的确是世界最完备的主义，可以给贵国参考和模仿。不然若一味采取高压手段，表面上虽说排斥马克斯主义，而实际上反在帮助或促进马克斯主义的扩大，其前途的危险，真不少呢。"

而在民国时期能够将日本的马克思主义思想纳入整个日本思想史的发展过程中加以定位的，还是朱谦之。他在 1931 年发表的论文《日本思想的三时期》（收入《朱谦之文集》第九卷。据朱谦之自述，该文是他在日本写成的）中对日本思想史上第三时期"社会科学时期"的代表性思想家的"社会主义派"作了比较详细的介绍。他说："现在日本思想界最有影响的，确是那介绍辩证法的唯物论同情于布尔札维克革命的几位思想家，如福本和夫、佐野学、大山郁夫等。他们前前后后一面从事实际的政党活动，一面专心著译。"并且举出三位辩证法、唯物论的代表加以分析批评，即福本和夫、河上肇和三木清。如他评价河上肇的《马克思主义经济学之基础理论》说：其"上篇论马克思主义的哲学基础，可算日文中关于历史唯物论的最好参考书了。但是河上氏因他始终带着理想主义的倾向（堺利彦也这样说他），其所谓唯物史观，究竟是否和马克思、燕格尔的唯物史观完全一致，很是问题"。并且还进一步论到其辩证法，他根据日本思想家土田杏村的批评，而对河上肇的"辩证法，是否真是唯物辩证法"产生怀疑，又根据三木清对河上肇的批评，而感到"在我国思想界所认为日本数一数二的马克思主义者，他的辩证法的唯物论，也是不可靠极了"。但是他最后表示："我很相信日本思想界在最近的将来，应该有个新的发展，只要日本思想不是'开倒车'，便只有更彻底地倾向于实践与理论合一之真正唯物辩证法的革命思想了。"表现出来对这一派思想的同情。

中国学界对日本马克思主义的研究和介绍大体可以分为民国时期、新中国成立以后50年期间和21世纪以来的新时期三个阶段。在民国时期，中国对包括日本马克思主义在内的各种思想的研究和介绍，有各种不同的立场和出发点，可以说抓住了日本马克思主义的一些不同的侧面。但是总体而言尚不够深入，而且其批评，很大程度上受到日本学者的影响。但是有一点值得注意，就是那时的学者不论是否信奉马克思主义，大多能学术地对待，重视学理的研究，注意收集最新的研究成果与文献资料。如朱谦之1929年去日本留学，当时的中央研究院还给他一个"社会史观与唯物史观之比较研究"的课题，而他也不惜重资搜集历史哲学相关资料，他后来回忆说："如列宁的《唯物论与经验批判论》，我现藏即有中苏英日四种版本，而山川均、大森义太郎的日译本，尚是我在1929年7月9日在东京岩松堂夜间购得，时距该书发行日尚差一日，是值得纪念的。"[①]

---

① 《朱谦之文集》第一卷，第176页。

新中国成立之后，中国的马克思主义的地位也经历从民国时期的"反抗的哲学"到新中国社会主义建设的"意识形态"的巨大转变。而 21 世纪以来，学界又开始大量地译介战后日本马克思主义论著，这为我们研究新时代的日本马克思主义提供了系统的文献资料。而重视文献考证和原始文本解读的"学术性"被视为日本马克思主义"作为一种独立的研究范式"的主要特点之一。这种从文献出发的科学态度，被认为对中国的马克思主义学者们"反省自己走过的和将走的道路""一定是大有裨益的"。[①] 21 世纪出现的日本马克思主义研究无疑表现出了中国马克思主义研究的新进展，如果具有民国时期相应的学术史视野，我们就能够对这一新进展的某些关联看得更加清楚。我相信这种新进展的重要成果，不仅对中国的马克思主义研究者大有裨益，而且对中国的日本学研究者也同样大有裨益。

[①] 张一兵：《文献学语境中的广义历史唯物主义原初理论平台》，广松涉编注：《文献学语境中的〈德意志意识形态〉》"代译序"，彭曦翻译，张一兵审订，南京大学出版社 2005 年版。

补编

作为"他者认识"的中国的日本研究如何可能

从方法论的视角探讨如何深化中国的日本研究，有两个问题值得注意，第一是如何处理好学术与政治的关系以加强研究的学术性的问题，第二是如何理解建设有中国特色的日本研究体系的问题。第一个问题的关键是要有将日本这一研究对象作为"他者"、用多元的视角和方法、从历史和现实来进行认识的意识，后者的关键是首先要意识到学术研究归根结底是研究者个人的精神活动，能否反映自己的民族、自己的时代，那是研究者的使命意识和学术视野的问题。要解决这两个问题，归根到底，首先要回到原典，只有从原典出发，才是深化中国日本研究的当务之急。

作为"他者认识"的中国的
日本研究如何可能

——回顾中国日本研究的相关方法论问题有感*

以旅日中国留学生和学者为主体组成的学术研究团体"中国社会科学研究会"编辑有一本《中国与日本的他者认识——中日学者的共同探讨》（社会科学文献出版社2004年版）。李晓东先生在"卷首语"中表达了对"中日之间缺乏真正的相互信赖与相互理解"的焦虑与无奈，希望提供一种"更为健全的视角"，以便"在思考两国关系的过程中避免无根、无据、脱离实际的认识；同时希望人们充分认识到中日之间存在的价值观、思维方式上的不同"。这种视角就是"他者认识"的视角。他强调"他者的视角"，就是"多元的视角"，在多元的视角下，"他者就像一面面镜子照出更为立体、多面的自我与对方，必然有助于中日双方的相互了解与理解"。① 这种努力，很有针对性，无疑是很有意义的。

在这本论文集中，京都大学人文科学研究所山室信一教授的论文《面向未来的回忆——他者认识和价值创建的视角》② 对"他者认识"的方法与意义作了比较充分的解释。我理解，所谓"他者认识"的视角具有如下几个特点：

---

* 本人曾就该题目在2010年9月11—12日清华大学日本研究中心主办的"晚清中国社会变革与日本"国际学术研讨会和同年9月27—28日浙江工商大学日本文化研究所与日本关西大学文化交涉学教育研究中心主办的"东亚文化交涉学方法论"研究会上报告过，本文是斟酌两次会上的反馈意见后修改而成。此文为本书第二编之雏形，与第一编中的一些地方也多有重复，请读者谅解。

① 中国社会科学研究会编：《中国与日本的他者认识——中日学者的共同探讨》"卷首语"（李晓东），社会科学文献出版社2004年版，第2、3页。

② 山室信一：《面向未来的回忆——他者认识和价值创建的视角》，收入中国社会科学研究会编《中国与日本的他者认识——中日学者的共同探讨》，第14—31页。

第一，在他者认识的视角中，认识他者与认识自我是辩证统一的。

第二，在他者认识的视角中，事实认识与价值判断是辩证统一的。

第三，在他者认识的视角中，要求研究者在拥有自我审视的机能的同时，不仅具有历史认识能力，而且要具有现实批判的机能和创建价值的构想力。

将这种"他者认识"的视角运用到中国的日本研究或中日关系研究中，是近年来学术界的一种有意义的方法论上的自觉。这种自觉要结出硕果，结合我们目前的研究状况及几十年来的研究传统，我认为有以下几点值得注意。

一

应该说中国是世界上记述和研究日本最早的国家，如果从陈寿（233—297年）所著《魏志·倭人传》算起，至今已经有1700多年的历史了。如果从《山海经》中有关"倭"的记载开始，得有2000多年了吧。但是中国研究日本的一个重要特色，如武安隆、熊达云先生早就指出了的，就是与政治形势具有紧密的关系。他们概括了从明朝至今的四次日本研究热，即明代嘉靖、万历年间（1522—1620年），清末戊戌变法前后，日本帝国主义侵华时期（1931—1945年）以及"文化大革命"以后。每次日本研究热的出现都与特定的政治形势有关。①

特定的政治形势的需要成为中国日本研究中的"兴奋剂"，这不仅是中国日本研究的历史特征，也是现实状况。可以说"意识形态化"是中国日本学研究者所面临的共同境遇。万峰先生（时任中国日本史学会会长）在介绍新中国成立之后17年中日研究的状况时指出：

> "十七年"里，在内部由于政治运动频繁，特别是文教界等部门忙于知识分子改造的艰巨任务等等。在外部，则有二次大战后五六十年代社会主义与资本主义两大阵营之间的冷战局面（间有朝鲜战争、越南战争和中东战争等局部热战），特别是中日邦交长期未获正常化，等等。加之，学术指导思想上的极左思潮影响（"文革"中是大

---

① 武安隆、熊达云：《中国人的日本研究史》，东京：六兴出版，1989年，第14页。

泛滥),致使日本研究包括日本史在内,设置了一些莫须有的人为的"禁区"。这一切都大大束缚了日本史研究者的头脑,严重阻碍了我国日本史研究的发展和马克思主义的日本史学的建设。这就是为什么在"十七年"和党的十一届三中全会以前整个时期我国日本史研究成果不多的主要背景。①

而将改革开放之后十多年日本史研究所取得的成就,也"主要归功于党的十一届三中全会的路线指引,归功于党的双百方针,'百家争鸣'贯彻得空前的好"。② 可见,中国的日本研究能否进行、进行得是否顺利,都与政治形势有关。

从研究方法来说,日本史学研究当然是要"建立马克思主义日本史学"的阵地③。而哲学思想方面,我们从朱谦之先生的回忆中也可以知道,那时(1958年)包括日本在内的东方哲学史研究的出发点,也是"由于当时对于了解亚非拉各国的思想动态,促进文化交流,支持东方各国民族解放运动的斗争,研究东方哲学史有其现实意义",所以是作为一项政治"任务"来完成的。他说:"我开始试用马克思主义观点、方法加以分析批判,以后材料积累越多,研究的兴趣也越浓厚,我在1957年至1963年之间前后发表了《日本的朱子学》(1958年8月,三联书店)、《日本的古学及阳明学》(1962年12月,上海人民出版社)、《日本哲学史》(1964年8月,三联书店)三书,约一百万言。又以个人编注的《日本哲学史料》,用东方哲学史组名义发表《日本哲学》二册(古代之部,1962年12月;德川时代之部,1963年3月,均商务印书馆版),把一百年来中国哲学者应该做而没有做的工作完成了。"④ 开始的时候,在其第一本日本思想史专题著作《日本的朱子学》中对自己的研究方法还不是那么坚定。他说:"在观点方面,日本哲学界至今尚少以马克思主义观点阐述日本哲学思想的发展。"因而申明"本书是我研究东方哲学史之

---

① 万峰:《中国日本史研究的历史沿革胪述》,北京日本学研究中心编:《中国日本学年鉴1949—1990》,科学技术文献出版社1991年版,第3—4页。
② 同上书,第14页。
③ 同上书,第5页。
④ 朱谦之:《世界观的转变》(1968年12月4日),《朱谦之文集》第一卷,福建教育出版社2002年版,第179—180页。

一初步尝试,在观点方法上可能有错误的地方,希望读者随时加以指正"。① 但是到 1962 年 7 月写《日本的古学及阳明学》的前言时,对于马克思主义的运用看上去就已经很有信心,也似乎非常娴熟了。他写道:

> 日本哲学史即日本科学的唯物主义世界观及其规律的胚胎、发生和发展的历史。马克思主义以前日本哲学的基本情况,即唯物主义和唯心主义孕育、形成、发展以及它们相互间的斗争,在德川时代已经十分明显。②

> 研究日本哲学史主要在以马克思主义观点,阐述日本唯物主义哲学思想的发展,并批判过去所有唯心主义哲学体系;但也不能忘却在唯心主义哲学里面,正如黑格尔的辩证法,有其合理的内核一样,阳明学左派的辩证法,也有其合理的内核。现代日本哲学的主流是辩证唯物主义和历史唯物主义的发展,而追溯其思想背景,则不可不先研究一下马克思主义以前唯物主义哲学及辩证法思想产生的准备时期哲学的诸流派。③

这里,将"日本"替换成其他任何一个国家或地区,在那个时代都很适用。马克思主义被公式化、意识形态化了。进而将哲学学派斗争与社会阶级矛盾联系起来,说:"日本哲学的学派斗争,是和社会阶级的矛盾、斗争与变动有关;以阶级矛盾作为各学派思想斗争的背景来看,就更容易明白中国的唯物主义和唯心主义思想对日本哲学所起的各种特殊作用。"④ 这样来分析西田哲学,他得出的结论是:

> 西田哲学的性格,是保守的和反动的宗教的哲学,是东方型的一种封建思想体系的复活。如果说这种哲学还有它的"独创"的地方,

---

① 朱谦之:《日本的朱子学·前记》(1957 年 6 月 15 日),《日本的朱子学》,人民出版社 2000 年版,第 8、9 页。
② 朱谦之:《日本的古学及阳明学·前言》,《日本的古学及阳明学》,人民出版社 2000 年版,第 5 页。
③ 同上书,第 6 页。
④ 朱谦之:《日本哲学史》,人民出版社 2002 年版,第 29 页。

那就是以垄断资本主义时期的西洋资产阶级哲学为外衣，而其内容则加进了几千年东方封建社会所残留下来腐朽的旧货色。①

可以说是具有爱憎分明的阶级立场。这种立场，在刘及辰先生的《西田哲学》一书的结尾，即："总之，日本的唯心主义的哲学的前途是黑暗的，而唯物主义的前途是光明的。这是历史注定了的。"② 显得更加铿锵有力。

在这种公式化、意识形态化了的马克思主义的指导下，研究日本哲学的目的本身甚至都被"异化"了。就是说，在这种问题意识下，研究日本的哲学思想，其主要目的就很可能并不在于将日本哲学思想这一研究对象本身作为"他者"来认识，也不在于通过"他者认识"来深入地认识自我，而是为了服务于意识形态本身。王守华、卞崇道合著的《日本哲学史教程》就很有代表性。其中说道：

> 我们何以要学习、研究日本哲学史呢？（中略）探索日本哲学史这个圆圈，搞清楚日本哲学史的发展规律，是丰富和发展马克思主义哲学史观的一个方面。这是我们学习和研究日本哲学史的第一个目的。（中略）有助于提高我们的马克思主义的理论水平和思维能力。这是我们学习日本哲学史的第二个目的。（中略）通过学习和研究日本哲学史，可以具体了解中日两国人民在思想文化方面交往的历史与传统，从而促进今后两国人民思想文化的进一步交流，使得中日两国人民世世代代友好下去。这是我们学习研究日本哲学史的又一个目的。③

但是，同时这部具有明显过渡时代色彩的著作在破除对马克思主义的简单化、片面化和公式化运用方面，具有十分重大的意义。书中指出：

> 研究日本哲学史必须坚持历史唯物主义所提供的经济基础决定上层建筑的基本原理，同时在具体运用时要避免简单化。贯彻党性原

---

① 同上书，第330页。
② 刘及辰：《西田哲学》，商务印书馆1963年版，第147页。
③ 王守华、卞崇道：《日本哲学史教程》，山东大学出版社1989年版，第9—10页。

则，运用阶级分析方法，从复杂纷繁的哲学思想中整理出理性规律，同时在分析中注重实事求是，避免片面化。贯彻历史主义的原则，采用历史主义与阶级分析相结合的方法，从哲学发展的长河中把握哲学发展的基本规律和线索，避免公式化。[①]

卞崇道教授在论及20世纪90年代中国日本哲学研究所存在的问题时，还着重提到"有的评论带有公式化、主观化倾向，即不是把马克思主义的立场、观点和方法融贯到研究对象之中，而是机械地搬用马克思主义的一些现成结论去对照、推测和批判研究对象，给人以生硬、僵化、武断之感。"[②] 实际上这种批评也是得益于国内当时理论界对马克思主义的理解出现了新的动向。我们从对三木清思想的评价中可以明显地看出这种新动向。

比如朱谦之在《日本哲学史》中这样评价三木清及其思想：

> 三木清标榜马克思主义思想，其实他始终是个资产阶级哲学家。越分析他的哲学构造，越发现他的哲学所存在着的矛盾。三木清是日本旧哲学转向新哲学的过渡人物，尽管他表示要站在新哲学的立场，实际却与西田几多郎一样当了旧传统哲学的俘虏，尽管他表面上抵抗法西斯主义，实际上却有些地方充任了军国主义理论的代辩者。这当然是极大的矛盾，同时也是资产阶级哲学家走向修正主义思想所必经的道路。[③]

并且指出"三木哲学的性格，是对于马克思主义哲学的歪曲、篡改"。这是"由于他的不正确的实存主义的立场"[④] 所致。因此"三木的'马克思主义'只能是以'马克思主义'为伪装，隐蔽着生之哲学、实存哲学的实质"。[⑤] 而"三木哲学的基本内容是属于帝国主义时代腐朽的哲学思潮之一，即'不安的哲学'"。[⑥] 其结论是："三木的'不安的哲学'终究只能在神秘的、宗教的、非科学的信仰里得到最后的'大解脱'。这就是

[①] 王守华、卞崇道：《日本哲学史教程》，山东大学出版社1989年版，第10页。
[②] 卞崇道：《90年代中国的日本哲学研究课题》，《现代日本哲学与文化》，吉林人民出版社1996年版，第242页。
[③] 朱谦之：《日本哲学史》，第353页。
[④] 同上书，第360页。
[⑤] 同上书，第369页。
[⑥] 同上书，第382页。

日本型的修正主义思想的下场"。①

　　刘及辰在《京都学派哲学》一书中对三木清评价道："三木对于唯物史观的研究显然是对它的一个莫大的歪曲和修改"②，"这个修改是由唯心主义方面来修改；因为三木自始至终就是一个唯心主义者"。③ 但是该书也肯定了三木"在介绍马克思主义上和反对日本法西斯主义上都曾起了进步作用"，肯定他是"具有进步性的"唯心主义者、"具有批判性格的"自由主义者。④ 王守华、卞崇道的《日本哲学史教程》虽然在一些方面继承了《京都学派哲学》的思想，但是在对三木清的评价上有明显的"进步"。他们首先明确指出"三木清是近代日本哲学史上著名的进步哲学家"，⑤ 认为其"称得上是一位进步的自由主义哲学家"。⑥ 在承认三木清"对马克思主义缺乏正确、全面的理解，所以在以人学解释唯物史观时，难免有误解、甚至有曲解之处"⑦ 的同时，指出正是由于这种曲解所引起的争论，"却把日本对马克思主义哲学的研究引向最基本的理论问题，即辩证唯物主义这个问题上来，从而促进和推动了日本后来马克思主义哲学研究更加深入发展"。⑧

　　而后来卞崇道的《三木清》一文则将上述《日本哲学史教程》中的相关论述更加深入一步，开篇即肯定"三木清是现代日本哲学史上著名的进步哲学家，是'闪烁在日本暗淡夜空上的一颗明星'"。而在结尾时指出"三木清这颗明星在现代日本哲学史上不会陨落，它将永远闪烁着光辉"。⑨ 该文强调要"准确把握三木哲学的个性特征"⑩，并且充分肯定了三木清在阐明"马克思主义的人学形态"方面的积极意义。他评价说：

　　　　他以人学解释马克思主义的唯物史观，我们也不应采取不加分析

---

① 朱谦之：《日本哲学史》，第389页。
② 刘及辰：《京都学派哲学》，光明日报出版社1993年版，第147页。
③ 同上书，第177页。
④ 同上书，第176、177页。
⑤ 王守华、卞崇道：《日本哲学史教程》，第375页。
⑥ 同上书，第388页。
⑦ 同上。
⑧ 同上书，第380页。
⑨ 卞崇道：《三木清》，王守华、卞崇道主编：《东方著名哲学家评传·日本卷》，山东人民出版社2000年版，第514、538页。
⑩ 同上书，第537页。

便予以否定的态度。首先应肯定三木对马克思主义人学进行的探讨是有积极意义的。人学本来是马克思主义哲学的重要内容之一，三木受实存主义哲学影响，感到人学不应为实存主义垄断，马克思主义也不排斥人学，从而提出马克思主义的人学形态，这种主观意图非但不是为了修正、歪曲马克思主义，反而是对马克思主义的一个贡献。他所提出的是一个亟待解决而当时又尚未解决的问题。但是，由于他对马克思主义缺乏正确、全面地理解，加之受实存主义哲学影响较深，即立场、观点、方法还没有完全转变到马克思主义方面来，所以在解释唯物史观时，既有接近马克思思想的一面，又有误解、甚至曲解的一面，这都是可以理解的。①

对思想家个性特征把握的要求、对三木清的马克思主义人学形态的重新评价，这当然卞崇道长年研究探索的结果，同时也可以说是 20 世纪 80 年代马克思主义理论界掀起的关于人道主义论争在日本哲学思想研究中的回响。

在中国的日本哲学思想史研究领域，首先比较系统地提出"方法选择"，强调要选择"适合自己研究课题的方法论"的正是卞崇道教授。他在《90 年代中国的日本哲学研究课题》一文中提出选择研究方法应该遵循如下三个方向。

  （1）在马克思主义哲学方法论指导下，向多元化方向展开。（中略）不论立足于何种立场的学派，只要其方法有效，我们就要吸取。（中略）在方法论上只有坚持向多元化方向展开，才能避免形式主义。（2）既尊重研究对象的客观性，又体现研究者的主体精神。历史事实是客观的，我们强调文献学的和实证的研究，就是要尊重研究对象的客观性，使其研究保持强烈的历史感；但是，历史叙述即历史学又非纯客观的，它是研究者主体精神的体现。我认为，史学研究者要有现代意识，用现代的观念和方法，照亮历史，使之在现代学术背景下重放异彩，这样的研究才能具有鲜明的时代感。（3）分科研究

---

① 卞崇道：《三木清》，王守华、卞崇道主编：《东方著名哲学家评传·日本卷》，山东人民出版社 2000 年版，第 536—537 页。

与综合研究相结合。作为研究对象的日本是一个整体，要彻底搞清楚这个整体，首先要把它分解，从政治、经济、社会、历史、文化等不同的学科进行分析研究；然后，在分科研究的基础上进行综合研究，以得出总体结论。目前我国的日本学研究只进行了"分析"这前一半的工作，当然，分析也还有待深化，而无"综合"这后一半的工作。实际上，分析与综合缺一不可，正因为我们的综合研究不够，才使20年来我国学者没有写出一部有重大国际反响的日本学著作。①

这可以说是在20世纪中国日本学研究力图挣脱"政治形势"的影响或"意识形态化"研究的束缚，而达到的方法论上的自觉，这种自觉的难能可贵，也许是没有亲历过种种政治运动的人所难以理解的。

21世纪以来，中国新一代的日本哲学思想研究者在学界崭露头角，在方法论上也各具特色，体现了"多元化"的展开。如韩东育相继出版了《日本近世新法家研究》（中华书局2003年版）、《道学的病理》（商务印书馆2007年版）、《从"脱儒"到"脱亚"——日本近世以来"去中心化"之思想过程》（台湾大学出版中心2009年版）等著作。其研究领域从日本前近代，或曰近世到近代，都持续而坚定地贯彻了将日本这个"他者"置于整个东亚视域来认识的视角。他在《从"脱儒"到"脱亚"》一书的自序中点明了自己的问题意识之所在：

> 要之，作为一个具有天然历史因缘和内在逻辑关联的东亚思想史问题，从"脱儒"到"脱亚"，其实也是思想史视角下的东亚国际关系问题。（中略）当笔者注意到现当代东亚国际关系的横向失和在相当程度上根植于纵向的历史纠葛时，问题本身的重要和重大，显然已远非这本小书所能承载。从这个意义上说，本书的文字，大概只能被视为笔者全部研究计划的总序。这意味着，我和我的团队，今后还将有漫长的艰辛路程要走。如果这一视角能够给新生代研究者带来有益的启示并可使有意者借此以入堂奥，则作者幸甚，研究幸甚。②

---

① 卞崇道：《90年代中国的日本哲学研究课题》，《现代日本哲学与文化》，第248—249页。
② 韩东育：《从"脱儒"到"脱亚"——日本近世以来"去中心化"之思想过程》"自序"，台湾大学出版中心2009年版，第10页。

将中国与日本同时置于东亚或亚洲，作为"他者"从历史和现实来进行认识，现在已成为学术界一个共同关注的话题，比如古代史研究领域的韩昇在2009年5月同时出版了《东亚世界形成史论》（复旦大学出版社）和《海东集——古代东亚史实考论》（上海人民出版社），都非常厚重。从民俗学来研究的如刘晓峰的《东亚的时间——岁时文化的比较研究》（中华书局2007年版），从文学进而延伸到思想史研究，如孙歌[①]、王中忱[②]、赵京华[③]、董炳月[④]等都很有影响。而一些在中国思想史研究领域已经卓然成家的学者，他们研究的视角也关注到相关的日本问题，如葛兆光[⑤]，其影响甚至比专门的日本学研究者更大。而以日本思想文化为专业的，如王青[⑥]、钱婉约[⑦]、吴光辉[⑧]、陈秀武[⑨]等也都脱颖而出，并在逐渐形成各自的研究特色。

而卞崇道教授，进入21世纪以来出版了《日本哲学与现代化》（沈阳出版社2003年版）、《融合与共生——东亚视域中的日本哲学》（人民出版社2008年版）、《东亚哲学与教育》（中国社会科学出版社2009年版）等一系列大作，表现出与时俱进的旺盛的理论创造力，可以说他是

[①] 孙歌著有《求错集》（三联书店1998年版）、《主体弥散的空间——亚洲论述之两难》（江西教育出版社2002年版）、《竹内好的悖论》（北京大学出版社2005年版）等。

[②] 王中忱著有《越界与想象——20世纪中国、日本文学比较研究论集》（中国社会科学出版社2001年版）、《走读记：中国与日本之间 文学散札》（中央编译出版社2007年版）等。

[③] 赵京华著有《日本后现代与知识左翼》（三联书店2007年版）等。

[④] 董炳月著有《"国民作家"的立场——中日现代文学关系研究》（三联书店）等。

[⑤] 葛兆光关于日本思想史研究的论文有：《谁的思想史？为谁写的思想史？——近年来日本学界对日本近代思想史的研究及其启示》（《中国社会科学》2004年第3期）、《国家与历史之间——日本关于道教、神道教与天皇制度关系的争论》（《中国社会科学》2009年第5期）、《19世纪初叶面对西洋宗教的朝鲜、日本与中国——以"黄嗣永帛书"为中心》[《复旦学报》（社会科学版）2009年第3期]、《边关何处？——19、20世纪之交日本"满蒙回藏鲜"之学的兴起及其背景》[《复旦学报》（社会科学版）2010年第3期]等。

[⑥] 王青著有《日本近世儒学家荻生徂徕研究》（上海古籍出版社2005年版）、《日本近世思想概论》（世界知识出版社2006年版）等。

[⑦] 钱婉约著有《内藤湖南研究》（中华书局2004年版）、《从汉学到中国学——近代日本的中国研究》（中华书局2007年版）等。

[⑧] 吴光辉著有《传统与超越——日本知识分子的精神轨迹》（中央编译出版社2003年版）、《转型与建构——日本高等教育近代化研究》（世界知识出版社2007年版）、《日本的中国形象》（人民出版社2010年版）等。

[⑨] 陈秀武著有《日本大正时期政治思潮与知识分子研究》（中国社会科学出版社2004年版）、《近代日本国家意识的形成》（商务印书馆2008年版）等。

最年长的中国新生代日本研究者。他在《融合与共生——东亚视域中心日本哲学》一书的前言中指出：

> 要客观地认识他者，首先要客观地认识自己；自己中包含他者，他者中也包含自己。树立他者意识，站在他者立场，客观地认识、研究日本思想文化，是笔者在本书中试图提示的一种方法论视角。超越中日两国的域界，从东亚视域乃至全球视域来认识日本或中国的思想文化，则是建构21世纪东亚哲学的前提。只要东亚哲学家开拓视野，共同努力，就能够为建设和谐东亚、和谐世界提供坚实的哲学基础。①

受制于某一时期的政治形势的"研究"，因为在方法论上没有可选择性，也就不能体现研究者的主体性，必然导致"理论先行"和"情绪化"。韩东育感叹："今天，也只有今天，才为研究者提供了非情绪化思索的现实可能性。"而"非情绪化思索"是揭示出被"掩蔽的历史原貌和中日往昔纠葛的非直观性与复杂性"②的必要条件。对"理论先行"，我曾经批判说，这个"出发点就决定了他的'研究'不是探求历史的真相，而只是掩盖历史的真相；他的'成果'也称不上'历史著作'，只不过是对'我执'或'妄念'的一个注脚。（中略）在历史研究中，理论先行的做法是探究欲衰退与投机欲增强的表现"③。

至此，至少在问题意识上，只有在方法论上排除或远离一时政治形势的干扰，中国的日本研究才能够回归学术本位，已经成为多数研究者的共识。

二

还有一个倾向值得注意。早在20世纪80年代，新中国日本史研究的

---

① 卞崇道：《融合与共生——东亚视域中的日本哲学》，人民出版社2008年版，第3—4页（前言）。
② 韩东育：《从"脱儒"到"脱亚"——日本近世以来"去中心化"之思想过程》"自序"，第1页。
③ 刘岳兵：《日本近现代思想史》"前言"，世界知识出版社2010年版，第7页。

元老之一邹有恒教授就强调要"搞有中国特点的日本史研究",将"建立自己的体系,创中国的日本史学派"作为中国日本史研究的远大目标①。而在20多年后的今天,还有一些日本史研究者在忧虑,认为当今中国的日本史研究所面临的各种挑战中,"以如何在国际学术交流中体现中国日本史研究的学术特色,似乎是新世纪面临的最大挑战。解决好这个问题,事关新世纪日本史研究迈出新的步伐,创造新业绩,并建树有中国学术特色的日本史研究体系"。② 宋成有先生将这种"中国学术特色"归纳为以下四点:

> 其一,站在中国看日本,突出中国学人的立场、观点,并自成一家之言,而非亦步亦趋地复制、转述外国学者的观点,甚至挟洋自重,傲视本国学术界。其二,体现中国学人全方位的思维方式,具有审视全局的大气度和大格局;将局部与整体、点与面辩证地联系起来思考,综合地而非孤立地、完整地而非零散地把握研究对象,探讨其来龙去脉;知其然亦知其所以然,明其事也明其理。其三,研究与应用相结合,以外国的历史经验教训为他山之石,为我所用,有所区分、有所选择、有所梳理、有所发掘,而非囫囵吞枣,自我矮化或者不分青红皂白地顶礼膜拜。其四,是用准确、流利的汉语撰写文章,而不是原封不动地照搬日语汉字词汇,"协和语"充斥字里行间;等等。③

著名诗人艾青有一首诗叫《我爱这土地》(1938年11月17日),最后两句是:

> 为什么我的眼里常含泪水?
> 因为我对这土地爱得深沉……④

---

① 邹有恒:《实事求是,联系实际,走有中国特点的外国史研究道路》,《世界历史》1987年第2期。
② 宋成有:《近十年来中国的日本研究(1997—2008)·日本史研究》,莽景石主编:《南开日本研究2010》,世界知识出版社2010年版,第250页。
③ 同上书,第250—251页。
④ 谢冕、杨匡汉主编:《中国新诗萃 20世纪初叶—40年代》,人民文学出版社1988年版,第218页。

回到那个时代，我们再吟味这首诗，每每都会感动得眼含泪水。创中国的日本史学派，或创建有中国学术特色的日本史研究体系，或者强调中国学者研究日本要有中国意识、中国眼光，这一提法听起来也十分感人，甚至令人振奋。但是仔细思考，在学术研究中过于强调这种所谓的中国学派、中国特色，或者中国意识、中国眼光，会不会有陷入另外一种"意识形态化"的陷阱之虞？实际上，对"现实中国"的认识也并非一致。改革开放以来的巨大变化有目共睹，有些人称之为"盛世"，有些人感到了"威胁"，而有些人则看到了其中的"危机"[①]；而且20世纪80年代的中国与当今的中国有许多差异也自不待言。所以，所谓"中国的日本史学派"或"有中国学术特色的日本史研究体系"中强调的要"突出中国学人的立场、观点"究竟是一种什么样的立场和观点不仅令人匪夷所思，而且不言而喻，过分强调某种划一的立场与观点，也与学术研究的本性相悖。同样，上面提到的所谓"东亚的视野"如果与政治上或者历史上的"东亚共同体"之类纠缠在一起，一种本来新颖的视角或方法，会不会也有被沦为"意识形态化"之虞？

学术研究归根结底是研究者个人的精神活动，一切外在的条条框框的制约都是学术自由的敌对势力，无论这些条条框框多么感人、多么激动人心。历史研究的目的在于求真，而研究者所追求的真理性认识，必然具有世界性，虽然在某一时期或为某一国家或地区所用，但是真理性的认识终究不为某一国界或地区所限，将成为具有普遍意义的全人类共同的精神资源。历史研究，不管是中国史研究还是包括日本史在内的外国史研究或者世界史研究，都应该遵循历史研究自身的规律。历史学家的良识来源于对史实的阐明与辩证，而不来源于某种外在的政治目的。

在20世纪90年代初，王家骅教授在分析中国日本思想史研究的现状与问题意识时，总结说："共同的问题意识有三个：第一，在现代化过程中为什么中国落后于日本？从思想的侧面探寻其原因。第二，想通过自己的研究，以某种形式为中国的现代化作出贡献。第三，想知道日本人在现

[①] 参见日本学者植村和秀在《昭和史の教訓と現在の中国——国家理性の危機》（京都：合同会社植村文库，2008年）中的相关论述。

代化的过程中是如何处理传统与现代性的关系的。"① 可以说，在那个时代，为中国的现代化做贡献，被一些思想文化研究者"意识形态化"了。因为对现代化的意义理解不同，做贡献的形式自然会有所不同。对此，我主张"不要急于去寻找什么经验教训，不要急于去联系什么近代化、现代化，先实实在在地把它'是什么'搞清楚，再来平心静气地说它'怎么样'"。②

所谓"以史为鉴"，固然不错。但是，对于历史研究者而言，他们的工作是只是为了擦亮历史这面镜子，至于如何借鉴，那是政治家或时务者的工作。那么如何擦亮历史这面镜子？我想无非是以确凿的史实、完整的史实，然后在此基础上梳理出清晰的历史脉络。而出发点，都必须回到作为史实的原典解读上。

三

历史学者，无论是批评还是研究，我认为都离不开"与史料的真正的肉搏和对史实的辩证"，因为"史学理论的生命力来源于其解释史实范围的广度和阐发历史进程之所以然的深度。一旦离开与史料的真正的肉搏和对史实的辩证，任何史学理论的生气都将丧失殆尽，也很难再发挥任何积极作用"。③ 而这种肉搏和辩证，不仅需要勇气，关键还需要培养这种能力。

在中国的日本学研究领域，与抽象的理论或方法论相比——

> 而我更加关注的是，对中国日本学这门学科建设的最起码的"专业化要求"还有待加强。所谓日本学研究的"专业化要求"，主要是指"专业化的态度"和"专业化的训练"。所谓专业化的态度，就是首先是把日本学"纯粹地作为学术"来研究的态度，而不是在出发点上就将日本学作为寻找启示或总结经验的手段。所谓专业化的训练，就是首先要独立地掌握能够客观地研究和分析日本这一研究对

---

① 王家骅：《中国における日本思想史研究の現状と問題意識》，《中国－社会と文化》第7号，1992年6月。
② 刘岳兵：《日本近代儒学研究》，商务印书馆2003年版，第321页。
③ 刘岳兵：《日本近现代思想史》"前言"，第7页。

象的各种基本技能——当然包括日语的学习——与方法，而不是在出发点上就将日本学只是当作与别的研究对象相比附的存在。应这种专业化要求所需，我依然认为，为了提高中国日本学研究的整体水平，以便我们能够更加客观而全面地认识日本，系统的、可靠的、必要的知识或常识的介绍及基本文献的翻译，比竞相出版大部头的所谓"研究"论著，更是我们今天日本学建设的当务之急（参见《中日近现代思想与儒学》序言，三联书店，2007年）。如果基本的历史叙述工作做得不扎实，便炫之以各种外来流行的理论或研究"范式"，那一定会出现百鬼夜行、鸡犬不宁的局面。①

因为我认为"如果理论一旦陷入一种空谈，而不是根植在深厚的信仰中或没有广阔的大地般的滋养，它就很容易成为一种时尚，不断地变换颜色而成为现实需要的牌坊。这样的理论当然无'节操'可言"。② 众所周知，日本的中国学界，在20世纪70年代出版了西顺藏编的《原典中国近代思想史》六卷本，2010年开始，岩波书店又在出版一套多卷本的《新编 原典中国近代思想史》。相比之下，我们的日本近现代思想史研究，基础工作之贫乏实在令人汗颜。中国的日本研究，某一个研究者或许可以出类拔萃地优秀，但是如果中国的知识界，当然首先是中国的日本学界，比如说在日本近现代思想史研究领域，连一些最基础的历史事实知道得都不是很全面、了解得都还只是停留于表面，如果不建构一种夯实的"知的土壤"，恐怕连某种能够得到真正认可的理论观点甚至都很难提出，遑论整体上的理论提升。尤其是我们的研究对象是物议纷然的近代日本。

无论是要"创中国的日本史学派"，还是希望创建"有中国特色的日本史研究体系"，甚至"建构中国视角的世界史体系"③，要真正实现这一远大目标，就目前而言，我认为对"是什么"（对方是什么、自己是什么）了解得尚不充分，依然是一个很大的制约因素。我相信，日本史研究和中国的世界史研究中的其他国别史研究一样，如李剑鸣所言，"史料依然是制约世界史研究的'瓶颈'"④。不在"原典日本"的解读与翻译

---

① 刘岳兵：《日本近现代思想史》"前言"，第8页。
② 同上书，第88页。
③ 刘家和：《走出世界史研究的困境》，《中国社会科学报》（第68期），2010年3月4日。
④ 李剑鸣：《学术规范建设与世界史研究》，《史学集刊》2004年第3期。

上下功夫，不在建设系统的中国日本史史料上下功夫，不论是个人还是集体或国家，我们的日本史研究都难以深化。李剑鸣强调"世界史学者必须首先是一个造诣高深的翻译家"，是说到了痛处。史料建设和原典翻译，又谈何容易！仅就日文翻译问题，其不易，王国维早就在《静庵文集》（1905 年）的《论新学语之输入》一文中提出"解日文之能力""有国文之素养""能兼通西文，深知一学之真意"三点要求，不知道今天的日本史研究者看了作何感想。在我本人，确乎如坐针毡。尽管如此，也愿置之座右，以时时自省。对此有的人可能会说，日本的典籍中有许多是用汉文写的，翻译的问题并不是那么重要。对此，汉学家吉川幸次郎的忠告或许最切中要害。他说中国人想要了解真正的日本，"首先是要停止那种只看日本的易于理解的部分和易于利用的部分就下结论的片面的做法，使他们认识到理解日本的本质性面貌的重要性"。[①] 而日本的汉籍或汉文学，既不能代表日本文化或日本文学的主流，也未必能充分反映日本历史和文化的特质。这个懒偷不得！在这方面，新中国日本史研究的奠基者实际上为我们树立了很好的榜样，如周一良先生所关切的资料问题、语言问题和翻译问题，都是要害问题。而且在翻译上，他身体力行，不仅翻译出版了新井白石的自传《折焚柴记》，而且据说还有"要将若干种日本德川时期史学资料、著作翻译出来"的计划；朱谦之先生也感到原始资料不易收集，如上所述，编注了两册关于日本哲学的史料。这两册史料集到现在已经近半个世纪，期间这方面令人满意的系统的史料整理几乎没有任何进展，这个学科的发展也由此可想而知。近年来，如荻生徂徕的《政谈》（龚颖译，中央编译出版社 2004 年版）、山本常朝的《叶隐闻书》（李冬君译，广西师范大学出版社 2007 年版）以及本居宣长的著作这些难译但非常重要的日本原典都有了中译本，这种努力无疑是令人欣喜的。

[①] 吉川幸次郎：《我的留学记》，钱婉约译，光明日报出版社 1999 年版，第 153 页。

附　录

总而言之，刘氏的这三部著作，都是名副其实的先驱性的研究。所谓先驱性，如上所述，是因为他从事的是在过去缺乏研究的明治以后的儒教，而且其方法不是流于抽象论，而是极为实证的。

——吾妻重二

刘岳兵不惜将自己的观点藏匿在历史文献的背后，他的日本学研究力图以彻底的历史文献的实证方法，去扫清在中国的日本学研究中长期存在的情绪化和理论先行的倾向，他的努力得到了与他同时代的正在崛起的日本学研究者的肯定。

——徐凡

刘岳兵教授的近代日本儒教研究

——评《中日近现代思想与儒学》《日本近代儒学研究》及《明治儒学与近代日本》[*]

吾妻重二

一

日本的传统思想指的是什么？在我们今天活跃着的"思想"中，传统思想是以什么形式存在的？或者已经失去了生命力？

当然不能说是全然"失去生命力"了。那么应该还活动着的"传统思想"是什么？对此尽管可能有各种各样的解释，首先可以举出佛教或神道、儒教、国学思想。

也有认为日本的传统思想除了神道和国学思想之外没有别的。这种见解虽然在这些思想是在日本自发的信仰和感情上成立的这种意义上没有错，但是，神道的理论是在接受儒教和佛教之后才得以完备的，这是明确的事实。国学是受儒教的影响而兴起的，这从本居宣长与荻生徂徕的关系来看就可以明白。

如此一来，就是说构成佛教、神道、儒教、国学思想等日本的"传统思想"的重要要素，实际上许多是外来思想。

在这里无法对作为日本文化的本质加以论述。但是如果注意到日本的传统思想是由不断地吸取外来思想而成立的这种事实，对儒教当然也应该给予充分的关注。儒教虽然不是在考虑日本的传统思想时的充分条件，但一定是应该考虑的必要条件。

---

[*] 吾妻重二：《劉岳兵教授の近代日本儒教研究——〈中日近現代思想与儒学〉および〈日本近代儒学研究〉、〈明治儒学与近代日本〉に寄せて》，[日本]《東方》2009年2月号，总336号，东方书店出版。

二

　　日本儒教的研究，当然从来都是以江户时代为中心而展开的。但是，在实现了近代化的日本，儒教究竟是什么？这个问题几乎没有被思考过。可以说这是一片处女地。

　　如果问为什么会是这样，简而言之，大概是由于日本近现代的儒教没有研究的价值。明治以来，近代化是由于引进西洋的各种学术而实现的，因此学术界大多只是把儒教当作应该克服的封建时代的残渣来理解的。近年的状况出现了一些变化，例如渡边浩氏在对幕末明治初期的儒教进行评价时说："至少在日本，儒学完成了引进来自西洋的'近代化'的先导作用，而且这样可以说是自杀了——大概也有这样的一个方面。"① 这种解释，是说儒教在一个时期虽然对日本的近代化作出过贡献，但其后迅速失去了影响力。儒教"自杀了"——这虽然是一个很出色的比喻，但是，也如渡边氏所言，那不过是事情的"一个方面"而已。将日本的近代思想史作为西洋的学术克服以儒教为首的封建思想的过程来描述，这种模式虽然很容易明白，但是在所谓"进步史观"中大概存在着单纯化的危险性。

　　与中国的关系如何，也是一个问题，即日本近现代的知识分子与同时代的中国儒教是如何交流的。这方面也几乎没有引起研究者的注意。

三

　　对这种闭塞状况，作为中国的学者而精力充沛地进行研究的是刘岳兵氏。

　　刘岳兵现在是天津南开大学的副教授，他是在东京大学、大东文化大学的池田知久门下钻研而取得了博士学位的年轻研究者。最近连续刊行了《日本近代儒学研究》（商务印书馆2003年版）、《明治儒学与近代日本》（主编，上海古籍出版社2005年版）、《中日近现代思想与儒学》（三联书店2007年版）三本著作。都是很有分量的论著，这里没有篇幅来对此加

---

① 《東アジアの王権と思想》，东京大学出版会，第209页。

以整体论述，就以最新出版的《中日近现代思想与儒学》为中心进行评论。

该书由以下几个部分构成：

1、日本近代思想与儒学
2、现代中日儒学知识共同体
3、中国现代思想中的情感与理智
附录

第一部分"日本近代思想与儒学"中的第一篇论文是《明治儒学如何可能》。这里提示了"明治时代以来，儒学在日本的社会思想文化领域仍然发挥了重要的作用，具有重要的意义"（序言）这个前提。而且认为"'明治儒学'不仅是日本儒学史上的一个历史性的表现形态，而且在理论上，它也具有自身的特征，是日本儒学发展史上的一种具有相对独立意义的理论形态"（第4页）。也就是力图以儒教为视角来重新思考明治以来的思想。刘氏在这里对相关的先行研究进行了精心的介绍，详细地论述了研究现状与问题。大概在这一领域，对研究史的整理没有比这更加详细的了。

接着是关于中村敬宇、福泽谕吉、中江兆民等与儒教的关系的论述，进而《近代日本的孔子观》考察了保守思想家和启蒙思想家内村鉴三、和辻哲郎、服部宇之吉等的孔子观。

第二部分，首先对明治以来到现代的中日两国的儒教交流分五个阶段进行说明。第一阶段从明治维新到甲午战争爆发，第二阶段从甲午战争结束到抗日战争爆发，第三阶段是抗日战争时期，第四阶段是第二次世界大战结束到改革开放开始，第五阶段是改革开放之后到现在。这里在顾及各个时期的中日关系的同时来探讨儒教交流的轨迹，非常耐人寻味。是很出色的概观。

接下来是以梁漱溟和冯友兰为中心论述现代中国与日本的学术交流轨迹。特别是对有关梁漱溟从战前到战后两国知识分子所进行的交流活动进行了详细的调查，让人很受教益。

第二部分以"现代中日儒学知识共同体"为题，也是为了探讨"现代儒学在中日两国间的'知识共有'究竟如何可能"（序言）。

第三部分围绕方东美、梁漱溟、金岳霖等在现代中国与儒教有深刻关系的哲学家其思想中的情感和理性进行论述。

最后是附录，收录了关于南开大学的王家骅氏、日本的佐藤慎一氏的书评等。

四

通观以上诸论著，印象最深的，是事实的发掘和着实的调查。这种实证的学风在刘氏的其他著作中也是一贯的。比如《日本近代儒学研究》是刘氏的博士论文，其中关于小岛祐马、服部宇之吉、狩野直喜的论考是珍贵的。这些学者，从来都只是被当作中国学的先驱者来介绍其经历、称颂其业绩，至于他们究竟具有怎样的思想，这方面的研究几乎没有。对此，刘氏对他们的著作——书籍、论文，从回忆到杂文，对其所有的文献进行了彻底的调查，从而论述其特色。可以说是至今关于小岛、服部、狩野的最详细的研究。在日本还没有对他们进行过这样的研究。

《明治儒学与近代日本》是2004年3月在杭州召开的国际学术会议的论文集，由刘氏编辑而成。除了刘氏自身的论文之外，收录了黑住真、陈玮芬、严绍璗、山室信一等研究者的论文，内容非常充实。

总而言之，刘氏的这三部著作，都是名副其实的先驱性的研究。所谓先驱性，如上所述，是因为他从事的是在过去缺乏研究的明治以后的儒教，而且其方法不是流于抽象论，而是极为实证的。这三部著作都附有详细的索引，这在中国研究者的著作中很难得。

五

但是，如果说还感到有一些疑问的话，首先是"儒教"与"汉学"的区别感到不明确。比如狩野直喜和小岛祐马是掌握了西方近代的方法论的汉学者（中国研究者），对儒教即便有所共鸣，我认为这不能说是他们的本质。汉学者（中国研究者）未必是儒者。这关系到儒教是什么这种本质性的问题，希望能够听到这方面的一些说明。

其次是"现代中日儒学知识共同体"的问题。刘氏提出"知识共同体"虽然是以从战前到战后，围绕着梁漱溟和冯友兰等现代新儒家的中日间的交流，并以这种交流为基础来探讨构想知识共同体或许是可能的，但是，这大概不是如此简单。实际上那只是局限在对儒教或新儒家有共鸣的人们之间，在现代日本的知识分子中是极为稀少的。对于这个问题，在急于构想知识共同体之前，更为要紧的课题毋宁说是通过各种途径加深中日间的相互理解。

六

刘氏的著作与其说是论述日本近代的思想史，毋宁说是论述日本近代的儒教史。应该说不是"思想史"而是"儒教史"研究的一环。但是，从日本近代思想史的研究几乎无视儒教这一要素来看，可以高度评价刘氏的工作。

在日本近代史研究中，还没有构筑起可以代替所谓"进步史观"的史观。但是积累专题研究，从中探索代替它的历史观，为书写新的思想史付出持续不断的努力，这是很有必要的。刘氏的著作为此提供了重要的基础。

（鱼鸢堂　译）

中国日本学研究推出通史性
日本思想史著作[*]

徐　凡

　　近年来中国的日本学研究在各个领域都取得了可喜的成绩，从《日本文化通史》、《日本小说史》、《日本文学思潮史》和《中日关系史》，到《图式与趣味：日本绘画史》和《日本美术史纲》，日本学中的专题史研究，如学苑出版社2009年出版的严绍璗的《日本中国学史稿》也非常厚重。而2010年世界知识出版社推出南开大学日本研究院杨栋梁主编的10卷本"日本现代化历程研究丛书"，包括日本近现代经济、政治、社会、文化、外交、教育等方方面面，如刘岳兵的《日本近现代思想史》，这标志着中国的日本学研究已经推进到了能够出版通史性日本思想史研究著作的层次。

　　中国的日本学研究不仅是一门新学科，也可以说是中国传统学术史的重要组成部分。或许正是在此意义上，可以解释为什么新中国日本研究的奠基者如周一良、朱谦之先生他们的本业都是中国历史或中国哲学了。而吴廷璆先生1933年开始在京都帝国大学史学科学习，后来师从东洋史学大家羽田亨，完成的毕业论文《汉代西域的商业贸易关系》也是关于中国史、中西交通史研究领域的。深厚的中国传统学术素养，使得第一代新中国日本学研究的开拓者能够高屋建瓴、大气磅礴、充满自信。

　　20世纪五六十年代开始，由于政治形势的需要，日本研究作为一项政治任务，高校等开始组建专门的研究队伍，由此新中国第二代日本研究者培养起来。在研究日本思想史领域出现了王守华、方昌杰、王家骅、卞崇道等一批研究者。在20世纪八九十年代出版了王守华、卞崇道编著的《日本哲学史教程》、王家骅的《儒家思想与日本文化》和《儒家思想与

---

[*]　载《中国社会科学报》2010年10月21日。

日本的现代化》、方昌杰的《日本近代哲学思想史稿》、卞崇道主编的《战后日本哲学思想概论》等著作。这一时期的著作不可避免地打上了那个时代意识形态的印记，而力图从思想的侧面探寻在现代化过程中中国落后于日本的原因，想通过自己的研究，为中国的现代化做出贡献，成为那个时代中国日本思想文化研究共同的问题意识。

由于历史原因，尽管在史料和理论方面都还存在着一些局限性，但是他们为这个学科的发展做出了重大的贡献。他们有的已经离去，健在的现在大多已年近古稀，有些人仍然笔耕不辍，他们所构筑的学科体系和研究业绩，现在的研究者也还没能从总体上突破和超越。其中特别是卞崇道教授，进入新世纪以来出版了《日本哲学与现代化》《融合与共生——东亚视域中的日本哲学》《东亚哲学与教育》等一系列大作，表现出与时俱进的旺盛的理论创造力，一直引领和推动着中国日本哲学思想研究的发展，因此已经很难用"第二代"这一概念来限定他的学术研究特色了。

《日本近现代思想史》是中国日本思想史研究领域的第一本通史性著作。近日，此书已引起学界关注。卞崇道评价该书的最大特点是在根本上将历史学的研究方法贯穿到底，充分肯定了在中国日本思想史研究领域里这是一本大作、一本力作。该书上溯到近代日本思想的萌芽时期——江户时代，下叙到战后时代的初期，为我们重新梳理了作为历史的思想史的研究框架。因此该书的学术价值是不言而喻的，它使我们能清楚地看到日本近代以来100多年历史中的重大事件、重要人物、主要论著的思想史脉络与意义，为我们进一步对其进行学术研究奠定了基础，同时也为一般读者了解、认识日本提供了很有益的读本。北京大学历史系教授宋成有赞许该书使用了大量的第一手资料，并对资料加以必要的分析，这样就可以把日本近现代思想发展的基本脉络有所依据地展示出来，给人以很深的印象。中国传媒大学国际传媒研究所的刘建平副教授说该书的一个独特贡献就是为我们提供了一个中国学者的视角，还有中国的问题意识，能够为我们带来对思考中国问题的启发。清华大学刘晓峰副教授也强调作者的"中国目光"很有意义，认为作者的研究历程与此很有关系。

刘岳兵不惜将自己的观点藏匿在历史文献的背后，他的日本学研究力图以彻底的历史文献的实证方法，去扫清在中国的日本学研究中长期存在的情绪化和理论先行的倾向，他的努力得到了与他同时代的正在崛起的日本学研究者的肯定。

刘岳兵本来学的专业是中国哲学。他的日本研究从南开大学起步，硕士毕业之后留在南开大学，得到王家骅教授的指点，后来留学日本，又到中国社会科学院研究生院师从中国哲学史家方克立教授攻读博士学位，而卞崇道教授当时正是他的副导师。以《日本近代儒学研究》获得博士学位之后，又来到王守华教授所在的浙江大学工作，这样的经历使他能够博采众长。2004年，他回到南开大学，继承了王家骅所开创的南开日本思想文化研究的传统。刘岳兵的研究还得益于中日学术交流日益频繁的良好的学术环境。他在攻读博士学位期间就获得了留学东京大学的机会，旁听了知名学者渡边浩、黑住真教授的讨论课，在浙江大学期间获得了日本国际交流基金的资助，主持大型的国际合作研究项目"明治儒学与现代日本"，以此与日本学者建立了长期的友好交流关系。

中国日本思想史研究领域的第一本通史性著作

——刘岳兵《日本近现代思想史》讨论会综述[*]

日本哲学思想读书会[①]

由日本哲学思想读书会主办的南开大学日本研究院刘岳兵副教授的新作《日本近现代思想史》（世界知识出版社2010年3月出版）讨论会于8月14日在北京外国语大学日本学研究中心举行。日本哲学思想读书会代表、中国社会科学院哲学所教授、中华日本哲学会会长卞崇道教授主持了这次讨论会。日本哲学思想读书会是由京津地区的日本哲学思想与文化研究者组成的一个开放性的读书人自由联合组织，每月举行一次例会。刘岳兵也是该读书会的成员，其新著《日本近现代思想史》是中国日本思想史研究领域中的第一本通史性著作。这次讨论会也是该读书会8月份的例会。为此还特邀了一些日本近代史、中日文化交流史、日本近现代文学史、近现代中日关系史研究领域的知名学者作为嘉宾。

中国社会科学院、北京大学、清华大学、中国人民大学、北京外国语大学、南开大学、中国传媒大学、北京工业大学、中国外国专家局、中央编译出版社、天津社会科学院等单位的20余位专家学者参加了讨论会。

一

讨论会首先对《日本近现代思想史》一书的学术意义给予了充分的

---

[*] 载［日本］近代东西语言文化接触研究会编《或问》第19号，2010年12月，东京：白帝社。

[①] 日本哲学思想读书会代表为卞崇道，参见陈化北《卞崇道与日本哲学思想读书会》，《日本问题研究》2013年第3期。

肯定。北京大学历史系宋成有教授指出该书反映了中国日本近现代史，特别是日本近代史研究的最新成果，认为就研究深度而言，这是一个代表作。北京外国语大学日本学研究中心的郭连友教授指出，关于日本思想的通史性著作，最近即便在日本学界也不多见，作者以一人的努力而完成的《日本近现代思想史》这部力作，填补了我国这方面研究的空白，具有重要的学术意义。卞崇道教授也充分肯定了在中国日本思想史研究领域里这是一本大作、一本力作。认为这本书的学术价值是不言而喻的，它使我们能清楚地看到日本近代以来100多年的历史中的重大事件、重要人物、主要论著的思想史脉络与意义，为我们进一步对其进行学术研究奠定了基础，同时也为一般读者了解、认识日本提供了很有益的读本。

与会者都对作者扎实的文献功夫表示赞许，认为这是该书的一大特点。宋成有教授指出，我国的日本研究，是在很长一段时间里形成的，容易形成一定的框框，有那么几个帽子，而对帽子底下的脑袋瓜儿具体长得什么样，就缺乏实证的调查分析，主要表现在第一手资料的收集、考证、整理、分析还不够。而刘岳兵的这本书使用了大量的第一手资料，并对资料加以必要的分析，可以把日本近现代思想发展的基本脉络，有所依据地展示出来，给人以很深的印象。卞崇道教授强调，注重史料研究、将历史学的研究方法贯穿到底而力图展示思想史的丰富性和可能性是该书最大的特点。其扎扎实实的学风，是我们日本思想研究的楷模。该书的第二个特点，宋成有教授认为是从整体框架上打通了日本近现代史。卞崇道教授进一步指出，这本书上溯到近代日本思想的萌芽时期——江户时代，下叙到战后时代的初期，为我们重新梳理了一下作为历史的思想史的研究框架。不言而喻，书中重点在于阐述政治思想史的演变，不过也存在着可称之为思想论争史、庶民思想史、女性思想史的丰富内涵，而且还涉及到了或者是儒学、佛学、神道思想，或者是马克思主义、京都学派哲学、现代化思想、战后思潮等多样性的内容，再现了东亚近现代思想相互影响、彼此交融的多样性的历史事实。第三个特点，宋成有教授认为是作者在书中抓住了日本近现代思想史的三个基本问题，即传统和现代的关系、日本和世界的关系、个人和社会的关系。而且作者孜孜以求的是历史的真实，强调寻求真实，应该是史学发展的生命力所在。

中国社会科学院哲学所王青副教授认为本书的特色就在于其整体性、系统性、学术性三个方面。而中国传媒大学国际传媒研究所的刘建平副教授则强调阅读该书给自己的第一个冲击性的感觉,就是作者研究日本思想史,不光是要在日本思想史的范畴内说清楚日本各种思想结构之间的关系,不光是要说清楚日本各种思想的演变和社会之间的关系,还有一种中国研究者的问题意识。他特别注意到作者所引用的杨树达对日本天皇《终战诏书》的评价,认为这大大开拓了自己的眼界。他说这本书的一个独特贡献就是为我们提供了一个中国学者的视角,以及中国的问题意识,为我们带来思考中国问题的启发。清华大学刘晓峰副教授也强调作者的"中国目光"很有意义,认为作者的研究历程与此很有关系,因为作者是做近代日本儒学研究的,有这样的目光是很自然的。

对于本书的读者定位,宋成有教授认为本书可以作为研究生的教材,作为干部们阅读的资料,本科生高年级看看也不错。读这本书,必须有日本近现代史的基础,如果对日本近现代历史没有了解,要么就看不懂,要么觉得没意思。需要有一点基础,档次是很高的。所以需要读者也有一定档次。

二

讨论会还探讨了该书在一些具体问题上的贡献与不足。就贡献方面而言,宋成有教授指出,该书提供了中国日本近代思想研究较少提及的重要内容,比如高山樗牛、浮田和民,以及基督教社会主义的问题,女性解放中的母性保护论争,还有理想主义、超国家主义、西田哲学与时局的关系、三木清的东亚协同体等,这些都是日本近代史中,关于思想研究部分很少涉及的,其中有许多新鲜的内容,应当给予充分的肯定。刘建平副教授说在战后部分,该书并没有局限于那些思想家、哲学家等知识分子,还提供了一些政治家的思想脉络。比如吉田茂《十年的回忆》中提到了对天皇制的看法,中曾根康弘的"战后政治总决算",其实恰恰是这些东西,决定了战后思想的主流,决定了日本国家追求的价值。从中可以找到日本之所以成为今日日本的内在逻辑,也可以找到中日关系中我们之所以被蔑视的原因。刘晓峰副教授说:该书不仅大的日本近现代思想史的脉络交代清楚了,而且在大的框架下面,很多细致的纹理也做得很好。比如战后天皇制,这部分写了很多,就有纹理的感觉。作者在这里对各个时期的变化以及变化的内在逻辑因素都有自己的表述。这种对天皇制问题的纹理清晰的梳理非常可贵。中国社会和日本社会的最大的差别在哪里？或者说根本的差别在哪里？天皇制是一个很大的问题，所以这种梳理就是很可贵的。卞崇道教授也列举了该书在具体问题研究上的几个亮点，比如对于明治维新思想史意义的分析，认为从思想史角度对明治维新意义进行分析，该书要比过去的日本史著作细致。比如对昭和前期"转向"与"非转向"的介绍很详细，在当时时代背景之下产生转向的问题，是过去我们对日共思想进行研究的时候往往搞不清楚的地方。通过这个介绍使我们清楚了日共当时内部纷争的真相。比如对"超国家主义"的辨别也很重要。还有对于西田与时局的关系的辨证，厘清了西田对战争和当局的具体立场。过去我们往往不去做这种详细的考证，而主观地给西田扣上支持战争的帽子，对西田哲学武断地下个资产阶级哲学的性质就了事了。西田到底有什么言论，对战争到底关涉到什么程度，该书中做得很仔细。这对于我们全面了解西田思想及京都学派哲学是有帮助的。同样对于京都学派中的世界史学派也做了具体分析。本书对世界史的立场以及"近代的超克"的文献介绍很翔实。

与会者也深入探讨了该书在一些问题上的不足，提出了一些与作者不同的观点。比如在结构上，大家都感觉战后的篇幅和分量不足，不能展示战后日本思想史的丰富内涵。还有关于思想发展与时代背景的关系方面的描述，与会者大都认为有待加强。因为与会者都是学有所长的日本研究专家，在讨论会上提出了许多与作者不同的观点并进行了深入的探讨。王成教授是日本近现代文学研究专家，特别对近代日本的教养主义有独到的见解。他认为"教养主义"的问题，该书还是沿用了比较传统的框架，但如果结合近来的研究成果，并对那个时代的思想进行回溯，就会觉得传统的框架已经不能全面把握那个时代思想的"教养主义"的问题了。我们在教育史和伦理史上可能会提到一个非常有影响的人物，叫新渡户稻造，他是日本近代"教养主义"形成中的一个主要的山头。对教养主义在日本近现代思想史中的发展脉络的论述，王成教授也觉得不太满足。王青副教授是徂徕学研究专家，她指出该书关于徂徕学的认识，主要是吸收丸山真男的观点，对此提出了质疑。她认为荻生徂徕的思想主要是试图以中国三代建立在宗法制基础上的社会制度，亦即分封制作为典范，来剔除掉已经侵蚀到德川政权内部的商品经济的要素，巩固以血缘关系为基础的建立在封建制基础上的德川政权的一元化专制统治。同时她指出，徂徕学不过是从职能论的立场出发，更加强调了人的社会属性，否定了个人在任何意义上的主体性。因此强调徂徕学和朱子学的分歧更多是由于当时中日两国所处的历史条件不同，因此她认为不能把徂徕学对朱子学的批判简单地理解成字面意义上的复古，也不能简单地理解为前近代与近代的时间序列的问题。刘建平副教授是近现代中日关系史研究专家，他对该书中讲到1935年野坂参三还在批判天皇制提出了不同意见。他的研究表明，野坂参三对天皇制看法的最大转折点就是发生在1935年。他详细地介绍了野坂参三的天皇制认识对中国共产党的影响。中国人民大学哲学系的李萍教授详细地论述了日本社会主义思潮与马克思主义研究的特点，分析了中国与日本在接受、传播和发展马克思主义、社会主义方面的不同特征，认为这些正是该书论述得不够充分的地方。中国外国专家局陈化北副司长指出，该书前言中论及了吉野作造的"中国经验"的重要性，但是在正文中没有就此展开，前后呼应不够。而且他指出，如果对具体思想家所受影响的时代背景论述不充分，容易使人如坠五里雾中。卞崇道教授认为，对于中江兆民、与"山川主义"相对应的"福本主义"、河上肇等思想家等还有待于充分研究，并在日本近现代思想史中给予足够的重视。而且指出该书最好有一个总结，系统阐述作者对日本近现代思想史的基本观点。

三

讨论会还就方法论等问题提出了值得中国日本研究者关注的一些具有普遍性意义的问题。卞崇道教授认为这本书的最大优点即是翔实丰富的史料的梳理与甄别，其背后也隐含了最大的不足，即作者本人的立场与分析不够明晰和充分。他强调，我们中国学者写日本思想史，还是应该有我们鲜明的问题意识和鲜明的立场。卞崇道教授说，就目前的状况看，历史学的研究方法是首先要提倡的。作者本人也做到了这一点。正因如此，才极力肯定和推举这本书。实证的历史学的方法要提倡，但我们也不排斥和贬低哲学的分析方法。两者都要给予肯定。他认为本书很好地贯彻了史学研究方法，但哲学分析方法的穿插似乎不足。基于目前的研究现状，我们要贯彻史学研究方法，但是我们的最终目标是要建构我们自己的日本思想史的理论框架和方法论。王成教授也深有感触地指出，对第一手资料把握的问题，这是我们这代学者越来越自觉的一个问题。至少我们不轻易下结论，至少我们把资料先呈现出来，当把第一手资料完整地呈现出来的时候，我想已经可以看出一个学者的研究功底。作者的研究中看到这个资料，并把它体现在自己理论体系当中的时候，作为读者已经可以会意，作者的问题意识已经捕捉到了问题的所在。但是与此同时就带来一个我们值得思索的问题，即这个第一手资料的客观性、真实性的问题。这里就有一个作者自己立场呈现的问题。该书的"前言"中强调尽可能避开所谓的理论、方法，而我们在一个非方法或者无方法的情况下，来呈现一个体系，也是一件困难的事情。这本书在避免过多受到理论束缚的同时，确实存在体系方面薄弱的问题。卞崇道教授强调，特别是当我们中国人对日本的许多问题还有不清楚和模糊的地方，我们只是原原本本地将第一手资料摆在那里，对于有甄别能力的人来说没问题，但对于一般读者来说就困难了。所以作者的观点与分析还是很有必要的。刘建平副教授则对思想史研究提出了更高的要求。他认为思想史研究，应该为一个国家、一个共同体、一个民族提供价值论证对于战略导向，我们通过读这样的思想史，应该能够找到日本现代化为什么经历曲折而最终成功，以及中日关系复杂性缘由的答案。王青副教授作为《日本近世思想概论》的作者，在谈到通史性著作写作的难处时很有体会，她说作者在"前言"中所强调的历史的研究方法是一种很理想的状态，但在实际应用中会有遇到很多的困难。因为原典和资料可以说是浩如烟海的，而写作中就面临如何利用、取舍或者剪裁的问题。在取舍剪裁的过程中，不可能没有作者本身的学术观点存在。所以这里就涉及作者主观学术观点和客观材料之间的辩证统一的关系。没有论点是无法对材料进行取舍的，可是论点又不能脱离材料，主题先行。如何解决这个理论上的难题，是值得我们所有人思考的。宋成有教授则谈到，我们搞日本研究，应该有中国人自己的立场。对日本的研究动向要研究，但目的是为了促进我们自己的研究，逐渐形成有中国特色的研究体系。

在讨论持续了三个多小时之后，本书作者、南开大学日本研究院刘岳兵副教授对各位专家精湛的评论表达了由衷的感谢，并对所提出的问题作了简短的回应，表示该书如果有再版的机会，一定尽可能吸收大家的意见。同时也向大家报告了最近申请到一个"战后日本民主主义思想的发展及其局限"的课题，希望通过这个课题研究，来弥补本书中对战后日本思想研究的不足。

"理论之后"的日本思想史研究

——刘岳兵博士《日本近现代思想史》述评*

吴光辉

经过了卞崇道、林美茂主持翻译的日本《公共哲学》（佐佐木毅、金泰昌主编，人民出版社2009年版）系列丛书极具震撼力的冲击之后，2010年的日本哲学思想研究界接下来奉献给读者的，就是南开大学教授、刘岳兵博士的《日本近现代思想史》一书。刘岳兵博士可谓中国的日本学研究界最为勤奋的知识分子之一，继《日本近代儒学研究》（商务印书馆2003年版）、《中日近现代思想与儒学》（三联书店2007年版）之后，刘岳兵博士经世界知识出版社再次推出了51万字的研究宏论——《日本近现代思想史》，从而形成了日本近代儒学、中日近现代思想史、日本近现代思想史的比较研究与专门研究相交融的三部曲。刘岳兵博士醉心于学术钻研，耕耘于文字笔墨之间，因而才取得了如此宏大的研究业绩。在此，我亦不以文字之鄙陋，学识之浅薄，谨就《日本近现代思想史》一书的方法与内容加以述评，并结合自身的思索与断想予以唱和或批评。

一

首先，我们必须指出刘岳兵博士的出发点在于"历史研究"。这一"历史研究"的方法与我们所强调的"思想的历史与历史的思想"的双重

---

* 收入吴光辉《他者之眼与文化交涉——现代日本知识分子眼中的中国形象》"附录2"，厦门大学出版社2013年版，第141—146页。此书评原载刘东主编《中国学术》第32辑（商务印书馆2012年版），其英文版Posttheoretical Research in the History of Japanese Thought刊登在事务局设在日本关西大学的东亚文化交涉学会（Society for Cultural Interaction in East Asia）会刊Journal of Cultural Interation in East Asia, Volume 3. 2012。

结构略为不同。针对"思想的历史",我们需要站在横向的视角,或者说站在人类的或者现代思潮的立场,针对各个思想的渊源予以分析或解剖,找到其背后存在的、作为思想底流的根源之所在;作为"历史的思想",我们则需要站在一个纵向的视角,针对以历史为主题的各个思想或者各个观念予以阐明,发掘各个思想或者各个观念之间的传承与转化的问题。但是,不管是思想的历史还是历史的思想,我们皆会不可避免地遭遇到一个最为本质的问题,即如何发掘与选择作为"事实"的资料。

卞崇道教授曾在《90年代中国的日本哲学研究课题》一文之中指出:"我们迄今的研究……共同的弱点:一是文献学研究薄弱,即在史料运用上不是直接取自原典,而是依据第二手资料,也就是借助他人研究著作中所引的资料。在运用这类资料时,由于未能考证其真伪,且无法从原典文脉中把握其意义,因此难免囿于他人的解释。……四是尚处在创始期的我国日本哲学研究,借鉴了日本学者的有关研究。"[①] 这一点也为刘岳兵博士所突出强调。因此,该书为什么要特别注重"历史"?并且尤为突出"创造"历史的问题呢?我想一方面是希望通过文献学研究的重新梳理来找到一种"真实";另一方面是试图弥补中国学术界的经验与方法的欠缺吧。由此,我们也可以推导出该书的第一大特点,即注重史料研究,穿插研究成果,力图展现思想史的丰富性与可能性,由此而提供可展开多样性的解读的研究材料,以供自身乃至后来学者之选择利用。进而言之,后来之人要继续撰写思想历史,既可以按照黑格尔的历史观——大事件的思想史来加以撰写,也可以采取以人物为中心,如明六社、学院派、京都学派这样的流派为中心的思想史。就此而言,该著作的日本思想史研究具有了奠基之作的重要价值。

其次,该书为我们重新梳理了一下作为"历史"的思想史的研究框架。根据该书的框架结构,即第一章"日本近代思想的萌芽";第二章"明治前期的启蒙思潮";第三章"从《大日本帝国宪法》的颁布到日俄战争";第四章"帝国主义的形成与明治时代的结束";第五章"大正时期的思想课题";第六章"大正时代与昭和前期的思想状况";第七章"战后日本思想中的几个问题",可以看出它以明治维新到"二战"结束

[①] 卞崇道:《90年代中国的日本哲学研究课题》,《现代日本哲学与文化》,吉林人民出版社1996年版,第242页。

的昭和前期为考察对象,一是上溯到近代思想的萌芽时期——江户时代,一是下续到现代思想的战后阶段,之间则是沿袭莎士比亚一贯采取的"介绍"(Introduction)、"发展"(Complication)、"高潮"(Climax)、"解明"(Resolution)、"终结"(Conclusion)的结构来铺叙历史,尤其是到了后来的日本思想的"解明"(大正时期的思想课题)与"终结"(大正时代与昭和前期的思想状况),我们可以看到日本思想不断走向激化所呈现出来的矛盾与冲突,这样的矛盾与冲突也就预示了日本战败与必须反省的必然结果。

不过,在此我们也不得不指出:该书的重点在于阐述政治思想史。刘岳兵博士之所以关注政治思想史,或许与其翻译出版的丸山真男《日本的思想》(三联书店2009年版)一书密不可分,也留下了日本政治思想史的一点烙印。但是,审视其文脉之中的阐述,无论是明六社的思想家的主要论争,还是大正时期的"新女性"思想,皆隐藏了与政治思想史交织在一起的、或许我们可以称之为"思想论争史""庶民思想史""女性思想史"等一系列丰富的内涵或者可能性。换而言之,该书作为政治思想史的研究框架行之有效,同样作为多样化的、多种可能性的诸如"思想论争史""庶民思想史""女性思想史"一类的思想史的研究框架,应该说也是可以为我们加以借鉴与援用。

第三,我们还可以指出该书所昭示的"多样性"的研究视角。中国迄今为止的日本思想史的研究视角,或者是哲学思想史,或者是文化思想史,或者是文学思潮史,或者是比较·交流史,其研究的对象或者是儒学思想、佛学思想、神道思想,或者是马克思主义,或者是京都学派哲学,或者是现代化思想,或者是战后思潮。但是,就日本思想史的整体研究而言,我们缺少一部整体的著作。不仅如此,最为关键的一点,即在于我们尽管关注到了日本思想史背后的"输入与融合、转化与再生"的模式,但是却忽视了在这一过程之中的从儒学到哲学、从中国到西方、从西方到日本的内在比较、思想移动的各个细节。或许这样的细节,才是思想史研究的最为璀璨之处。

就此而言,该书一方面突出了东西方思想的冲突与交融,一方面也涉及了西方、中国、日本的思想之间的问题,同时也尤为关注到了中国"经验",即体验的问题。对于这一"体验"的认识,该书的前言以不少笔墨予以解释,不过在此,我认为刘岳兵博士乃是通过这一点的阐述尝试找到一个新的研究视角，或许也可以称为"中国体验"下的日本思想吧。其根本目的在于从独自发展的思想史研究，进步到深化交流的"双向性"的近现代思想交融史研究。这种"双向性"，可以打破"古代日本学习中国，近代中国学习日本"的传统话语，乃至各种思想的认识的固有模式，从而真正地站在一个东亚文化交流的视角来梳理近现代思想史的变迁。

二

刘岳兵博士的研究曾经获得了日本学者的极大关注，日本学者、关西大学教授吾妻重二曾撰写了《刘岳兵教授的近代日本儒教研究》一文予以专门介绍，并且，针对这一著作出版之前的研究，他评价指出："刘氏的著作与其说是论述日本近代的思想史，毋宁说是论述日本近代的儒教史。应该说不是'思想史'而是'儒教史'研究的一环。但是，从日本近代思想史的研究完全没有关注到儒教这一要素的事实而言，我们可以对刘先生的研究予以高度评价。"[①] 或许由此我们可以指出，《日本近现代思想史》一书正是刘岳兵博士转而进行专门性的日本思想史研究的一大尝试。我认为，作为一篇述评，我们也不得不考虑到这一事实，从而提出一定的批评，而且我本身也试图借此来阐述一下日本思想史研究的立场问题。

第一，思想史的研究方法究竟是什么？在该书的"前言"中，刘岳兵博士针对美国的"观念史"、英国的"剑桥思想史"，指出我们自身的研究方法拘泥于一种传统的历史叙述方式。但是，他的本意并不是批判历史研究的方法，而是感慨即便是最为基本的历史叙述，我们的研究也不是那么扎实，我们缺乏必要的知识或者常识的介绍，也欠缺基本文献的翻译。换句话说，刘岳兵博士的立场可谓是将历史的研究方法贯彻到底的一条径路。不过，我想指出一点，即历史的发展究竟遵循一个什么样的轨迹？而思想史的发展又究竟遵循一个什么样的轨迹？两者必须进行严格的划分。而且我认为，历史学的研究方法不过是研究思想史的方法之一而已，尽管这一方法也可称为最为重要的方法。不仅如此，就该书而言，我

[①] 吾妻重二：《刘岳兵教授的近代日本儒学研究》，《东方》第 336 号，东方书店 2009 年版，第 26 页。

们也不得不关注到思想史的"断裂与延续"的问题,不得不关注带有自身性格或者特色的"日本的思想"的问题。思想史的断裂与延续,并非是随着朝代或者年号的改变而发生根本的转移;通过历史的大事件所构筑起来的历史,不一定就是"思想"的历史本身;克服了西方的思想也未必就意味着日本自身思想的形成或者树立。尤其是到了最后,"日本近现代思想史"这一标题下的"日本"的主体、"近现代"的延续或断裂、"思想"的内涵与扩张、"史"的价值与意义究竟是什么?我认为必须进行一个综合性的概述。这一系列问题应该说并没有得到阐述,无法不令人感到一丝遗憾。

第二,思想史研究的目的究竟何在?刘岳兵博士辛勤编撰了《日本近现代思想史年表》,并提供了极为翔实的参考文献,可谓是为后来的学者提供了一个典范。但是,该书对日本思想史的先行研究与焦点问题却缺乏基础性的介绍,针对近现代思想史研究亦缺乏一个整体的概述。尽管我们可以理解他的根本意图在于以"事实"说话,试图摒弃先行研究的困扰而独抒己见,但是这无疑令这一研究陷入史料或者问题的渊薮之中,难以明了著者自身思想主张之所在。进而言之,作为思想的批判的问题意识究竟何在?也会令读者感到一定的困惑。以日本学者丸山真男的日本思想史研究为例,丸山的立论基础在于"日本为什么成为了东方最早地实现近代化的国家"[1],这样一个理论究竟如何?在此我不予过多评价。至少我认为,将中国的儒学思想界定为一种"政治思想",而忽视其"人生理想"的一面,无疑矮化了朱子学的内涵。不仅如此,丸山所谓的"政治思想史"是否与儒学的政治主张处在同一个范畴之下,我想也需要我们保持谨慎而怀疑的态度。不管怎么说,我们必须认识到自身研究思想史的立论究竟在何处?如果说我们之前的思想史研究带有鲜明而强烈的批判意识的话,那么这样的批判意识到了如今无疑走向了淡化或者衰竭。不可否认,是否具有一定的批判意识——针对研究对象为什么存在,其存在的逻辑是否合理的批判意识,恰恰就是思想史研究的最为关键之所在。刘岳兵博士的研究目的无疑在于历史资料的收集与梳理,但同时也充满了极为深刻的人文关怀与忧患意识,令人油然而生钦佩之感。但是我们也不得不指出,历史资料的收集与梳理绝不是思想史研究本身,也不应该被视为思想

---

[1] 丸山真男:《日本政治思想史研究》,王中江译,三联书店2000年版,第311页。

史研究的目的之所在。

　　第三，思想史研究的价值与意义究竟如何？思想的根基不仅仅在于推动历史发展、推动社会进步的社会思潮，同时也是根植于哲学的"知识"。对于近代日本而言，这样的"知识"无疑是来自西方，近代日本就是以此建立起了自身的知识坐标，树立起了自身思想的合理性与合法性。① 但是，作为日本思想史的研究者，我们从事思想史研究的价值与意义究竟何在呢？京都大学名誉教授谷川道雄曾在"日本中国史研究译丛"的序言之中提到："'二战'以后的日本中国史研究课题，是如何将中国史作为发展的中国史进行重建的问题。"并指出"将中国史总体按照世界史的普遍观点予以体系化是日本中国史研究的终极目标"。② 那么，我们是否要为日本思想史的研究进行这样的"日本的"，乃至"世界史的普遍化""体系化"的一种诠释呢？刘岳兵博士的"双向性"的意图应该说超越了这一立场。不过，我们如何在一个西方化的知识体系下的日本思想史研究之中树立起我们自身思想诠释的合理性或者合法性，将是考验我们的思想史研究是否成功的重要指标之一。

　　所谓"树立起我们自身思想诠释的合理性或者合法性"，或许是日本知识分子对儒学的理解，或者是我们得益于日本思想而衍生出来的思想，或许是我们将直接从西方接收过来的与从日本输入的进行了比较之后的思想，总之，我们要维护的是我们自身的解释权。卞崇道教授曾在2009年于辽宁沈阳举行的中日哲学会上提到，我们研究的是"日本哲学"，但是日本人不承认这一看法，那么我们要如何来面对这一问题呢？我认为，关键就是我们的研究要树立我们自身逻辑框架下的"日本哲学"研究的合理性与合法性。

　　之所以称为"理论之后"的日本思想史研究，事实上也是对后现代主义的一种批评。在经历了一系列西方理论的洗礼之后，我们才发现丧失了自身的立场，陷入一个"失语"的状态之下。后现代主义具有强大的破坏性，如今的我们也在借助这一方法来颠覆之前的观念史或者意识形态下的日本思想史研究。不过，这样的破坏性对于我们脱离日本学术界的观念

---

　　① 藤田正胜：《西田几多郎的现代思想》，东京：讲谈社，1998年，第30页。
　　② 谷川道雄：《"日本中国史研究译丛"总序》，马彪译，见岛田虔次《中国思想史研究》，邓红译，上海古籍出版社2009年版，第3—4页。

性"指导"还是具有一定价值的。作为日本思想史的研究,我们没有必要从一开始就对美国、英国或者德国的研究方法采取一种排斥的态度,也没有必要一开始就抱着所谓"日本学"的态度,而是要通过方法的渗透与交织,尤其是要关注史料的发掘与解释,由此来梳理我们自身的方法论。

但是我们要现实自身方法的突破,史料始终是第一步。刘岳兵博士所走过的研究之路,应该说就是要通过实证材料的发掘与实证,脱离"他山之石"的功利性的思维范式,来直接地面对这个"历史困境"。或许世人会产生一定的怀疑,即这样的一条道路是否会陷入歧途,但是我认为,事实上根本就没有什么日本思想史研究的路径选择,我们需要直接面对历史事实,进而尝试着去开拓研究它的方法或者视角。就此而言,刘岳兵博士的宏论对于未来的系统研究或者个案研究具有极为显著的历史意义。

往者不可谏,来者犹可追

——读刘岳兵著《近代以来日本的中国观·第三卷(1840—1895)》有感[*]

白春岩

本书是《近代以来日本的中国观》研究丛书的第三卷,共七章,五百余页,后附相关事项年表与参考文献。正文中旁征博引了大量的第一手史料,是集分析解读近代中日关系、日本外交、思想以及社会文化于一体的研究力作。笔者不揣冒昧,将拜读后的心得与诸位分享。

就笔者管见,关于研究中国人之日本观的著作屡屡出现,如孙雪梅的《清末民初中国人的日本观——以直隶省为中心》(天津人民出版社2001年版)、熊达云的《近代中国官民の日本视察》(成文堂,1998年)。但反之从史学角度研究日本人的中国观不能不说是一个新颖的课题。尽管近年零星出现了对这一课题的研究,但研究对象多侧重于吉田松阴、福泽谕吉等已经被反复研究的人物,对于其他思想家的研究并不多,分析也不够深入。针对这些研究现状和研究成果,本书在分析论述时突出了如下几个特点。

一 构成特点

首先,把研究年代范围设定在1840年到1895年。分析时以时间为主线(从幕末到维新、从"修好"交涉到出兵中国台湾、从侵台后的养精蓄锐再到甲午战争的一触即发),并在各个时间段对比了不同的人物思想和策略。众所周知,经历了鸦片战争失败的清政府在被迫签订一系列不平

---

[*] 载《抗日战争研究》2013年第3期。

等条约之后被动成为西方条约体系的一员。日本也在经历了1853年美国佩里舰队的"造访"后被迫开国。在这样一个大的国际背景下，同为东亚国家的中日两国，也不得不顺应历史潮流而进行相应的调整。特别是本著研究对象的这五十多年，正是这样一个充满着"变数"和"动荡"的年代。

其次，在那个充满变数的"时势"中也造就了很多的"英雄"。在研究人物的设定上，本书不落窠臼，除了分析上述列举的代表性人物以外还扩大了研究对象的范围，如提到了佐藤信渊、佐久间象山、渡边华山、盐谷宕阴、高杉晋作、中村敬宇、德富苏峰、竹越与三郎、尾崎行雄等活跃于当时的人物，其中有一些不被中国学界所周知。作者通过分析这些人的传记、著述等来剖析他们的思想。

另外，本书在论述中不局限于思想层面研究，还兼顾了"从思想到行动"过程的把握。如第二章在前面论述各种不同中国观的基础上，具体论述了这些思想是怎样被实证的，具体反映在鸦片战争后日本儒者及志士的中国观和1862年幕府"千岁丸"上海之行等实际行动上。日本在经历了明治维新后，天皇重新掌权并发布了"凌驾万里波涛，振国威于海外"的敕谕。明治新政府在制定政策时，在思想层面延续了幕末的中国观并调和了开国论和攘夷论两派的对立。具体行动上，产生了近代中日两国间签署的第一个对等条约。[①] 为什么要签署这一条约？日本史学界普遍采纳藤村道生的观点，藤村从日本方面先后提出的两个条约草案（1870年、1871年）中得出如下结论：外交政策发生了从力求与中国达成平等地位以取得解决朝鲜问题的优势，到力求与西欧列强为伍、企图在中国取得与其同样的侵略中国的特权与转变（第117页）。但是，近年来也有学者如森田吉彦对这一观点提出质疑。森田认为：日本方面的意图不在于企求实现对清国的优越性，而在于追求加深对清国的友好关系（第117页）。对此，本著在剖析《清日修好条规》签订的缘由，对比分析在外务省供职的宫本小一郎与名仓信敦的不同意见，以及政治家岩仓具视对外意识的基础上，一针见血地指出所谓的"赴清交涉"实质上是一个"作为'经略'的修好"。然而面对日本有步骤的外交行动，担任直隶总督北洋

[①] 刘岳兵：《近代以来日本的中国观·第三卷（1840—1895）》，江苏人民出版社1912年版，本文以下所引该书仅标出页码。

大臣的李鸿章"虽然对日本'强悍之气'有所忧虑,但总体而言并未在意,对其力量估计不足。因为想要拉拢日本,所以对日本的动静也没有引起足够的警惕"(第215页)。这一鲜明的对比,无疑为其后的两国关系埋下了一个隐患。就在两国签订的条规正式生效的第二年(1874年),日本悍然出兵中国台湾,给清政府一个措手不及的打击。日本的"无理取闹"最终得逞。其后日本出现了对清国"可侮"与"不可侮"的大讨论,最终这种蔑视中国的认识逐渐被普及,日本追求雄飞的愿望日渐迫切,而大清帝国的内忧外患也日益突出。由此,这场"出兵台湾以来,各种舆论上、战备上"(第315页)一直准备的行动,在朝鲜这个导火索的诱发下终于在1894年付诸实施,甲午战争爆发。

二 研究突破

笔者致力于近代中日关系史,特别是1871年中日两国间缔结的第一个对等条约——《清日修好条规》的研究,以下对于本书的研究突破,笔者仅就与自己研究相关部分做一总结。

第一点,诸多研究将这一阶段日本对中国的认识变化概括为"从崇拜到蔑视"。对其转变的动机,或认为鸦片战争清政府的失败,或认为是"千岁丸"(1862年)的上海之行,或认为是明治维新的成功(第3页)。对此本书作者通过概括从鸦片战争到甲午战争日本中国观的类型(殷鉴论、唇齿论、敌对论、亲善论),特别是举出日本幕末经世家佐藤信渊的例子(第3—7页),经分析而得出以下结论:"各种主要对华观的类型,实际上在鸦片战争之前的日本就已经存在。"(第49页)这说明"近代日本中国观的各种类型并非只是因为近代中国的社会状况发生变化而特立独现,而是有其历史继承性"(第49、50页)。另外,以上举例的各种中国观类型"也有共存与交错的现象,不同的中国观类型的形成又与当时日本的自我认识及西洋认识密不可分"(第50页)。由此可见该著突破了单向性、线性的历史分析方法,揭示了历史现象的重层性、多面性与复杂性。

第二点,对"玛也西"(Maria Luz)事件进行了具体的分析论述(第171—182页)。此事件发生在1872年,在日本外务卿副岛种臣的主持下通过法律手段救助了将被卖到秘鲁的中国劳工。中国史学界对于此事件的研究屈指可数。特别在分析日本处理该事件的动机上，有论者认为"未发现日本政府在这起事件中对中国抱有任何不良企图"，亦有论者认为日方的对华态度是积极友好的。此书作者通过征引外务省主持刊发的《白露国马厘亚老士船裁判略记》《大日本外交文书》《副岛大使适清概略》等第一手日文史料，特别是结合后发生的历史事件；如1872年琉球使节觐见、1874年日本出兵台湾等，对"玛也西"事件重新进行了评价，即"既要看到日本方面有对中国讲信修睦的友好的一面"，"更不能无视日本方面企图利用此事件而设计的种种'如意算盘'"。作者还特别指出，此事件的处理"不仅为日本赢得了声誉，也为其处理台湾、琉球问题，赢得了谋划的时间，并得到了美国的'支援'"（第182页）。这一结论把前后发生的历史事件紧密地联系起来，由表及里、由浅入深，洞察了历史事件的另一幕。

第三点，本书征引了大量史料，其中有些是没有被史学界重视的重要资料。前文提到，从史学角度研究此阶段日本人的中国观是一个新颖而难做的课题。究其缘由其实不难理解，除了需要研究者缜密的分析考证之外，过硬的外语功底则是重中之重。特别是那一时期的日本史料，语法与现代日语不同这自不待言，有些书写亦用草体（古文书），辨认更是困难。这无疑又给研究平添了诸多障碍。特别值得强调的是，本书在论述时挖掘、引用了大量原始资料。如1871年来华议约随员石幡贞的《清国纪行桑蓬日乘》（第153—165页）、佐田白茅在《日清贯珍》中质疑出兵台湾名义正当性的理性发声（第226页），等等。更加难能可贵的是，此著在引用日本原始资料时将其翻译成汉语，这无疑是一个难度很高的事情并为今后学者的研究提供了很多史料依据。

三　几点看法

通过阅读本书，笔者更加全面地了解了这一时期日本的中国观。另外，无论是在史料的搜集、整理、研究还是历史学研究方法的运用上，都使笔者获益匪浅。最后，笔者想结合本书的论述补充几点不成熟的看法，以求教于广大读者和作者。

首先，对于"玛也西"事件，此著看到了其在处理台湾、琉球问题时所发挥的作用。值得注意的是，"玛也西"事件发生在1872年，正是《中日修好条规》签订（1871年）与批准书交换后生效（1873年）之间的一年。虽然"玛也西"事件发生时，条规已经签订但其批准书尚未交换因而不具备法律效力。但为什么日本偏要接这个烫手的山芋，做这个很有可能是费力不讨好的事情呢？为什么又要在"玛也西"事件发生后外务卿副岛种臣便着手赴清交换条规的批准书呢？从1873年副岛到清后受到的待遇可见一斑。1873年4月30日（同治十二年四月四日）条规批准书由中日双方代表李鸿章和副岛种臣顺利交换。这距离副岛到达天津仅有10天。不难看出其速度之快。交换当日，李鸿章热情招待了副岛一行。《教会新报》记载了当天的情景：

> 天津来信云，日本国与中国所换和约于四月初四日早晨在西山会馆换执，时有李中堂、天津地方官、并日本钦差及副钦差、并铁甲船上大员在座，当时李中堂备筵请宴，所备筵席因东洋人装束西国服色，故宴开又用西国器具，酒亦用西国美酒，据云中国所设西筵，未有如此之丰美者。[1]

这可谓是空前的接待场面。李鸿章无疑对条规签订后的两国关系寄予厚望。另外在副岛一行到达之前，李鸿章曾上书总理衙门和同治帝，表明了希望条规批准书顺利交换的意愿。还特意在上书中提及了刚发生的"玛也西"事件。由此可见，此事件在《中日修好条规》顺利生效上也发挥了积极的作用。

再举一个例子，在日本出兵台湾（1874年）之际，日本派出内务卿大久保利通来华交涉，正值中秋节，恭亲王上书同治帝"日本国上年扣留咇国商船拐载华人一案，曾经南洋通商大臣派委员福勳，前赴日本带回，伊国款待甚优。此次该使臣大久保利通来华，系专为办理事件，与寻常驻京使臣不同"而"两次致送食物"给大久保利通以表达友好[2]，在中日关系紧张的时刻，日本抛给中国的这一颗"甜枣"亦发挥着其积极的作用。

其次，在考虑中日关系时，不得不同时兼顾周边地区、国家的动向。如中国台湾、琉球、朝鲜以及欧美各国。本书论及日本以琉球难民遭难事

---

[1] 林乐知等：《教会新报》（清末民初期刊丛编3），台北：京华书局1968年版，第2474页。
[2] 《筹办夷务始末》（同治朝）第10册，中华书局2008年版，第3931页。

件为借口悍然出兵中国台湾；在中法战争中密切关注两国战况和清政府对策；在朝鲜问题上更是不遗余力地蓄意发起争端，但在俄国问题上论述不够充分。值得注意的是，在日本政府内部对于挑起甲午战争还有如下声音："1882年参议院议官井上毅提出为防止俄国南侵中日应合力保持朝鲜的独立"①。1889年就任内阁总理大臣的山县有朋也持有为避免俄国的威胁而使朝鲜中立化的构想。② 就是说在对待朝鲜的问题上不能单以"对外扩张"一词概括，应该对日本当时的现状进行全面分析。当然笔者这么说并不是为日本的对外扩张举动寻找推卸责任的托词，只是希望能够更加全面地审视日本的对外扩张行动。

再次，纵观这一时期的历史天平，总有其砝码偏向日本之感，即日本在经过明治维新后仿佛每一步都在有条不紊的计划中顺利实施。与之对比大清帝国则是千疮百孔、四面受敌、内忧外患、处处不顺。是日本受到神的眷顾还是我们逆流而动呢？是中国缺乏认识时势之人吗？查阅史料我们不难看到这一时期认识日本的文章，如王韬在李鸿章任江苏巡抚（1862—1865年）期间曾上书李曰："日本与米部通商仅七八年耳，而于枪炮舟车机器诸事，皆能抅制，精心揣合，不下西人；巍巍上国、堂堂天朝，岂反不如东瀛一岛国哉？"③ 冯桂芬亦在《校邠庐抗议》中指出："日本蕞尔国耳，尚知发愤为雄，独我大国，将纳汙含垢以终古哉？"④ 另外丁日昌、李鸿章等人也都对此时期的日本产生了警觉。但大清帝国为何每每受制于人？提到这一时期的中日关系不能不提到直隶总督北洋大臣李鸿章。他是处理这一时期两国关系的责任者和见证人。他的指令及对形势的判断对中日关系有重要的影响。不幸的是，这个没有入得李鸿章"法眼"的蕞尔小国，反而出了意外的连环拳，打了大清一个措手不及还险些葬送了李鸿章的政治生涯。尽管李鸿章在早期也对日本抱有警戒，幻想着通过缔结《清日修好条规》就可以使中日两国彼此相安，使朝鲜永获安全。但他没有正确估计日本的动机。在经历了日本出兵台湾和日本单方面在琉球的一系列举动后，李鸿章尽管出台了一些对策，特别是创建了北洋水师。但"裱糊匠"的这些举措并没有力挽"大厦"于将倾。

---

① 《对外观》（日本近代思想大系12），岩波书店，1988年，第52—54页。
② 井上寿一：《山县有朋と明治国家》，日本放送出版协会，2010年，第70—79页。
③ 王韬：《弢园尺牍》，中华书局1959年版，第80—81页。
④ 冯桂芬：《校邠庐抗议》（下），武昌经心精舍重刊本，1898年，第4—9页。

在瞬息万变的当代社会，处理国家关系时相互认识是一个必不可少的课题。正如作者所述，相互认识已成为"确立何种相互关系的前提"。纵观近代中日关系史，不得不承认，鸦片战争给日本的警醒作用在某种程度上大大超过了中国，警醒的日本发挥了"船小调头快"的优势，迅速改变了战略，积极学习西方的技术与先进制度。落后就要挨打，中国用割地、赔款的教训给日本又当了一次"老师"后，便不得不受到来自昔日"学生"的欺压。俗话说：以史为鉴，追根溯源。这一时期的中日两国从"对等"到"对立"，其中夹杂着复杂的历史背景和思想演变。设想在签订了《清日修好条规》之后，两国各自强国，互为唇齿。历史又会是怎样一番景象呢？但历史不能假设。"往者不可谏，来者犹可追"，梳理这一时期日本对中国认识的全貌以及历史演变，对于处理当今乃至以后的中日关系仍有着重要的借鉴意义。

人名索引

A

阿川修水　79
阿竹仙之助　147
艾青　208
安部矶雄　61
安冈正笃　17, 110
安格尔斯　187
安藤纪三郎　17
安丸良夫　98, 114

B

巴克　189
白春岩　236
柏格森　70, 71
坂本太郎　49, 125, 166
板垣望　23
北冈伸一　151
北一辉　6
本间久雄　188
本间史　79, 81, 82
本居宣长　80, 110, 114, 160, 212, 215
卞崇道　20, 58, 66, 73-79, 87-90, 107, 108, 114, 123, 155, 157-160, 174-185, 201-207, 220-224, 226-230, 234
波多野精一　61
波多野乾一　128
步平　111, 151

C

蔡子民　66
草山昭　109
长谷川如是闲　191
长野勋　128
常绍温　127
晁衡　129
朝日平吾　6
陈豹隐　189, 191
陈彬龢　192
陈多友　113
陈福康　143
陈化北　174, 223, 227

陈奎元　32
陈乐素　127
陈力卫　113
陈溥贤　188
陈其光　144
陈石孚　187
陈寿　39，198
陈涛　110
陈望道　187
陈玮芬　113，218
陈小法　150
陈秀武　109，206
陈寅恪　170
陈振濂　112
陈志超　127
陈子善　36
成中英　95，160
程始仁　189
程天赋　147
池田笃纪　17
池宗墨　14－16
厨川白村　112
川本皓嗣　112
川崎三郎　15，16
川崎紫山　14－16
茨威格　173
崔世广　33，79，162
崔新京　180

D

大江清一　62
大久保利谦　10

大久保利通　240
大森义太郎　66，189，193
大山郁夫　191，193
大杉荣　61
代丽　113
戴季陶　21，37，41，149
戴笠　128－130
戴宇　112
岛善高　7
岛田虔次　234
德川光圀　151
德川真木　151
德富苏峰　14，237
邓红　234
邓习议　114
邓毅　189
荻生徂徕　51，66，68，91－93，
　　95，97，98，109，112，160，
　　206，212，215，226
刁榴　110，114
董炳月　112，113，149，206
杜国庠　190
渡边华山　237

E

恩格斯　64，65，187，189

F

樊衷云　189
范景武　87，111
方昌杰　79，220，221

方克立　170，222
冯桂芬　241
冯立昇　143
服部宇之吉　6，217，218
服部元乔　93
福本和夫　61，189，191，193
福田启三　135
福泽谕吉　79，113，149，217，236
福住正兄　113
副岛种臣　238，240
傅云龙　144
傅芸子　36，37，128
富永健一　113

G

甘地　63
冈本幸治　27，28
冈部牧夫　23
冈田武彦　112
高洪　33
高桥哲哉　113
高桥智　148
高杉晋作　237
高士华　114
高田保马　191，192
高畠素之　187，188
高增　111
高增杰　111
高宗武　191
葛兆光　57，123，124，161，206
宫本小一郎　237

宫家准　113
恭亲王　240
龚笃清　130
龚颖　51，110，112，212
古贺茶溪　10
古贺侗庵　9，10
古贺精里　9
古屋安雄　112
古远清　133
谷川道雄　234
顾铭学　58
顾廷龙　147
关和彦　137，138
光冈玄　23
广松涉　110，114，186，194
郭连友　88，109，114，150，224
郭泰　187
郭万平　146
郭心嵩　190
郭蕴静　143

H

海保青陵　91，93
海盐道记　93
韩东育　88，90-98，108，109，157，159，160，205，207
韩立红　113
韩立新　114，186
韩书堂　110
韩铁英　49
何慈毅　113
何方　32

何国宗　12
何鉴　114
何劲松　110
何野龙子　93
和岛芳男　69
和辻哲郎　113，217
河上肇　61，64，187－191，193，227
河西太一郎　189
贺茂真渊　61，80
鹤田启　137
黑格儿　59，62
黑格尔　59，67，70，71，102，106，200，230
黑住真　92，93，218，222
后醍醐　69
胡宝华　147
胡令远　169
胡培翚　131
胡秋原　133
胡适　131
胡锡年　42，143
户坂润　189
户崎允明　93
华国学　73
荒木贞夫　14
荒畑寒村　61
黄博　113
黄成武　23
黄东兰　113
黄俊杰　87
黄仕忠　147
黄夏年　59

黄遵宪　26，37，144
会田雄次　113

J

吉川幸次郎　36，50，111，212
吉田松阴　109，150，236
吉野耕作　113
纪平正美　61，64
纪弦　133
季羡林　143
加尔别林　58
加藤弘之　11，12
加藤周一　112
家永三郎　166
贾纯　73
江半庵　189
江伯玉　189
江汇益　192
江静　117，150，165
姜文清　111
蒋春红　110
蒋友仁　12
堺利彦　61，64，188，189，193
今井俊太郎　151
金津日出美　57
金泰昌　229
金熙德　79
金裕勋　73
津田真道　11
津田左右吉　82，111，139，152，158
近卫笃麿　144

井上清　58
井上日召　6
井上寿一　241
井上毅　241
井上哲次郎　61，64，66
井田进也　7

K

康有为　13，149
柯祖基　187，188
孔德　59，62，70
孔子　6，150，217
堀幸雄　114

L

蓝弘岳　92
黎庶昌　144
李斌　114
李长声　35
李达　187－189
李德　95
李冬君　51，113，212
李冬木　114
李国庆　113
李汉俊　187，188
李鸿章　107，128，238，240，241
李继桢　187
李剑鸣　1，50，211，212
李今山　73
李培天　187
李强　112
李庆　143
李甦平　79，149
李廷江　144
李威周　75，76，79，148
李薇　33，54，57，117，160，165，167，175，180，182，183，185
李文　110
李宪如　73
李晓东　122，124，197
李玉　39，42，125，136
李泽厚　95，160
李竹隐　129－131
笠原十九司　23，25，26，137
梁启超　13，109，149，151
梁任公　129，152
梁容若　127，128，130－134，152
梁盛志　128－131，133，134，151，152
梁漱溟　6，7，17，217，218
列宁　61，65，66，193
林伯修　189
林昶　59
林罗山　110，172
林美茂　179，229
林少阳　111
林嵩　148
林泰辅　148
林铁森　166
铃木邦夫　137
铃木贞美　113

铃木正　66，181

铃木正四　58

刘畅　113

刘德有　31，32，118，119

刘国鹏　112

刘绩生　112

刘及辰　58，59，70－73，77，78，157，158，176，184，185，201，203

刘金才　109，114

刘克申　113

刘立善　53，111，112

刘恋　114

刘培育　71

刘萍　111

刘起釪　143

刘士勤　73

刘天纯　43

刘相安　73

刘晓峰　149，206，221，225

刘心皇　133

刘雨珍　113，144，145

刘玉才　147，148

刘毓庆　147

楼宇烈　110

鲁王　151

陆若水　112

陆晚霞　114

吕顺长　144，149

吕万和　20，43，136

吕一鸣　189

罗叔和　189

M

马彪　166，234

马尔西　187

马格斯　187，188

马家骏　20，136

马克思　13，25，34，61，64－68，70－79，85，105，110，111，114，158，177，185－194，199－204，224，227，231

马克斯　188，189，191，192

马兴国　118

莽景石　57，208

毛泽东　6，65

梅田节子　163，164

梅田善美　163－165

孟祥沛　149

孟子　129

米庆余　111

名仓信敦　237

木宫泰彦　130，143

N

内村鉴三　217

内藤湖南　21，41，111，166，206

内藤乾吉　166

内田良平　6

牛建科　87，111，114，165

P

潘富恩	110
彭雷霆	150
彭曦	112 – 114，194
平石直昭	92
平田笃胤	80
平野义太郎	189
婆陀罗衍	63
蒲坂圆	93
朴金波	110

Q

戚印平	110
钱大昕	12
钱国红	110，149
钱茂伟	83，84，140，158
钱明	112
钱婉约	50，111，206，212
钱昕怡	111
乔陀婆陀	63
乔治忠	167
秦永章	143
青木正儿	144
丘成	73，77
区建英	57，112
瞿宣颖	130
瞿益锴	130

R

任鸿章	20，53，136

入江昭	27，28
阮均石	189

S

萨孟武	189，190
塞利格曼	187
三木清	61，77 – 79，110，185，193，202 – 204，225
三田刚史	190
涩泽荣一	149
森田吉彦	237
沙志利	148
莎士比亚	231
山本常朝	51，113，212
山本七平	27
山川菊荣	189
山川均	61，66，188，191，193
山井鼎	129
山室信一	89，197，218
山县有朋	241
杉荣三郎	36
杉山荣	189
杉山文彦	23
上田正昭	20
尚小明	149
神谷正男	132
沈才彬	20，136
沈国威	112，149
沈仁安	20，43，110，136，166
生田长江	188
盛邦和	66，79
石川三四郎	61

石幡贞 239
石井宽治 137
实藤惠秀 134, 144
寿普喧 129, 130
狩野直喜 36, 218
松本三之介 113
松原宽 62
松枝茂夫 144, 145
宋成有 34, 44, 167, 208, 221, 224, 225, 228
宋洪兵 90, 95, 160
苏桂亮 147
孙彬 113
孙歌 57, 109, 114, 206
孙平化 31
孙仁宗 43
孙卫国 167
孙晓忠 112
孙雪梅 144, 236
孙玉明 143
孙政 111
孙中山 192
孙子 147

T

太戈尔 63
太宰春台 91, 93, 131
覃启勋 110
谭吉华 189
谭建川 150
谭晶华 33, 35
谭汝谦 39

汤一介 143
汤重南 20, 39, 125, 136
唐月梅 111
陶希圣 189
滕军 119, 142
藤村道生 237
藤井昇三 137
藤田正胜 181, 182, 184, 234
藤原彰 137
田代阵基 113
町田三郎 110
同治帝 240
头山满 14
土屋乔雄 191

W

丸山 91, 92, 97, 103, 233
丸山真男 57, 66, 90 - 92, 97, 112, 159, 226, 231, 233
万峰 20, 136, 198, 199
汪平 113
汪文泰 12
汪向荣 42, 49, 127, 128, 131 - 133, 143, 150
王宝平 111, 117, 144, 146, 162, 163
王尔敏 107
王桂 143
王国维 13, 50, 212
王会 174
王家骅 20, 57, 58, 66, 74, 79, 82 - 87, 90, 96, 136,

139, 140, 155, 157 – 160, 169, 170, 173, 177, 209, 218, 220, 222

王家俭　107

王健　109

王金林　20, 41 – 43, 87, 108, 135 – 138, 141, 163, 166

王敏　27, 149

王屏　111

王青　66, 97, 98, 108, 109, 114, 206, 224, 226, 228

王蓉　150

王守华　20, 73 – 75, 77 – 82, 87, 90, 108, 150, 157 – 159, 165, 176, 177, 201 – 204, 220, 222

王韬　26, 144, 241

王铁军　53

王维坤　150

王维先　87, 111

王伟　33

王伟光　32

王文宏　112

王希亮　111

王锡祺　144

王向远　114

王小林　149

王晓平　112

王先谦　27

王晓秋　80, 110, 117, 140 – 142, 148

王新生　34, 166

王秀文　113

王学文　190

王悦　90, 96, 160

王云五　133

王芸生　127, 128

王震　31

王之春　144

王中忱　206

王中江　79, 112, 149, 233

王琢　112

望月清司　114, 186

韦伯　83, 84

卫藤沈吉　27

尾崎行雄　237

尾藤正英　113

魏大海　113

魏源　12

邬晓研　112

无学祖元　150

吾妻重二　213, 215, 232

吴光辉　88, 98 – 100, 102, 105, 106, 109, 123, 150, 174, 184, 206, 229

吴怀中　33

吴杰　42, 118

吴静安　147

吴廷璆　42, 44 – 47, 52, 53, 220

吴武国　148

吴志良　143

武安隆　20, 23 – 25, 136, 198

武寅　49

X

西晋一郎　61，64
西田几多郎　61，64，71，110，
　　113，178，184，202，234
西泽直子　7
西周　11
习近平　150
下出隼吉　11
夏丏尊　187
夏应元　43，125，127，133
向坂逸郎　189
小川利康　144，145
小川信成　93
小船信三　191
小岛晋治　23
小林敏明　114
小林武　93
小林英夫　138
小森阳一　113
肖传国　110
肖平　110
谢辰生　147
谢冕　208
谢雨春　73
新井白石　51，212
熊达云　20，23－25，114，136，
　　198，236
熊十力（子真）　66
徐复观　133
徐建新　34
徐静波　169

徐曼　113
徐森玉　147
徐水生　79，149
徐万胜　33
徐兴庆　92，151
薛毅　112
寻林　130
荀子　91－95，179

Y

严安生　26
严大中　144
岩谷十郎　7
岩崎勉　62
盐谷宕阴　13，237
盐谷温　13，14
阎伯纬　58
阎纯德　143
燕格尔　64，193
杨炳南　12
杨栋梁　150，220
杨辉　58
杨继开　149
杨匡汉　208
杨宁一　111
杨瑞六　190
杨思基　110
杨孝臣　43
杨洋　148
杨正光　127
耶稣　110，190
野坂参三　6，227

叶昌纲　　125
叶德辉　　7，13，14
叶渭渠　　111，112
伊东贵之　　137
伊东昭雄　　23
伊藤悟　　138
伊文成　　58
义江彰夫　　114
易显石　　20，43，53，136
永田广志　　112，189
永原庆二　　137，166
有泽广巳　　191
余英时　　90，95
俞辛焞　　20，136
宇佐美惠　　93
禹硕基　　53
袁让　　188
源了圆　　58，69，74，82，86，114，157
菌田稔　　165，166
远山茂树　　137
远藤无水　　188
约瑟夫　　28
恽代英　　187

Z

曾建平　　111
张宝三　　92
张大柘　　111，165
张国义　　59，65，66，68
张季风　　33
张明杰　　144

张骞　　149
张锡哲　　73
张香山　　31，39
张小钢　　144
张小敏　　147
张永广　　149
张宇祥　　53
张玉萍　　149
张玉祥　　20，136
张哲俊　　111
张中秋　　149
张忠任　　111
章炳麟　　13
章学诚　　152
章益国　　83，84，140，158
赵德宇　　109
赵刚　　110
赵建民　　120
赵京华　　111，113，114，149，206
赵培杰　　77
赵朴初　　117
赵仲明　　113，114
真壁仁　　9
郑匡民　　109，149
郑里镇　　189，191
植村和秀　　209
止庵　　144，145
志贺重昂　　112
中村敬宇　　10，217，237
中村雄二郎　　113，181
中村正则　　137
中山久四郎　　69，167
中西功　　6

钟叔河　124
种健　113
周佛海　188，190
周拱生　189
周见　149
周启乾　20，136，143
周一良　35，37，42，51，117－120，141，153，212，220
周作人　21，37，41，124，137，144，145
朱红星　73
朱莉丽　150
朱守仁　53
朱舜水　110，129－131，151，152
朱熹　93
朱忆天　149
朱子　35，42，58，66－70，91，93，96－98，108，110，138，160，172，176，199，227，233
诸桥辙次　131
猪俣津南雄　189
竹内好　5，109，112，114，206
竹越与三郎　237
竹中邦香　9，10
筑岛谦三　113
庄倩　114
子安宣邦　113
邹有恒　21，22，40，42，208
足立原贯　28
左右田喜一郎　61
佐久间象山　237
佐藤信渊　237，238
佐藤一树　79
佐田白茅　239
佐野学　189，190，193
佐佐弘雄　191
佐佐木毅　229

后 记

　　回顾和整理中国的日本研究学术史，站在不同的角度对所取得的成绩和存在的问题会有不同的看法，因此，所谓"实像"和"虚像"只是相对而言的。不可能以几篇文章就能将这个问题议论得清楚。而且重建日本研究的学术传统，关键也不在几个人的讨论，而在大家的切实的自觉行动。即便是讨论，这样的题目，本来应该由这个领域里的权威学者或德高望重者来做更有说服力。他们也确实有些人在这方面做了扎实的工作，但更多的或不愿做或不屑做，而我觉得这种学术史的整理工作很重要，甚至很急迫，便不揣浅陋、甘冒僭越之嫌，将近二十年来的相关旧文新说结集成册。既是敝帚自珍，也为抛砖引玉。其成书的原委容我在这里作简要的说明。

　　2013年四五月间，在与《日本问题研究》杂志商讨为纪念卞崇道先生组织专栏的时候，自然想到征询厦门大学吴光辉教授的意见。我们一南一北，虽然平时不常联系，但都自以为在专业上受惠于卞先生最多，得到卞先生的关照最大，因此无论再忙，这个纪念专栏的文章都觉得要写。就在相互讨论和代编辑部催稿的过程中，光辉兄在5月初忽然来信问我是否有意到厦门一行，说可以申请在六七月间的夏季小学期中聘请国内专家来厦大讲学一个星期的特设课程。虽然有些突然，但我还是很高兴能有这样的交流机会，于是就答应了。一个星期，讲什么呢？说是申请时需要一个标题和一百字左右的要旨。我想了一下，决定以"如何重塑中国的日本研究学术传统——以近代以来中国的日本思想文化研究为中心"为题，大致意思是想"通过具体分析戴季陶、周作人、朱谦之、卞崇道、王家骅等近代以来日本思想文化研究领域的代表性人物的业绩，阐明我们的日本研究学术传统所达到的高度和所存在的问题，结合当前中国日本学研究领域的现状，思考如何重塑中国日本研究的学术传统问题，为我国新生代的日本研究者的学术发展提供一种可资参考的视角"。这个想法得到了光辉兄的认可。于是有了7月初的厦大之行。感谢光辉兄的盛情邀请和周到安排！

之所以选择这个题目，是因为就在此前不久，南开大学鼓励青年教师申报学校的"百名青年学科带头人培养计划"，我也以"现代中国日本研究学术传统的形成与建立"为题提交了申报书，目标就在于"系统总结现代中国日本学研究的成果，为推进日本史学科研究的发展奠定基础"。这也是本书的副标题"重建中国日本研究相关学术传统的初步考察"的初衷所在。没想到这个题目后来被选中了，我也有幸又一次成了"培养"的对象。当然，实际上，这个题目，并不是一时心血来潮，无论是否有这个计划，这本集子都在自己原定的计划之中。

2013年11月，入选首批"南开大学百名青年学科带头人培养计划"后，对已经编好的这本集子进行了修改增补，再后来，其出版，又有幸得到"南开大学统筹规划建设历史学科项目资助"，感激之情自然是难以言表。

但是，入选之后，才领会到该"培养计划"的整体目标是要"培养高水平领军人才和高水平创新团队"，而像自己这样的基础性工作，充其量也只不过是为"领军者"或"创新者"扮演清道夫的角色。虽然有些自惭形秽，不过，这种角色所做的工作如果做得到位，对于"领军者"思考如何"带好头"，我想也不会是没有意义的。本书作为南开大学"百青计划"申请项目"现代中国日本研究学术传统的形成与建立"的阶段性成果，愿以这本小册子为理想中的"原典日本系列"早日面世鸣锣开道，以此为中国的日本研究健康发展尽一份力。

本书在出版的过程中还烦劳过李薇和王金林两位先生推荐，在此对二位先生的鼓励，深表感谢！本书中收集的文字，许多都是源自不同场合的讲稿，尽管作了一些处理，但还是有论述不够系统、严密，或文字多有重复，请读者谅解。其中有两篇的原文是日文讲稿，一篇已经在日本的刊物上公开发表过，一篇还没有公开刊发，这次请同我一起学习的两位博士生刘晓军和周晓霞分别翻译成中文，收录在这里，也要感谢二位同学的协助。

本书的附录中收录了五篇对我此前工作的评论文章，感谢各位作者的关心和批评。任何个人的能力都是有限的，只有融入中国的日本研究学术史的大潮中，才能够进一步认清自己，找到努力的方向。

　　本书责任编辑罗莉老师，我们早就认识，但是文字上的合作，还是头一次。谢谢她的宽容，其敬业精神令我敬佩，没有她的帮助，这本书不可能以这么规范的形式呈现出来。

2015 年 1 月 12 日记